Humbert Fink wurde 1933 in Salerno geboren. Er ist Autor zahlreicher Reise- und Sachbücher, vor allem über den mediterranen Raum.

W0045320

Vollständige Taschenbuchausgabe Mai 1990
Droemersche Verlagsanstalt Th. Knaur Nachf., München
Lizenzausgabe mit freundlicher Genehmigung des
List Verlags, München
Copyright © 1988 by Paul List Verlag GmbH & Co. KG, München
Originalverlag List, München
Umschlaggestaltung Manfred Waller
Umschlagabbildung Gemälde von di Tito (Foto AKG, Berlin)
Druck und Bindung brodard & taupin
Printed in France   5   4   3   2   1
ISBN 3-426-02400-4

Humbert Fink

MACHIAVELLI

Eine Biographie

Inhalt

FÜR ULRIKE UND GREGOR

1. KAPITEL

Porträt einer Stadt: Florenz 1469

In jenem Jahr wird auch Niccolò Machiavelli geboren, am Ende einer langen Ahnenreihe von Bürgern mit schmalem Einkommen, wie die Biographen später einmal aufzeichnen werden. Und auch auf jenen Irrtum werden sie verweisen, der dem Schreiber der Pfarrei Santa Maria del Fiore widerfuhr, als er die ersten Lebensdaten des Neugeborenen niederschrieb und dabei »Trinità« mit »Felicità« verwechselte; zwei Stadtviertel von Florenz, von denen nur eines, nämlich das im Quartier Oltrarno gelegene »Felicità«, den Ruhm für sich beanspruchen kann, Machiavellis Geburtsort zu sein. Irgendeine Bedeutung darf man daraus allerdings nicht ablesen. Es war ein Mißgeschick, das nicht zählte.

Am 3. Mai 1469 also die Geburtsstunde. In diesem Jahr sollte, und zwar am 2. Dezember, Piero de'Medici, nahezu unumschränkter Herrscher über Florenz, wegen seines zuletzt tödlichen Leidens »Der Gichtige« genannt, sterben. Und sein Sohn Lorenzo, später respektvoll als der »Prächtige« gerühmt, damals bereits ein erwachsener junger Mann von einundzwanzig Jahren, der schon mehrfach Beweise seiner Intelligenz und seines politischen Scharfsinns hatte geben können, würde, gedrängt von den Anhängern der Medici, die Macht in Florenz übernehmen.

In seinen »Erinnerungen« schrieb dieser Lorenzo: »Am zweiten Tag nach meines Vaters Tod ... kamen die wichtigsten Männer der Stadt und des Staates in unser Haus, um uns ihr Beileid wegen unseres Verlustes zu bezeugen und mich zu ermutigen, ich solle die Sorge um die Stadt und den Staat auf mich nehmen, wie es mein Großvater und Vater getan hatten. Ich willigte ein, aber nur widerwillig, denn in Anbetracht meines Alters waren Last und Gefahr groß bei der Aufgabe, unsere Freunde und unseren Besitz zu schützen. Denn den Reichen in Florenz, die nicht regieren, ergeht es schlecht.« Im Florenz des Jahres 1469 herrschten demokratische Verhältnisse – zumindest dann, wenn man sie nur mit oberflächlichem Blick betrachtet. Es war jedenfalls nicht ungewöhnlich, daß der Sohn des eben erst verstorbenen Regierungschefs, der ein Bankier gewesen war, von »den wichtigsten Männern der Stadt und des Staates gedrängt« wurde, nunmehr selbst die Regierungsgeschäfte zu übernehmen. Der Vater Lorenzos, Piero de'Medici, war auf ähnliche Weise an die Macht gekommen.

Einer wird geboren. Einer stirbt. Einer übernimmt ein Amt. Jener Machiavelli, der die Vornamen Niccolò, Pietro und Michele erhalten hat, unterscheidet sich von den Medici, die Millionäre sind, im Grunde nur durch den Umstand, daß seine Familie über kein Vermögen verfügt. Diese gehören zu den Reichen, die »regieren müssen, damit es ihnen in Florenz nicht schlecht ergehe«. Die Machiavelli, Bürger von Florenz wie die Medici, zugewandert Ende des 13. Jahrhunderts aus dem entfernten Montespertoli nach Oltrarno, jenem am Südufer des Arno sich entlang ziehenden Quartiers, wo die Grenzen zwischen dem *popolo magro* und dem *popolo grasso* schon mehr als fließend sind, und wo man sich unweit des Ponte Vecchio ein kleines Haus gebaut hat, die Machiavelli sind nie in die Versuchung gekommen, regieren zu wollen oder zu müssen.

Sie sind, um der Bürgerrechte teilhaftig zu werden, einer der Zünfte beigetreten. Sie haben sich als Priester und kleine Gewerbetreibende geschickt über Wasser gehalten. Ein Machiavelli namens Alexander ist in Palästina ums Leben gekommen und später selig gesprochen worden. Andere haben zwar politische Ambitionen gehabt, sind aber nie aus dem Schatten hervorgetreten, den Mächtigere, Glücklichere, Begabtere geworfen haben. Die Machiavelli waren, und haben es wahrscheinlich weder besser gekonnt noch anders gewollt, bescheidener Mittelstand, vertraut im Umgang mit dem Dürftigen, leidlich gebildet, immer gerade einen Schritt von dem entfernt, was man Armut nennen könnte. Sie waren skeptisch, was die große Politik betraf, und patriotisch bis zum Fanatismus, wenn es um die Belange ihrer Stadt, ihres Viertels ging. Zehn- oder zwölfmal hatten die Ahnen des Niccolò Machiavelli als Bezirks-Gonfalonieri – als Bezirksvorsteher mit lokal engbegrenzten Befugnissen – auftreten dürfen. Ein Schimmer der Macht, vielfach gebrochen durch Abhängigkeiten und ungünstige materielle Verhältnisse, war gelegentlich auch auf sie gefallen.

In jenem Jahr, in welchem Machiavelli zur Welt kam und einen Geburts- und Taufschein ausgestellt erhielt, der ihm ein falsches Stadtviertel als Geburtsort zuschrieb, betrat also Lorenzo der Prächtige die florentinische Bühne. Er würde sie dreiundzwanzig Jahre später in dem Augenblick verlassen, da Niccolò Machiavelli von sich selbst behaupten durfte, ein »fertiger Mann« zu sein. Ein Anfang jenes merkwürdigen Verhältnisses, das zwischen den Medici und Niccolò Machiavelli herrschte, und das man Schicksal nennen könnte, war gemacht, eine erste Querverbindung herge-stellt. Alles andere würde folgerichtig ablaufen.

Alles andere war auch bisher schon folgerichtig abgelaufen. Bei den Medici. Bei den Machiavelli. In Florenz. Hier hatte man seit mehr als zweihundert Jahren – seit man im Jahre 1250 die mächtigen Wehrmauern der Adelshäuser geschleift hatte – nach der brauchbaren Devise regiert, daß die Macht stets demjenigen zufallen dürfe, der über Autorität und Urteilskraft verfügt. Ein Mann, so wird man das politische Ideal beschreiben müssen, das den Florentinern seit der Mitte des 13. Jahrhunderts vorschwebte, habe die Macht nur dann zu erhalten, wenn er ihrer auch würdig sei.

Das war einfach ausgedrückt und schien einleuchtend. Die Wirk-lichkeit aber sah natürlich auch in Florenz anders aus. Der Histori-ker Villani schrieb: »Wir befinden uns jetzt unter der Herrschaft der Handwerker und des popolo minuto. Ich bete zu Gott, daß dies der Republik zum Wohl gereichen wird. Aber ich fürchte, das Gegenteil wird geschehen; wegen unserer Sünden und Schwächen, weil es unseren Bürgern an Liebe und Güte mangelt, und weil unsere Herrscher weiterhin die verfluchte Praxis verfolgen werden, das eine zu versprechen und das andere zu tun.«

Man könnte es auch so darstellen, daß bis zum Jahre 1469 – dem Jahr der Geburt Machiavellis, dem Todesjahr Piero de'Medicis und dem Augenblick, da Lorenzo der Prächtige die Herrschaft über-nahm – in Florenz immer »vom Volke« regiert worden war, ohne daß man sich allerdings der Genugtuung begeben hätte, sich dem üblichen Wechselspiel zwischen politischer Macht und der Vor-herrschaft des Geldes zu versagen. Man hatte Ideale, aber man fand nichts Ungehöriges daran, diese gelegentlich am Wohlklang zu messen, den ein reichlich gefüllter Geldbeutel bot.

Der französische Biograph Machiavellis, Marcel Brion, hat das auf den einfachsten Nenner gebracht; er beschrieb Florenz als eine echte Demokratie. Aber mit behutsamer Einschränkung fügte er hinzu, daß die politische Kurve abwechselnd vom Übergewicht der begüterten Klassen oder von einer Diktatur der breiten Masse bestimmt worden sei. Es war also eine recht eigenartige Form der Demokratie, die in Florenz praktiziert wurde. Sie reichte von blutiger Gewaltherrschaft bis zu zynisch gehandhabter Oligarchie. Aber stets wurde dabei ein gewisser Stil gewahrt, den man sich um die Mitte des 13. Jahrhunderts zugelegt hatte, als man die Stadt in sechs politische Bezirke aufteilte, die jeweils von zwei sogenannten Älteren, die wiederum nur auf die Dauer von zwei Monaten gewählt werden durften, verwaltet oder auch beherrscht wurden. Diesen vorerst einmal aus zwölf Männern bestehenden Rat nannte man die *Signoria*, die alle neuen Gesetze erarbeiten und einbringen mußte, welche dann von den verschiedenen Räten und Ausschüssen gebilligt wurden, bevor sie schließlich öffentlich verkündet werden konnten.

Theoretisch war das eine für das damalige Zeitalter schlechthin perfekte Demokratie. Man darf allerdings nicht übersehen, daß der Wohlstand, den Handel und Handwerk begründet hatten, die hauptsächliche Ursache der politischen Stabilisierung war. Im Florenz des ausgehenden Mittelalters und der beginnenden Renaissance spielten also nicht Adel oder Geistlichkeit die dominante Rolle, sondern Kaufleute und Händler. Immerhin zählte man bereits gegen Ende des 13. Jahrhunderts an die achtzig florentinische Bankhäuser, gab es sieben »größere« – und dementsprechend politisch einflußreiche – Gilden, in denen vor allem Richter, Notare, Seiden- und Pelzhändler, Tuchfärber, Geldwechsler und Ärzte zusammengeschlossen waren, während den vierzehn »kleineren Gilden« vor allem Handwerker angehörten.

Dafür hatte man aus dem Rat der Stadtgemeinschaft, in welchem Vertreter der sogenannten großen wie auch der »kleineren« Gilden vertreten waren, den Adel ausgeschlossen. Handwerker, Kaufleute, Bankiers besaßen die gleichen politischen Rechte. Geld, wiederum theoretisch betrachtet, hatte keinen Einfluß auf die politische Karriere. Man war sogar sorgfältig darauf bedacht, daß materielle Armut kein Hindernis für die Mitarbeit an der Verwaltung der

Stadt und der Republik bilden konnte. Der Bevorzugung des Reichtums im politischen Geschäft setzte der popolo minuto, das florentinische Proletariat, seine in vielen Kämpfen wohlerprobte Stärke entgegen. »Wo Reiche die Macht an sich zu reißen suchten, drängte der popolo minuto sie voll Erbitterung in ihre Schranken zurück und jagte sie, wenn sie dennoch allzu selbstherrlich wurden, kurzerhand außer Landes« (M. Brion).

Dennoch konnte sich gerade in dieser Stadt, die von sich behaupten durfte, demokratischer zu sein als jede andere vergleichbare italienische Gemeinde, stärker und auch nachhaltiger als anderswo die Herrschaft des Geldes durchsetzen. Hier hatte man im Jahre 1298 zwar die berühmten »Ordinamenti della giustizia« erlassen, die »Statuten der Gerechtigkeit«, welche für alle Zukunft den Einfluß der Aristokratie auf das politische Leben der Stadt und der Republik verhindern sollten; was nichts anderes bedeutete, als daß alle Macht vom Volk, vom popolo minuto ausgehen sollte. Und man hatte auch die Funktion eines sogenannten *Gonfalonier* geschaffen, eines Bannerträgers, dessen hauptsächliche Aufgabe es sein sollte, Verletzungen der »Ordinamenti della giustizia« unnachsichtig zu ahnden. Aber die Entwicklung nahm dann doch einen gänzlich anderen, einen gleichsam menschlicheren oder banaleren Verlauf, als sich das die idealistischen Konstrukteure der florentinischen Demokratie vorgestellt hatten. Der Gonfalonier wurde bald zum wichtigsten Mann im Staat, weil er auch die militärische Macht der Republik für seine Zwecke einsetzen durfte. Und das Kapital trat an die Stelle des verhaßten Adels, gegen den man über Generationen hinweg Erlässe und Gesetze erfunden hatte, um ihn in ständiger Bedeutungslosigkeit zu halten.

In jenen Jahren des ausgehenden 13. Jahrhunderts, als die Machiavelli – damals noch ghibellinisch und wahrscheinlich erbittert darum kämpfend, ihrer alten Adelsansprüche nicht verlustig zu gehen –, von Montespertoli nach Florenz übersiedelten, wo sie im Verlaufe der Jahre dann zu guten Guelfen und braven Demokraten werden sollten, in jenen Jahren betrat auch ein Ardingho de'Medici die politische Bühne in Florenz. Er übernahm das einflußreiche Amt eines Priors und war zweifellos tatkräftig daran beteiligt, den Einfluß der adeligen Gutsbesitzer zu schwächen. Die Leibeigenschaft wurde übrigens 1298 abgeschafft und dadurch der Einfluß des popolo minuto gestärkt. Und die Macht der florentinischen Kaufleute konsolidierte sich.

Von diesem Augenblick an spielen die Medici stets eine mehr oder minder bedeutungsvolle Rolle im öffentlichen Leben der Stadt, während die Machiavelli in der verhältnismäßigen Bedeutungslosigkeit ihrer advokatischen oder priesterlichen Existenz verharren, bescheiden im Hintergrund darauf wartend, für kurze, winzige Augenblicke hervortreten zu dürfen aus dem Schatten ihrer halbbürgerlichen, halbadeligen Lebensbereiche, die stets im Oltrarno wurzeln, immer des malerischen Lokalkolorits bedürfen und nie danach streben, das ordentliche Mittelmaß zu verlassen. Großes erreicht man mit solcher Haltung nicht. Auch Niccolò Machiavelli, geprägt und gebeugt von den Erfahrungen und Verhaltensweisen seiner Ahnen, wird sich dieser Haltung bedienen, die eine abwartend geduckte, vorsichtig abwägende und immer zur Unterwerfung bereite ist. Er wird freilich die eine, einmalige Ausnahme sein, welche die Regel nachdrücklich bestätigt.

Großes erreichen die Medici, an denen Machiavelli einst scheitern wird. Sie treten immer wieder als Retter des Vaterlandes auf. Sie erfinden die erste Staatsverschuldung aller Zeiten. Sie verstehen es, mit dem Geld, das sich in ihren Bankhäusern ansammelt, aufs vortrefflichste Politik zu machen. Sie begreifen früher als alle anderen, die in einer ähnlichen Lage sind, daß es den »Reichen in Florenz, die nicht regieren« schlecht ergeht. 1421 wird Giovanni di Averardo de'Medici im Alter von einundsechzig Jahren zum Gonfalonier gewählt. An ihm, so werden später die Biographen feststellen, habe sich zum ersten Mal die besondere Fähigkeit der Medici gezeigt, Menschen unwiderstehlich anzuziehen oder sie ebenso entschieden abzustoßen, ein Umstand, ein Zustand, der alle Medici auszeichnen wird, die nach ihm kommen und sich dem Geschäft der Politik zuwenden.

Sein Erbe und Nachfolger war jener Cosimo, der als »Vater des Vaterlandes« und »Cosimo der Alte« mit Glück, Geduld, Rücksichtslosigkeit und mit den Möglichkeiten des von ihm beherrschten Kapitals zur legendären Erscheinung wurde. Unter seiner Herrschaft, die eine mit anfangs durchaus demokratischen Methoden errungene Diktatur war – oder dieser doch sehr nahe kam –, und die rund drei Jahrzehnte lang andauern sollte, tendierte der Beitrag der Florentiner zum geistigen Leben mehr zur nüchternen Überlegung als zur ekstatischen Vision, obgleich in jenen Jahrzehnten so bedeutende Architekten wie Brunelleschi, Michelozzo und Alberti in Florenz wirkten; dazu die Bildhauer Donatello, Ghiberti, Lucca della Robbia und Mino da Fiesole; zudem die Maler Fra Angelico, Gozzoli, Uccello, Filippo Lippi, die Gebrüder Polloaiulo sowie Andrea del Castagno. Brunelleschis Kuppel der Kathedrale Santa Maria del Fiore wurde während der ersten Periode von Cosimos Herrschaft im Jahre 1434 vollendet; Ghiberti schuf die berühmten Bronzetore des Baptisteriums.

Rund vierhundert Jahre später sollte der Schweizer Kulturhistoriker Carl Jakob Burckhardt sogar davon sprechen, daß Cosimos enge Vertrautheit mit Künstlern, Schriftstellern und Gelehrten ihn, der vor allem anderen doch Kaufmann und Politiker war, in den Rang eines Fürsten erhoben habe.

Ein solches Urteil mag etwas übertrieben anmuten. Was Cosimo, was alle bedeutenden Medici wirklich auszeichnete, war ihr ungewöhnlich gut entwickelter Instinkt für das Machbare in der Politik. Sie waren, und Cosimo hatte diese Tradition gleichsam mit einem Paukenschlag begründet, vor allem anderen Pragmatiker der Macht. Ihn bezeichnete man in diesem Zusammenhang als den Erfolgreichsten. »Durch die Verbindung von kaufmännischer Überlegenheit, politischem Scharfsinn, Respekt vor schöpferischer Phantasie auf anderen Gebieten als Wirtschaft und Politik und durch den geheimnisvoll-mächtigen Zauber, den er unbewußt ausstrahlte, war er bestimmt der Vielseitigste«, schreibt sein amerikanischer Biograph James Cleugh. Europäische Autoren urteilten ähnlich. Und Marsilio Ficino, ein unbekannter Philosoph jener Zeit, erklärte: »Platon verdanke ich viel, Cosimo nicht weniger. Er hat für mich die Werte geschaffen, von denen Platon mir die Vorstellung gab.«

Cosimo also war der eigentliche Begründer der mediceischen Vorherrschaft über Florenz; sein Nachfolger Piero agierte als ein ordentlicher, geschickter Verwalter eines glänzenden Erbes, der sich, wie man sich später erzählte, auf mancher Reise, auf welcher er Cosimo begleiten mußte, in die Schriften eines Cicero, Livius, Caesar oder Seneca vertiefte, während Cosimo gleichzeitig Bilanzen studierte und politische Akten bearbeitete.

Florenz mochte zu jener Zeit, da die Herrschaft von Cosimo auf Piero und dann von diesem auf Lorenzo überging, an die neunzig-tausend Einwohner gezählt haben. Machiavelli selbst würde später in seiner »Florentinischen Geschichte« die damalige Situation voll Optimismus beurteilen: »In Italien war es ziemlich ruhig. Die Haupttätigkeit der Fürsten bestand darin, sich gegenseitig zu belau-ern und ihre Macht durch neue Beziehungen und Bündnisse zu festigen.« Diese Feststellung traf gewiß auch auf die Heimatstadt Machiavellis zu, mit der einen, entscheidenden Einschränkung allerdings, daß die Macht der Medici so groß, ihr materieller Vorsprung gegenüber möglichen Rivalen so bedeutend, ihre politi-schen Fähigkeiten so ausgeprägt waren, daß eine Veränderung der ohnedies zufriedenstellenden Situation kaum vorhersehbar schien. Es drohte jenen, die an der Macht waren, zwar immer die Gefahr eines Aufstandes des popolo minuto, einer Rebellion der Hemdlo-sen, in der Theorie, derer sich auch die Medici bedienten, um ihren politischen Phrasen einen glaubhaften Unterton zu schenken, war Florenz jedoch eine demokratisch organisierte und verwaltete Republik. Davon war zweifellos die Mehrzahl jener neunzigtau-send Florentiner überzeugt, die durch die ebenso erfolgreiche wie unnachsichtig gehandhabte Tyrannei der Medici so viele Vorteile erfuhren, daß sie vorerst keine Ursache für Widerstand und Aufsäs-sigkeit hatten.

Es hatte alles seine Ordnung. Die Verfassung blieb unangetastet. Bei den abgehaltenen Wahlen kam es zu keinen nachweisbaren Fälschungen. Das Druckmittel des politischen Mordes brauchte nicht angewendet zu werden; die Verbannung genügte, um politi-sche Gegner auszuschalten. Die Medici regierten allein durch ihre intellektuelle Überlegenheit und durch ihren unermeßlichen Reich-tum, der es ihnen erlaubte, sich jede Form der Wahrheit und jede demokratische Ordnung sozusagen einzukaufen.

In einem solchen Klima gedeiht die Fähigkeit zur Anpassung. Nur die Geschmeidigen, Geschickten, Rücksichtslosen vermögen in einer Demokratie zu überleben, die in Wahrheit einer Diktatur verzweifelt ähnlich ist, und sogar Gewinn daraus zu schlagen. Nur die Bescheidenheit, die sich jedem Schatten, den die Macht wirft, lautlos angleicht, übersteht Glanz und Elend solcher Verhältnisse. Im übrigen war Florenz zu prachtvoll geworden, als daß eine so durchschnittliche, so wenig auffällige, so sehr des Anpassens gewohnte Familie wie die der Machiavelli von sich hätte reden machen können. Niccolò Pietro Michele hatte, was seinen zukünftigen Charakter anging, gerade deshalb die besten Lehrmeister. Er mochte früh schon gewußt haben, wie der Schatten schmeckt, in dem man sich unauffällig macht. Und er wird ebenso früh begriffen haben, daß eine solche Position die schärfsten Beobachtungen erlaubt.

2. KAPITEL

Eintritt ins Leben

Der Vater, Bernardo Machiavelli, als Notar mit durchschnittlichem Erfolg tätig, führte ein »Libro di Ricordi«, ein sogenanntes Erinnerungsbuch, in dem er auch einige, allerdings eher dürftige Angaben über den heranwachsenden Niccolò machte. Dieser scheint aufgeweckt gewesen zu sein, von rascher Auffassungsgabe, die jemanden, der in bescheidenen Verhältnissen aufwächst und frühzeitig gewöhnt ist ans Subalterne, doch nicht zum kriecherischen Wesen werden läßt, dessen Blick für die Nuancen des Daseins erloschen ist. Der Mutter, einer gewissen Bartolomea Nelli, aus gutem Hause stammend, scheint diese Aufgewecktheit sogar wie eine Begabung vorgekommen zu sein. Vielleicht hatte sie von einer Laufbahn ihres Sohnes geträumt, die fortführte aus der Beengtheit kleinbürgerlicher Verhältnisse, wie man sie im Haus der Machiavelli zwangsläufig gewohnt war. Vielleicht hatte sie im Wesen des Kindes einen Zug ins Glänzende, Spektakuläre entdeckt und träumte von gewinnbringender Gelehrsamkeit, von großer Karriere an einem Fürstenhof, von sozialem Aufstieg. Mütter sind immer phantasiebegabt, wenn es um das vermeintliche Glück ihrer Kinder geht. Sie, begabt für anmutige Poesie, die Verse geschrieben hat, in denen sich mancher unterdrückte Seufzer, mancher lautlose Jubel einer empfindsamen Frauenseele wiedergefunden haben mag, sie habe, meinen manche Biographen, ein neues, romantischeres, interessanteres Element in das »nüchterne, ein wenig einseitige, ein wenig verstaubte Milieu« (M. Brion) der kleinen Beamten und Advokaten gebracht. Und man darf sich vorstellen, daß sie auch auf Niccolò einen prägenden Einfluß gehabt haben wird.

Vom Achtjährigen wissen wir durch das »Libro di Ricordi« des Messer Bernardo, daß er in die Schule eines gewissen Da Poppi ging und zwar in der Kirche von San Benedetto. Später wurde ihm privater Unterricht zuteil, was man als eine Bestätigung seiner frühreifen Intelligenz ansehen kann. Der Zehnjährige unternahm

Ausflüge in die Hügellandschaft rund um Florenz. Der Siebzehnjährige besorgte Handlangerdienste und Botschaften für den Vater. Eine normale bürgerliche Existenz zeichnete sich ab. Einiges, das sich gerade soviel von der Norm abhob, daß man es ungewöhnlich nennen könnte, wurde gleichfalls deutlich. Schon das Kind verschlang alles, was ihm an Lesenswertem in die Hände fiel. Der siebzehnjährige, der neunzehnjährige Niccolò hatte sich in seinem Kopf vermutlich eine Welt erdacht, zusammengesetzt aus den Erfahrungen, die er aus seiner ständigen Beschäftigung mit Büchern gewonnen hatte, und auch aus dem, was sich an Alltäglichem draußen in der Stadt tagaus, tagein ereignete. Denn ihn bloß einen Bücherwurm zu nennen, der nichts anderes zustande bringt, als mit blassen Wangen und starrem Blick einer Wirklichkeit aus zweiter Hand nachzujagen, wäre völlig falsch. Wohl bewegten ihn, wie man zwar wiederum bloß mutmaßen darf, die Erzählungen, die er in des Vaters schmaler Bibliothek fand. Aber mit ebensolchem Interesse tauchte er in das pralle Leben seiner Heimatstadt ein. Er war seiner Veranlagung, seinen Neigungen nach gewiß schon frühzeitig das, was man einen Intellektuellen nennt. Ein Blick in das schmale, spitze, von einem Anflug zynischer Ironie bewegte Gesicht, wie es sich im Porträt des Malers Santi di Tito darstellt, welches im Palazzo Vecchio hängt, läßt uns auch das Antlitz des Kindes, des Jünglings erahnen. Ein schmaler Mund, Fledermausohren, Augen, die wachsam sind; und ein Ausdruck ungebändigter Neugier, die stets hinter die Oberfläche dessen dringen will, was das Interesse dieses Menschen erweckt … das Kind Niccolò, der Jüngling, Niccolò Machiavelli, immer mit Bildung beschäftigt, mit Wissen konfrontiert, mit dem Geruch der Folianten vertraut, in denen die Bilder einer Vergangenheit lebendig werden, welche die Phantasie anregen und beunruhigen: Das war die eine Seite im Programm des Heranwachsenden. Die andere, unmittelbarere, vielleicht auch verlockendere hatte mit dem florentinischen Alltagsleben zu tun.

Und das muß abwechslungsreich genug gewesen sein. Die Machiavelli lebten nicht in einem elfenbeinernen Turm. Sie waren weder Gelehrte noch Millionäre, die es sich leisten konnten, dem wirbelnden Treiben der Welt verachtungsvoll den Rücken zu kehren. Sentimentalität, Poesie, verträumte Blicke auf die Seele der

Dinge waren nicht ihr Stil. Man mag sich sogar einbilden, daß sie des Deftigen durchaus fähig waren, des Lauten, auch Rüpelhaften, wie es dem Wesen der Zeit entsprach. Daran änderten die Verse der Bartolomea Nelli nichts, nichts auch des Messer Bernardo gravietätische Haltung, mit der er seinen advokatischen Verpflichtungen nachzukommen hatte, um für den Lebensunterhalt der Familie zu sorgen und zugleich den sozialen Rang sich zu erhalten, den man, mühsam genug, endlich einnehmen durfte.

Aber auch der Blick auf die Verhältnisse außerhalb der kleinen Welt, in der Niccolò heranwächst, ist wichtig. Denn vieles, was in den siebziger und achtziger Jahren des 15. Jahrhunderts passiert, wird ihn geformt haben. Zuerst unbewußt, dann, weil er das Zeitgefühl, den Zeitgeist in sich aufsog wie jemand, der keuchend die Luft in sich hineinschlürft, als laufe er sonst Gefahr, zu ersticken, dann schon durchaus bewußt, durchaus wachsam und vergleichend. Er lebte, könnte man sagen, auch als junger Mensch bereits absichtsvoll. Dieses schmale, von Ironie und Zynismus gezeichnete Gesicht besitzt im übrigen etwas Herausforderndes, das zu denken gibt. In Florenz, in Italien geschieht viel und soviel Unerhörtes, auf das einer, der das Leben nicht bloß im Widerschein der Folianten entdecken will, ganz einfach reagieren muß.

In Florenz herrscht Lorenzo de'Medici, der Prächtige, in glanzvoller Tyrannei. Aber unter der Oberfläche »brodelte und siedete es« (James Cleugh). Erinnern wir uns daran, was Machiavelli später einmal über die Situation in Italien um das Jahr 1469, also das Jahr seiner Geburt, geschrieben hat: daß es ziemlich ruhig gewesen sei; und daß die Haupttätigkeit der Fürsten darin bestanden habe, einander zu belauern und »ihre Macht durch neue Beziehungen und Bündnisse zu festigen«.

Aber wer waren die Männer, denen die Macht im Land gehörte, erworben durch Skrupellosigkeit und Heimtücke? In Perugia regierte ein Herr von Bagliono, in Rimini herrschten die schrecklichen Malatesta. Forlì wurde von den Ordelaffio tyrannisiert, Bologna von den Bentivoglio. In Ferrara waren es die D'Este, die sich der Herrschaft versichert hatten, in Mantua die Gonzaga, in Mailand die Visconti, später die Sforza. Und allen ist eine ähnliche Biographie eigentümlich. Sie hatten als *Condottieri* begonnnen, als bezahlte Raufbolde, die – sofern sie erfolgreich waren – Gleichgesinnte um sich sammeln, eine Truppe aufstellen und sich alsbald als Heerführer bezeichnen durften. »Genau betrachtet, waren sie nicht bloße Draufgänger«, schreibt Marcel Brion, »denn sie suchten nicht nur das Abenteuer als solches, sondern es haftete ihrem Stand zugleich etwas Merkantiles an … Jedem, der bezahlte – und zwar stets dem, der am meisten bezahlte –, lieferten die Condottieri alles, was zum Kriegführen erforderlich war, ohne Rücksicht darauf, wie sie persönlich zu einem Mann oder seiner Sache waren.«

Die Condottieri waren also seit Generationen im Grunde nichts anderes als eine Art Kaufleute, die ihren Gewinn nicht mit Handel oder Bankgeschäften, sondern mit dem Niederbrennen von Städten machten. Die erfolgreichsten von ihnen – manche begannen ihre Laufbahn als Bauern, Fleischer, Bäcker und Ochsentreiber – setzten sich in den Landschaften, die sie für ihre Auftraggeber erobert hatten, selbst fest, begründeten Dynastien, wurden zu Herzögen und Fürsten und betraten auf diese Weise gleichsam durch eine Hintertür die Geschichte. Das furchteinflößende Geschlecht der Sforza, das in Mailand die Visconti abgelöst hatte, begann mit einem Bauernsohn aus dem lombardischen Cotignola, der dem heimatlichen Elend davongelaufen und zu den Soldaten gegangen war.

Was mußte ein aufgeweckter, wißbegieriger Jüngling wie Niccolò Machiavelli empfinden, wenn ihm solche Verhältnisse als politische Realität durchaus geläufig waren? Und wir dürfen annehmen, daß in seinem Elternhaus über Politik geredet wurde. Es ist auch nicht nur Vermutung, wenn man davon ausgeht, daß Machiavelli auf seinen Streifzügen durch Florenz manches hörte, was außerhalb seiner Heimatstadt an Unbegreiflichem geschah und ihn, der Geschichte frühzeitig schon als etwas begriff, aus dem man brauchbare Lehren ziehen mochte, beschäftigte, nachdenklich machte, Vergleiche anstellen ließ. Unerhörtes, Unbegreifliches, das der glänzenden Oberfläche von Lorenzos Welt bedrohliche Sprünge zufügte, war immerhin in Florenz selbst geschehen. Einer, der sich für die Welt bildet, die er demnächst zu betreten gedenkt, muß daraus seine Lehren ziehen.

Die Chronologie der laufenden Ereignisse sieht folgendermaßen aus: Ein gewisser Francesco della Rovere, ursprünglich Sohn eines armen ligurischen Fischers, war in Rom zum Papst gewählt worden. Als Sixtus IV. lehrte er die ihm benachbarten, mit ihm verbündeten oder ihn mißtrauisch beobachtenden Fürsten, daß Behutsamkeit angebracht sei angesichts seines ungemein komplizierten Charakters, der eine seltsame Mischung aus Großzügigkeit und erschreckendem, fast krankhaftem Ehrgeiz war. Dem Florentiner Lorenzo ließ Sixtus zum Beispiel zuerst außerordentliche Beweise seiner Gunst zukommen, indem er ihn, der nicht nur als Politiker, sondern auch als Bankier tätig war, zum Verwalter des päpstlichen Vermögens machte. Das wiederum ermutigte Lorenzo, der darin eine Konsolidierung seines Machtanspruchs zu sehen glaubte, nachhaltig, den florentinischen Kontrollapparat der Regierung mit ihm ergebenen Männern zu besetzen. Dann aber beging er den an sich verständlichen, weil der florentinischen Politik dienenden Fehler, gegen die territoriale Expansionspolitik des ehrgeizigen Papstes zu intrigieren. Dieser wünschte nämlich, die Stadt Imola zu kaufen, was zweifellos eine Gefährdung toskanischer Interessen bedeutete. Lorenzo weigerte sich, Sixtus das erforderliche Geld vorzustrecken und agitierte darüber hinaus unmißverständlich gegen die Politik des Papstes. In dieser Situation machte sich die einflußreiche Florentiner Familie Pazzi erbötig, Sixtus IV. mit einer Anleihe dienlich zu sein, eine Geste, die wenig damit zu tun hatte, daß die Pazzi der päpstlichen Monarchie und deren Politik sonderlich ergeben waren. Sie hatte vielmehr ihren Ursprung wohl eher in der erbitterten Rivalität, die seit langem zwischen den Medici und den Pazzi herrschte. Es war sozusagen die klassische Ausgangssituation im Konkurrenzkampf zweier rivalisierender Bankhäuser, wobei man mit handfesten kapitalistischen Methoden die Politik zu beeinflussen versuchte.

Sixtus nahm selbstverständlich das Angebot der Pazzi an, setzte Lorenzo als Finanzverwalter ab und ernannte dafür dessen erbitterten Konkurrenten, so daß plötzlich zwei Bankhäuser um die Vormachtstellung in Florenz kämpften. Die Pazzi, animiert durch das Verhalten des Papstes, gingen noch einen Schritt weiter. Sie planten ein Attentat gegen Lorenzo und dessen Bruder Giuliano, einen heiteren, unbeschwerten Charakter, äußerlich ungemein anziehend – im Gegensatz zu seinem älteren Bruder Lorenzo –, dafür jedoch völlig unbegabt für das politische Geschäft. Sixtus war, wie das durch Zeugenaussagen später bewiesen werden konnte, nach anfänglichen moralischen Bedenken schließlich damit einverstanden, die mediceische Vormachtstellung in Florenz durch politischen Mord zu beseitigen.

Das Attentat, an dem gedungene Mörder ebenso wie ein Erzbischof und natürlich Angehörige des Florentiner Bankhauses der Pazzi beteiligt waren, schlug dann allerdings zum wichtigeren Teil fehl. Wohl wurde Giuliano während eines feierlichen Hochamtes im Dom zu Santa Maria del Fiore ermordet; Lorenzo jedoch konnte, lediglich leicht verletzt, im letzten Augenblick entkommen. Die Verschwörer, derer man rasch habhaft wurde, fanden einen ebenso unrühmlichen wie erbarmungswürdigen Tod. Den Erzbischof Salviati etwa, von Sixtus nach Florenz entsandt, um gleichsam den Boden für das Attentat vorzubereiten und alles Notwendige zu unternehmen, um das (wie der Papst erhoffte) führerlose Florenz in päpstliche Gewalt zu bringen, hingen die aufgebrachten Anhänger der Medici an einem der Fenster des Palazzo Vecchio auf. Das nämliche Schicksal erlitten auch andere Verschwörer. Das Oberhaupt der Pazzi wurde nach seiner Flucht in ein Bergdorf von Bauern ergriffen und ermordet. Den übel zugerichteten Leichnam warf man einfach in den Arno.

Sixtus, empfindlich in seinem Stolz getroffen, exkommunizierte Lorenzo, was dessen Position in Florenz freilich nicht im mindesten beeinträchtigen konnte. Auf einer anderen Ebene allerdings hatten die Medici mit Schwierigkeiten zu kämpfen, denn was die finanzielle Lage der Familie anging, so war Lorenzo, der sich immer wieder als hochbegabter Politiker auszeichnete, als Bankier minder erfolgreich. Ein gewisser Alessandro de'Pazzi, ein Angehöriger der gedemütigten und nach dem mißglückten Attentat nahezu ausgerotteten Bankiersfamilie, schrieb in diesem Zusammenhang: »Als ihr (der Medici) Kredit schwand, hätten sie fast ihre Machtstellung verloren, wären nicht die Ereignisse von 1478 eingetreten, die den Medici neue Freunde gewannen, ihre bisherigen Anhänger noch fester an sie banden und in jeder Weise ihre Macht stärkten. Dieselben Ereignisse ermöglichten Lorenzo, zur Bezahlung seiner Schulden sein eigenes Vermögen und die Staatsschulden einzusetzen und so seinen politischen Einfluß auf einem dauerhaften Fundament neu auszubauen.«

Alessandro de'Pazzi bezieht sich hier auf die Verschwörung

gegen die Medici von 1478, die, nachdem sie so kläglich mißglückt war, Lorenzos Stellung in Florenz nur weiter festigte.

Niccolò Machiavelli war damals neun. Und wenn er, was anzunehmen wir manchen einsichtigen Grund haben, tatsächlich so frühreif, vernunftbegabt, aber auch schon vorsichtig abwägend war, das Leben als ein Schauspiel zu betrachten, in welchem nur das Überdurchschnittliche, Erfolgreiche und auch Rücksichtslose wirklich zu fesseln und auch zu unterhalten vermag, wenn er also als Kind bereits solche Veranlagungen zeigte, wie sie ihn später auszeichnen werden, dann können ihn diese Ereignisse nicht gleichgültig gelassen haben. Er wird gewiß einen Hauch von Abenteuer darin entdeckt haben. Er wird auch, damals schon beschäftigt mit den Helden der Antike, manchen interessanten Vergleich gezogen haben. Daß Lorenzo de'Medici, dessen politischer Ehrgeiz über seine merkantile Begabung triumphierte, durch das mißglückte Attentat und des Papstes drohende Haltung, der er seine politische Geschicklichkeit entgegensetzte, daß Lorenzo de'Medici in Florenz zum unangefochtenen »primus inter pares« wurde, mag das Kind Machiavelli noch nicht genau begriffen haben. Daß manche Florentiner Lorenzo als »in Geldangelegenheiten skrupellos« bezeichneten, wird Niccolò kaum verstanden haben, sofern er eine solche Meinung überhaupt erfuhr. Eine andere Frage jedoch muß ihn frühzeitig beschäftigt haben: War der Tyrannenmord etwas, das heilig genannt werden durfte? War das, was gegen Lorenzo geplant gewesen war, »eine ehrenvolle und männliche Tat, die von allen nachgeahmt werden sollte, die unter einem Tyrannen oder sonst einer despotischen Regierung leben«, wie das der Florentiner Moralist Rinuccini erklärte, als die Nachricht von der Ermordung des Mailänder Tyrannen Galeazo Maria Sforza in Florenz eintraf und dort, knapp zwei Jahre vor dem Attentat gegen Lorenzo, mit Applaus bedacht wurde? Und vor allem: War Lorenzo de'Medici überhaupt ein Tyrann, gegen den es allein schon aus moralischem Anstand mit Dolch und Gift vorzugehen galt?

Das sind Fragen, die nicht das Kind, jedoch wohl den Jüngling Machiavelli beschäftigt haben werden. Voraussetzen darf man, daß er sich frühzeitig schon für Politik interessierte; daß ihn vor allem die Frage bewegte, was Macht denn eigentlich bedeute, welche Einwirkung sie habe auf das Schicksal der Menschen, auf die

Geschäfte, auf die privaten Verhältnisse. Einer wie er, der sich berauscht an dem, was geschehen ist, der die Taten antiker Heroen mit, wie wir uns vorstellen können, geröteten Wangen studiert, stellt zwangsläufig Vergleiche zur Gegenwart her. Wem Geschichte nicht gleichgültig bleibt, den fasziniert auch Politik. Wer die Vergangenheit als Lehrmeisterin für die Gegenwart betrachtet, der prüft diese Gegenwart mit schärferem, distanzierterem, mitleidloserem Blick. Und macht sich, selbst wenn er ein Jüngling ist — einer freilich wie Machiavelli, dessen frühreife Intellektualität wir nicht vergessen dürfen —, Gedanken über das Wesen der Politik, über die Moral, die dieser Politik innewohnen sollte, über die Macht, die mit Moral nur schwer oder auch gar nicht in Übereinstimmung zu bringen ist, und über das, was in der Politik nützlich ist, brauchbar und machbar.

»Ein junger Mensch wie Machiavelli, der offenen Auges durch seine Zeit ging in dem Wunsche, irgendwo die ideale Regierungsform zu entdecken, konnte diese weder in der Demokratie noch in der Tyrannis erblicken.« So beschreibt Marcel Brion die Situation, der sich Machiavelli in jenen Jahren gegenübersah. Hinzufügen müßte man noch manches: welche Rolle dabei das Elternhaus spielte; welche anderen Einflüsse auf ihn einwirkten; was verantwortlich war für das Entstehen eines zynischen Patriotismus, wie er den florentinischen Machiavelli dann geprägt hat; und wie sehr das Kind, der Jüngling durch die sogenannte »Stimme des Volkes« beeinflußbar war, die ihm unaufhörlich im Ohr lag, während er durch die Gassen und über die Plätze von Florenz strich.

Eines wird man als gewiß annehmen müssen: Daß er sich mit allem identifizierte, was Florenz betraf und für die Republik günstig war. Selbst ein Charakter wie er, den wir aus seinem Gesicht auf dem Porträt des Santi di Tito rekonstruieren, wachsam, ironisch, auch zynisch, die Welt mit forschendem Blick beobachtend und zugleich deren Qualitäten genau prüfend, selbst er wird in seiner Jugend für Augenblicke der patriotischen Hingabe fähig gewesen sein, ohne sogleich nach Zweck und Nutzen eines solchen Gefühls, das nur leidenschaftlich war, gefragt zu haben. Unbestreitbar mag freilich auch dies sein: Daß er, Florentiner und Geschöpf der Renaissance, Sehnsucht nach einem höheren politischen Ideal empfand, als er es in seiner Heimatstadt kennenlernen durfte. Edmond

Barincou beschreibt in seiner Machiavelli-Biographie die drük-
kende Luft einer gut getarnten Tyrannis, welche Machiavelli geat-
met habe, erwähnt den hohen Preis, den Florenz dafür zu zahlen
hatte, daß Lorenzo de'Medici den Frieden sicherte. Aber das allein
war es wohl kaum, was Machiavelli an der Brauchbarkeit der
herrschenden Verhältnisse zweifeln ließ.

Im übrigen mag zutreffen, was alle Biographen übereinstimmend
von ihm in dieser Phase seines Lebens sagen: Daß er Feind jeglicher
Gewalt war, gleichviel, ob gegen Körper oder Geist gerichtet, daß er
früh schon seine Unabhängigkeit unter Beweis zu stellen versuchte.
»Und so wandelt er über die Straßen und Plätze, geht er durch die
Bibliotheken, immerfort sein ironisches Lächeln um die schmalen Augen und um den dünnen Mund über dem spitzen Kinn«
(M. Brion). Er wird als Jüngling wahrscheinlich so wenig sympathisch gewirkt haben wie als gereifter Mann. Aber auf solche Eindrücke, die stets nur etwas mit der Oberfläche zu tun haben, legte er
nie sonderlichen Wert. Wichtiger war ihm die Befriedigung seiner
Neugier, war ihm das, was er sich durch seinen Intellekt eroberte.

Niccolò Machiavelli betrat nicht als Liebhaber oder als naiver
Schwärmer die Bühne des Lebens. Er war ein Intellektueller von
Anfang an. Das war sein größter Vorzug. Das war der Fehler, an
dem er letztlich scheitern sollte.

3. KAPITEL

Savonarola

Es war um das Jahr 1489, als der ebenso geistvolle wie fromme Literat Pico della Mirandola, der sich im päpstlichen Rom durch seine ernsthafte Beschäftigung mit religiösen Fragen einen gewissen Namen gemacht hatte, Lorenzo de'Medici, dem Herrscher über Florenz, den Vorschlag unterbreitete, sich zum Ruhm der Stadt und der Republik eines gewissen Girolamo Savonarola zu versichern. Dieser Dominikanermönch aus Ferrara hätte den Florentinern eigentlich nicht unbekannt sein dürfen, da er Ende der siebziger Jahre bereits einige Fastenpredigten in ihrer Stadt gehalten hatte; dabei hatte er allerdings, wenn man den dürftigen Zeugenaussagen Glauben schenken darf, seine Zuhörer vor allem zum Gähnen gebracht. Er war ein Mensch von schwächlicher Konstitution, ein fast dürftig wirkendes Männchen, alles andere als stattlich, sogar ausgesprochen häßlich, ungelenk in den Bewegungen, aber durchdrungen von einem fanatischen Sendungsbewußtsein, das nun hemmunglos zum Durchbruch kam, als ihn der Ruf Lorenzos erreichte, dem er sogleich folgte. Bei den Dominikanern von San Marco nahm Savonarola Quartier; dort, im schönen, vortrefflich gepflegten Klostergarten, hielt er seine ersten Vorträge, in denen von apokalyptischen Dingen die Rede war. »Und bald konnte der Garten von San Marco die Zuhörer nicht mehr fassen« (J. Cleugh).

Niccolò Machiavelli war damals gerade zwanzig. Alles, was wir von ihm aus dieser Zeit wissen, läßt die Annahme zu, daß er ein heiterer, unbeschwerter Jüngling war, der des Lebens Genüsse, wie sie seinem Alter und seinen allerdings bescheidenen Verhältnissen entsprachen, keineswegs verachtete. Er war unscheinbar, zumindest aber sicherlich nicht das, was man einen hübschen jungen Mann nennen könnte. Die Fledermausohren waren jetzt ausgewachsen. Der ironische Blick seiner tiefliegenden Augen, der wie ein aus dem Hinterhalt abgeschossener Pfeil gewirkt haben mag, war ihm wohl schon zur Selbstverständlichkeit geworden; der schmale Mund mit den zusammengekniffenen Lippen wird ebenfalls kaum Sympathie geweckt haben. Daß sich dahinter ein wachsamer Geist, eine empfindsame Seele verbargen, wird jene, die mit Machiavelli flüchtigen Umgang hatten, kaum interessiert haben.

Aber er war nicht das, was man einen scheuen Charakter nennt, war nicht introvertiert. Oder er war es nicht auf diese auffällige, lästige Weise, die ihn etwa daran gehindert haben würde, sich den Mädchen zu nähern – vielleicht wohl eher dem willigen Personal in gewissen Schenken und Häusern –, er war kein graues Mäuslein, das still durch Florenz huschte. Dazu war er zu neugierig oder zu wißbegierig. Oder zu leicht erregbar immer dann, wenn er Bedeutsames witterte. Sein Instinkt für das Ungewöhnliche muß frühzeitig schon gut entwickelt gewesen sein.

Und Ungewöhnliches geschah jetzt in Florenz. Savonarola hatte nach kurzer Zeit schon solchen Erfolg und solchen Zulauf, daß man ihn um die Fastenzeit des Jahres 1491 in die florentinische Kathedrale holte, wo er plötzlich, nach wie vor die Apokalypse beschwörend, ins politische Alltagsgeschäft eingriff. Man mag sich vorstellen, daß diese überraschende Hinwendung des eifernden, fanatischen Dominikaners zur Politik am Anfang eher beiläufig gewesen sein mag und durchaus moralische und keinerlei realpolitische Ursachen hatte. Florenz war das, was man eine blühende, ihren Reichtum und ihre politische Solidität rückhaltlos genießende Stadt nennen muß. Seit die Medici die unumschränkte Herrschaft über die Republik besaßen, waren Kunst und Wissenschaft zu einem selbstverständlichen Bestandteil der florentinischen Gesellschaft geworden. Man lebte üppig, zeigte seinen Reichtum. Geld war etwas, dessen man sich nicht zu schämen brauchte. Man gab es für Dinge aus, die vielleicht nicht immer nützlich, jedoch stets angenehm waren, die den Sinnen schmeichelten, die Wirtschaft förderten. Daneben gab es freilich auch die Elendsviertel, in denen sich der Abschaum oder einfach das Unglück des popolo minuto verbarg, gab es himmelschreiendes soziales Unrecht und die latente Bereitschaft zur Revolte.

Savonarola, dessen schmächtiges Äußere, dessen düstere Häßlichkeit nichts an seinem starken Willen änderten, war viel zu klug, um nicht rasch zu erkennen, wo er ansetzen mußte, um Erfolg zu haben. Außerdem war er Auseinandersetzungen gewohnt. Schon im Kloster, in das er mit zweiundzwanzig eingetreten war, hatte er gekämpft. Gegen Unmoral und Heuchelei war er vorgegangen. Selbst dem allmächtigen Papst hatte er öffentlich vorgeworfen, der Würde seines hohen Amtes nicht zu entsprechen. Er war, und man kennt solche Charaktere aus allen Epochen, in denen Umsturz sich ankündigte und tiefgreifende Veränderungen stattfanden, er war ein unbequemer Geist. Einer freilich, der eher verneinte als Respekt oder gar Freude zu empfinden für das, was eine optimistische, dem Kapitalismus huldigende und von starkem Selbstbewußtsein erfüllte Gesellschaft wie die florentinische leistete.

Jetzt, da ihm die Florentiner, deren Selbstbewußtsein unter den Geißelhieben seiner Predigten hinwegzuschmelzen schien, in der Kathedrale schluchzend zu Füßen fielen und Sünden bekannten, an die sie zuvor nicht einmal einen Gedanken verschwendet hatten, jetzt mochte Savonarola ernsthaft glauben, er sei ein Sendbote Gottes, eine Zuchtrute, dazu auserkoren, den Übermut der Menschen in die Schranken zu weisen. Vielleicht sogar ein Heiliger, der weder einen Papst noch einen Medici zu fürchten brauche.

Zur Fastenzeit 1491 war er also als Prediger in Santa Maria del Fiore eingezogen. Im darauffolgenden Juli wurde er zum Prior des Klosters San Marco ernannt. Die übliche Huldigung an den Beherrscher der Republik, wie sie altem Brauch und gewohntem Respekt entsprochen hätte, unterließ er. Dem Drängen wohlmeinender Ratgeber, die ihn ermahnten, Lorenzo de'Medici nicht zu brüskieren, soll Savonarola mit schroffen Antworten begegnet sein. »Sagt Lorenzo, er soll seine Sünden bereuen, denn der Herr schont niemanden und fürchtet nicht die Fürsten der Erde«, war einer dieser Sätze, denen er Prophezeiungen nachfolgen ließ, die sich düster, bedrohlich anhörten. Papst Innocenz VIII. und der König von Neapel, beide Freunde und Verbündete der Medici in Florenz, würden bald sterben. Auch Lorenzo sagte er den nahen Tod voraus. Taktvoll, zart besaitet, von höflicher Rücksichtnahme für seine Mitmenschen erfüllt war dieser Mönch gewiß nicht. Und als ihn Lorenzo – um Ausgleich und Versöhnung bemüht und wohl wissend, welche Macht Savonarola über die Florentiner besaß – im Kloster aufsuchen wollte und dabei feststellen mußte, daß dieser nicht daran dachte, ihn, den scheinbar allmächtigen Despoten, zu empfangen, da konnte der Herr über Florenz nichts anderes mehr sagen als diese resignierende Feststellung: »Ihr seht, meine Herren, ein Fremder ist in mein Haus getreten und findet trotzdem, er brauche mich nicht aufzusuchen.«

Savonarola schien tatsächlich allmächtig zu sein. Die Mehrheit der Bürger gehorchte ihm, vergötterte ihn, begriff nicht, daß das, was der fanatische Mönch forderte, gegen die fundamentalsten Interessen der Gesellschaft gerichtet war. Und Machiavelli? Er hörte dem Dominikaner gewiß aufmerksam zu. Er war Zuhörer mancher Predigt, prägte sich ein, was dieser düstere Mann, dessen Stimme so machtvoll, rauh, gebieterisch klang, den Florentinern erzählte. Die frommen Sprüche, die salbungsvollen Litaneien, die Aufforderungen zur Buße mögen Machiavelli gelangweilt haben. Aufgehorcht wird er immer dann haben, wenn Savonarola von der Tyrannis sprach, vom unmoralischen Lebenswandel der Mächtigen, von der Notwendigkeit, mit der Macht behutsam umzugehen – und sie auch dem Volk zugänglich zu machen. Das waren Inhalte, auf die sich Machiavelli besser verstand als auf die moralisierenden Erbauungstraktate eines eifernden Predigers. War dieser Mann, mag sich der Jüngling gefragt haben, ein ernsthafter Herausforderer für die Medici? War das der Weg, die vollkommene Demokratie zu erreichen?

Manche Autoren beschreiben Machiavelli übrigens als Anhänger der sogenannten »piagnoni«, der »Greinenden«, wie man die Anhänger des Dominikaners ihres Schluchzens und Heulens wegen nannte, das sie bei dessen Predigten nicht zu unterdrücken vermochten. Eine solche Annahme kann durch nichts begründet werden. Es gibt im Gegenteil sogar eine Reihe von Beweisen dafür, daß Machiavelli schon früh mit wachsendem Mißtrauen den hochtrabenden Reden Savonarolas lauschte und sie nicht nur mit dem verständlichen Hochmut eines jungen Intellektuellen als heuchlerische Phrasen entlarvte. »Zu seinem Unglück ist Machiavelli unter den Zuhörern«, schreibt der Biograph Edmond Barincou und charakterisiert damit die Position des jungen Mannes gegenüber Savonarola. Machiavelli war durchaus schon eigener Gedanken fähig, wenn es um Politik und Gesellschaft ging.

Es existiert allerdings auch kein Beweis dafür, daß Machiavelli zumindest anfangs nicht doch von Savonarola beeindruckt gewesen wäre. Schließlich war dieser sonderbare Mönch nicht nur ein religiöser Eiferer. »Er besaß auch den scharfen Verstand des geborenen Taktikers« (J. Cleugh) und war als Moralist so gut wie unangreifbar, was ihn auch als möglichen Reformator der politischen Situation in Florenz vorstellbar werden ließ. Das aber mußte auf Machiavelli Eindruck gemacht haben, mußte ihn auf eine Weise bewegt haben, die weit über das hinausging, was einem Jüngling, von dessen politischem Interesse wir überzeugt sein dürfen, im allgemeinen naheging. »Machiavelli beobachtet aufmerksam, wie die Dinge sich wenden«, schreibt Marcel Brion. Das läßt jede Schlußfolgerung zu. Nur die eine nicht, die manchem Autor als zumutbar erscheint: Daß Machiavelli über einen längeren Zeitraum ein glühender Anhänger Savonarolas gewesen sein könnte. Er war ein interessierter Beobachter. Er verfolgte die Entwicklung der Dinge. Und wartete ab.

Diese Dinge entwickelten sich jetzt ziemlich rasch. Lorenzo de' Medici – ein bemitleidenswertes Opfer der Gicht, jener Krankheit, die in seiner Familie schon Tradition besaß – war spätestens seit dem Beginn des Jahres 1492 nicht mehr fähig, sich um die Staatsgeschäfte und um das Bankhaus zu kümmern. Dabei hätten beide Bereiche eine starke Hand, eine straffe Führung notwendig gehabt. Vieles wäre den Medici, wäre Florenz erspart geblieben, hätte Lorenzo beispielsweise die Hilfe des Papstes gegen Savonarola angerufen, was verhältnismäßig einfach und auch erfolgreich gewesen wäre. Die Medici waren nämlich im Gegensatz zu dessen Vorgänger Sixtus nun mit Innocenz VIII. befreundet; jener beobachtete mit wachsendem Mißtrauen die Auftritte des fanatischen Predigers in der Toskana und dessen reformatorisches Wirken, das sich vorerst noch auf die Verhältnisse innerhalb des Ordens beschränkte. Aber jeder aufmerksame Beobachter der politischen Situation in Florenz mußte längst begriffen haben, daß Savonarola, der sich immer stärker als Heiliger und Revolutionär in Szene zu setzen verstand, seinen Ehrgeiz nicht allein auf kirchliche Dinge zu beschränken wünschte.

Der Herr über Florenz, Lorenzo de' Medici, war also auf den Tod erkrankt. Die Gicht lähmte seinen Körper, zerbrach seinen Lebenswillen. Im März 1492, am einundzwanzigsten dieses Monats, wurde er auf einer Tragbahre in sein Landhaus nach Careggi nahe bei Florenz gebracht. Sein ältester Sohn Piero – gerade zweiundzwanzigjährig und, wie ihm nachgesagt wurde, bis auf eine etwas tolpatschige Arroganz, die vielleicht auch nur ein Ausdruck innerer Unsicherheit war, ein recht anständiger und braver Mann – mußte ihn begleiten. Letzte Gespräche fanden statt, in denen Piero zweifellos darauf vorbereitet werden sollte, daß er nun aus den Händen des Vaters die Macht über die Republik empfangen würde. Aber auch die treuen Weggefährten Lorenzos kamen, um Abschied zu nehmen. Und schließlich sogar Savonarola.

Dieser, von Lorenzo, wie man annehmen darf, dringend gerufen, um im letzten Augenblick noch einen Friedensschluß zwischen der weltlichen und religiösen Macht in Florenz herbeizuführen, hätte, wie Chronisten bezeugen, dem Sterbenden die Absolution erteilen sollen. Aber dazu war der Mönch, der sich nun als Prior einem Hochmut hingab, der zu seinen moralischen Forderungen im Gegensatz stand, nur unter gewissen Bedingungen bereit. Eine davon, die wichtigste und unverschämteste, war der Verzicht der Medici auf die Herrschaft über Florenz.

Lorenzo, der den anderen Bedingungen, wo es um Reue und um materielle Dinge gegangen war, seine Zustimmung gegeben hatte, wandte jetzt, da Savonarola ihn direkt aufgefordert hatte, die Republik in eine Art Freiheit zu entlassen, in welcher das Chaos herrschen mußte, Lorenzo wandte jetzt schweigend das Gesicht zur Wand. Der Mönch verharrte noch einige Augenblicke lang. Es fiel kein Wort mehr. Schließlich verließ Savonarola das Zimmer. Lorenzo starb wenige Tage später, am 8. April 1492.

Anderntags, und da liefen schon häßliche Gerüchte um in Florenz, fand man den Hausarzt der Medici, einen gewissen Pierleone, tot im Schacht eines Brunnens. Er habe aus Kummer über den Tod seines Herrn, der auch sein Freund gewesen war, Selbstmord begangen, meinen einige, die nachsichtig und wohlwollend zu sein versuchten. In Florenz freilich redete man damals offen darüber, daß er ermordet worden sei. Und daß heimtückisch verabreichtes Gift die eigentliche Ursache für Lorenzos qualvolles Sterben gewesen sei. Namen wurden in diesem Zusammenhang keine genannt ... bis auf jenen des unglücklichen Pierleone. Einen überzeugenden Beweis für dessen vermeintliche Schändlichkeit gab es allerdings nicht. Das Ende Lorenzos blieb geheimnisumwittert.

Lorenzos vorzeitiger Tod – er war nur dreiundvierzig geworden, hatte das, was seinem Charakter, seiner Intelligenz möglich gewesen wäre, nur zum geringeren Teil auszuschöpfen vermocht – war ein Unglück für Florenz, eine Katastrophe auch für Italien. Wenige nur begriffen dies. Darunter Francesco Guicciardini, florentinischer Staatsmann und Geschichtsschreiber von hohen Graden, ein Mann, dessen analytischer Verstand rascher und präziser auf alle Veränderungen reagierte, als das den meisten seiner Zeitgenossen möglich war. Auch Machiavelli scheint sogleich verstanden zu haben, was dieses Sterben des Medici für Florenz bedeutete. In einer späteren Ergebenheitsadresse schrieb er: »Kein anderer Italiener seiner oder einer früheren Zeit genoß so hohes Ansehen wegen seiner Klugheit, und keiner wurde so von seinen Mitbürgern betrauert.«

Man könne Lorenzo de'Medicis Herrschaft über Florenz nicht ohne jenen großen Umbruch würdigen, der sich in Italien und vor allem in Florenz gegen Ende des 15. Jahrhunderts vollzog, schreibt der Medici-Biograph James Cleugh. Dieser Umbruch bedeutete nicht nur die Wiedererweckung des klassischen Altertums, sondern auch eine Blütezeit der bildenden Kunst und der Literatur, der Wissenschaft und Philosophie. Es betraf selbstverständlich auch die Politik, die man jetzt gegen Ende des 15. Jahrhunderts als die Kunst begriff, das Mögliche machbar zu machen. »Die Renaissance gab der Welt einen neuen Kanon der Wertvorstellungen, der als Grundlage für die Zivilisation des Westens betrachtet wird. Das Hauptideal war der Humanismus, der im Gegensatz zur Verklärung des Göttlichen und Übernatürlichen das Menschliche und das Natürliche verherrlichte und aus dem sich ganz logisch andere Ideale wie Optimismus, Naturalismus und Idealismus ergaben« (J. Cleugh).

Diese neue Welt des Humanismus, deren glanzvoller und umsichtiger Repräsentant Lorenzo der Prächtige war, war zwangsläufig unvereinbar mit dem Geist des Mittelalters, als dessen frommer Sendbote sich Girolamo Savonarola betrachtete. Er, von dem man weiß, daß er sich kein anderes Wissen angeeignet hatte als das, was ihm einige oberflächliche literarische und medizinische Studien beigebracht hatten, weil er durch das unaufhörliche Studium der Bibel alles zu begreifen glaubte, was die Welt ausmachte, er mußte in den Humanisten, in den hervorragenden Köpfen der Renaissance, wie sie damals in Florenz versammelt waren, seine unversöhnlichen Todfeinde erkennen. Lorenzo war einer von ihnen. Sein früher Tod konnte dem Mönch als ein Zeichen Gottes erscheinen.

In diesem Zusammenhang sollte man daran erinnern – und zugleich einen Hinweis auf die geistige Atmosphäre geben, in welcher Machiavelli herangewachsen ist –, daß Lorenzo nicht bloß ein geschickter Despot war, der unter dem Deckmantel demokratischer Ordnung mit diktatorischen Mitteln regierte, ohne als eigentlich hassenswerter Tyrann aufzutreten, sondern daß er auch der großzügigste Mäzen seines Zeitalters war. Jene von seinem Großvater Cosimo gegründete Bibliothek, welche man als eine Art Urzelle des öffentlichen Bibliothekswesens ansehen darf, wurde unter seiner Regierung und mit Hilfe seines Geldes nahezu verdoppelt. »Von der Toskana aus entstanden plötzlich überall in Italien neue Bibliotheken. Die Universität von Pisa zum Beispiel besaß nun eine der berühmtesten Sammlungen Europas. Wenn ein Schriftsteller seine großen Vorgänger nicht kannte, gab es dafür keine Entschuldigung mehr, denn selbst Schuljungen konnten sie nun lesen. Damen wie Herren diskutierten über sie; man zitierte sie bei politischen Debatten und diplomatischen Verhandlungen. Sogar die Männer der Kirche studierten die heidnischen Philosophen sorgfältig, um sie widerlegen zu können« (J. Cleugh). Man muß auch darauf verweisen, daß die weltberühmte Vatikanische Bibliothek erst dreißig Jahre nach der Medicibibliothek entstanden ist und selbstverständlich nach deren beispielhaftem Vorbild angelegt wurde. Auch als Mäzen übertraf Lorenzo alle seine Vorgänger. Er begnügte sich nämlich nicht bloß damit, die Meisterwerke eines Leonardo da Vinci, Sandro Botticelli, Andrea del Verrocchio oder Domenico Ghirlandaio zu finanzieren, sondern war auch um die soziale Aufwertung der Künstler bemüht. Ein eigenwilliges Genie wie Michelangelo, drei Jahre lang unter den wachsamen Blicken Lorenzos in Florenz tätig, hatte vorher wie nachher niemals mehr ein so ausgeprägtes Verständnis, eine so wohlwollende Freundschaft durch einen Potentaten erfahren. Einige Kunsthistoriker meinen, es sei zweifelhaft, ob dieser charakterlich ungemein schwierige Bildhauer unter irgendeinem anderen Herrscher so früh zur Reife gelangt wäre.

Es war eine künstlerische und intellektuelle Revolution, die dieser Medici ermöglichte. Die großartige Mischung aus Geschäftssinn, intellektueller Neugier, Freude an Prunk und politischer Begabung ermöglichte eine, freilich allzu kurze, Blütezeit, wie sie nachher in Florenz nie wieder erreicht werden sollte. Lorenzos Tod bedeutete eine tiefgreifende Zäsur. Der Tod des Papstes Innocenz im Juli 1492 vertiefte sie. Dessen Nachfolger wurde übrigens ein Spanier namens Rodrigo Borgia, der sich als Pontifex Alexander VI. nannte. In Neapel starb König Ferdinand, auch er ein Freund der Medici. Die schreckliche Prophezeiung des Mönches Savonarola hatte sich erfüllt. Jene Männer, deren raschen Tod er vorhergesagt hatte, waren innerhalb kurzer Zeit verschieden. Neue Namen tauchten auf, neue Bündnisse und Verhältnisse beherrschten die politische Bühne. Und in Florenz begann plötzlich Savonarola, Frankreichs König Karl VIII. als »flagellum Dei«, als Geißel Gottes anzupreisen, dazu ausersehen, »die Kirche wieder aufzurichten und die Quellen des geistigen Lebens zu läutern«.

Drei Söhne hinterließ Lorenzo de'Medici: den Knaben Giuliano, den Zweitgeborenen namens Giovanni, dem man Klugheit und Bildung nachsagte, und der ein redlicher Kardinal war. Und dann war da noch Piero, der älteste, der Nachfolger, von dessen kühler Arroganz jene Anekdote ein bezeichnendes Beispiel gibt, die von der Ablehnung eines Adelstitels erzählt, welchen ihm König Alfons II. von Neapel angeboten hatte. In Pieros Antwortschreiben hieß es: »Eure Majestät wissen, daß meine Vorfahren als private Bürger von ihrem Handel und ihren Gütern gelebt haben. Auch ich wünsche mir keinen höheren Stand als den ihren. Ich möchte in diesem Zusammenhang ihren Vorstellungen nichts schuldig bleiben.« Ein Medici als Beherrscher der florentinischen Republik war auf eine neapolitanische Baronie nicht angewiesen. Niemand wußte das besser als Piero de'Medici. Niemand konnte diesem demokratischen Selbstbewußtsein einen vollendeteren, in seinem Hochmut nahezu aristokratischen Ausdruck verleihen als er. Einer, der über Florenz gebot, durfte sich einbilden, in Italien kaum seinesgleichen zu haben.

Aber war Piero de'Medici als Nachfolger seines Vaters tatsächlich noch der uneingeschränkte Herr über Florenz?

In Santa Maria del Fiore wütete Savonarola. Gegen Tyrannenherrschaft und gegen das würdelose Leben der Fürsten predigte er, geißelte die Laster der Prälaten. Damit war niemand anderer als der König von Neapel oder der Borgiapapst Alexander gemeint, und Piero, der eher den angenehmen Dingen des Lebens zugeneigt war als dem harten politischen Alltagsgeschäft, begriff in diesem besonderen Fall durchaus die Gefahr, die der Prior von San Marco mit seinen Angriffen heraufbeschwor. Vor allem fürchtete er den unversöhnlichen Haß des Papstes, hervorgerufen durch Savonarolas wütende Attacken. Denn dieser Borgia war zwar ein Wüstling, ein Schänder der Frauen, einer, der alles verhöhnte, was man sich in jenem Zeitalter unter christlichen Tugenden vorstellen mochte. Aber er war auch schlau, listenreich, rücksichtslos. Er war ein Gegner, dessen Feindschaft jeder in Italien zu fürchten hatte.

Piero handelte rasch. Anläßlich der Fastenzeit im Jahre 1493 schickte er den lästigen, gefährlichen Prediger nach Bologna. Daß ihm dieser diplomatische Schachzug gelang, war bewundernswert und mag unter anderem darauf zurückzuführen sein, daß er Savonarolas Versuche unterstützte, eine Neustrukturierung der Dominikaner herbeizuführen. Der Orden sollte nach den Vorstellungen Savonarolas, der auch hier handfeste realpolitische Absichten verfolgte, in eine toskanische und in eine lombardische Fraktion unterteilt werden, was bedeutet hätte, daß sein eigener Einfluß in Florenz ins Unermeßliche gestiegen wäre. Vielleicht unterschätzte Piero diesen Einfluß. Vielleicht fürchtete er den Borgia mehr als den Dominikaner. Jedenfalls war er in dieser Angelegenheit, indem er sich den eifernden Prediger vorübergehend vom Hals schaffte, ein Förderer der Absichten Savonarolas.

Was wissen wir von Machiavelli aus dieser turbulenten Zeit? Einer geregelten Tätigkeit, die ihm ein, wenn auch bescheidenes, Einkommen eingebracht hätte, ging er damals noch nicht nach. Die Berufs- und Lebensausbildung dürfte tatsächlich, wie seine Biographen übereinstimmend erzählen, auf der Straße stattgefunden haben. »Von dort aus gewinnt er Einblick in die Schwierigkeiten parlamentarischer Verhandlungen, wenn ihm auch ursprünglich sicher das Wesentliche dieser Verhandlungen entgeht. Von früh auf lebt er in gewisser Weise aus zweiter Hand, vertrödelt mit Begeisterung seine Zeit auf der Piazza della Signoria, horcht auf, diskutiert und nährt sich vom politischen Geschwätz der Wandelgänge.«

So beschreibt ihn der Soziologe René König. Marcel Brion zieht aus ähnlichen Überlegungen einen etwas handfesteren Schluß. Machiavelli, meint er, habe früh schon der Volksstimme entnehmen können, daß Savonarolas Macht ihrem Ende entgegengehe. Das ist eine kühne Behauptung, die wie vieles aus dieser Zeit nicht wirklich beweisbar ist. Man sollte wohl eher davon ausgehen, daß der junge Machiavelli nichts anderes war als der Sohn eines kleinen Beamten. Rebellische Gedanken werden ihn fraglos gestreift haben. Aber haben sie ihn auch bewegt? Ihm Genialisches nachzusagen in dieser Phase seiner Entwicklung, ihm zu unterstellen, daß er als Zwanzig-, Zweiundzwanzigjähriger schon genau gewußt haben sollte, welchen Weg er einzuschlagen, welche Haltung er einzunehmen haben würde, wäre wohl völlig falsch. Man kann, den Blick auf die Medici und Savonarola gerichtet, nicht einmal mit Sicherheit sagen, in welchem Augenblick er welcher Partei jeweils den Vorzug gab. Er war, dürfen wir annehmen, vom Dominikaner angetan. Und er verachtete ihn. Und wir können davon ausgehen, daß er, dem im Elternhaus gewiß Respekt für die Beherrscher der Republik beigebracht wurde, den Medici dennoch mit kritischer Distanz begegnete. Später freilich wird er alles tun, um die Medici von seiner Anhänglichkeit zu überzeugen. Er gehörte, und das wird sich von seinen Jugendjahren an wie ein roter Faden durch sein Leben ziehen, im Grunde nirgendwo hin. Er war unfähig, ein überzeugter Parteigänger zu sein. Und als ihn sein wacher Verstand auch die Kunst der Verachtung lehrte, weil er dem, was er als Ideal betrachtete, erst verhältnismäßig spät begegnete, da war sein Stolz schon zu groß, zu einschnürend und prägend für seinen Charakter, als daß er sich noch hätte ändern können. René König spricht zwar vom Stolz eines kleinen Beamten, »dem bestenfalls das Instrument der Sprache, der Ironisierung, des boshaften Witzes gegeben ist, um sich den anderen gegenüber zu behaupten«. Aber für Machiavelli genügte es. Außerdem sah er sich, der lange brauchte, um eine bescheidene Anstellung zugewiesen zu erhalten, niemals bloß als kleinen Beamten. Die äußere Hülle, die er auszufüllen hatte, interessierte ihn nicht besonders. Er genügte sich stets selbst.

Die Ereignisse nahmen nun ihren Lauf, die Geschichte, an der Machiavelli als interessierter Zaungast teilnehmen durfte, entwickelte sich, tiefgreifende Veränderungen fanden statt, und Florenz, das für mindestens drei Generationen lang neben und mit Venedig die luxuriöseste und politisch stabilste Stadt Italiens gewesen war, wurde von schweren Krisen geschüttelt.

Es begann eher beiläufig. In Frankreich meldete Karl VIII. seinen Anspruch auf die Krone von Neapel an. Die Berechtigung dazu gaben ihm, dem Zeitgenossen mittelmäßige Intelligenz und Anflüge von Größenwahn bescheinigten, gewisse verwandtschaftliche Verhältnisse, die einer genaueren Überprüfung kaum standgehalten hätten. Wahrscheinlicher ist, daß Karl sich ganz einfach als Eroberer Italiens zu sehen wünschte.

In Florenz wuchs Savonarolas Ruhm. Das rasche Hinscheiden jener drei Männer – Lorenzos, des Papstes Innocenz und des greisen Königs von Neapel, das er prophezeit hatte – vermehrte sein Ansehen durch jenen Hauch von Mystizismus, dessen Zauber sich Italiener niemals versagen können. Und Savonarola war es, der jetzt plötzlich Karl VIII. als frommen Helden beschrieb, als einen Mann, den Gott gesandt hatte, »um alle Christen von der schrecklichen Bürde ihrer Sünden zu befreien«.

Im Frühjahr 1494 entzweiten sich zudem die florentinischen Medici eines lächerlichen Streites wegen, dessen Ursache eine jener Bagatellen war, aus denen manchmal Tragödien entstehen. Ein gewisser Giovanni di Pier Francesco de'Medici, ein junger, eitler, nichtssagender Mann von siebenundzwanzig, der es gewagt hatte, einer Person den Hof zu machen, an der auch Piero de'Medici interessiert war, wurde zuerst mit Ohrfeigen traktiert und dann als Verbündeter der Franzosen denunziert. Das war immerhin eine schwere Anschuldigung, denn Karls Armee, eine stattliche Streitmacht von rund sechzigtausend Mann, hatte im Sommer dieses Jahres 1494 die Alpen überschritten und war in Italien eingefallen. Dementsprechend konnten jene Medici, die sich um Pierfrancesco scharten und Florenz fluchtartig hatten verlassen müssen, jetzt gar nichts anderes tun, als sich Karl anzuschließen.

Gegen die Franzosen verbündete sich der Borgiapapst Alexander mit dem König von Neapel, welcher nordwärts marschiert war, um sich außerhalb der Grenzen seines Königreiches einer Entscheidungsschlacht zu stellen. Diese verlor er im ligurischen Rapallo. Sein Rückzug glich dann eher einer Flucht. Eigentlich hätte jedermann in Italien nun wissen müssen, daß man der französischen Invasion mit militärischen Mitteln kaum erfolgreich würde begegnen können.

Auch Piero de'Medici und Savonarola haben das, jeder auf seine Weise, wohl begriffen. Piero reiste zu einem Zeitpunkt, als französische Kanoniere das Feuer ihrer Artillerie bereits auf toskanische, auf florentinische Festungen richteten, in das Lager Karls; dort stürzte er diesem demütigst zu Füßen, bat ihn um Vergebung für den Widerstand, den Florenz gegen Karls Ambitionen geleistet hatte, und der eher ein zwiespältiger, keinesfalls einheitlich organisierter war. Innerhalb kurzer Zeit handelte Piero mit dem König Frankreichs jene erbarmungswürdigen Bedingungen aus, die Florenz zwar vor der Vernichtung durch die Franzosen retten, die Stadt selbst aber ungemein schwächen sollten. Eine Reihe von florentinischen Städten, darunter Pisa, wurden den Franzosen zugesprochen. Die Staatskasse der Republik würde Karls Feldzug gegen Neapel finanzieren. »Wenn man bloße Dummheit verzeihlicher findet als Feigheit, kann man Pieros Verhalten wohl nachsichtig beurteilen«, schreibt dazu James Cleugh, was eine recht beschönigende Charakterisierung des Zustandes ist, in welchem sich Piero befand.

In Florenz reagierte man auf diese Affäre unmißverständlich. Der Widerwille gegen die Herrschaft der Medici war grenzenlos, nachdem Piero die Regierungsgeschäfte gerade zwei Jahre lang innegehabt hatte. Es blieb ihm nun, da ihn die Signoria einstimmig als Verräter brandmarkte, nur die rasche Flucht, um zumindest sein Leben zu retten. Sein Fehler hatte darin bestanden, über so gut wie kein politisches Talent zu verfügen. Aber genau das war es, was ihm die Florentiner nicht verziehen.

Ganz anders Girolamo Savonarola. Er ging unerschrocken zu Karl, als dieser bereits in Pisa einmarschiert war, und hielt dem eher überraschten als verärgerten König eine Predigt, in der er ihn als Werkzeug in den Händen des Allmächtigen bezeichnete und ihn eindringlich davor warnte, der Republik Schaden zuzufügen, da »der Himmel solchen Verrat in schrecklicher Weise rächen« werde. Es muß ein recht eindrucksvoller Auftritt gewesen sein, der seine Wirkung auf den abergläubischen König nicht verfehlte. Immerhin wurde Florenz tatsächlich geschont, als die Franzosen am 17. November 1494 in die Stadt einzogen. Es gab, für die damalige Zeit noch recht ungewöhnlich, weder Kämpfe noch Plünderungen. Und Savonarola durfte sich als den populärsten Mann der Republik bezeichnen.

Machiavelli, darin sind sich alle Biographen einig, wird sich das Schauspiel nicht entgehen haben lassen, das die einziehenden Franzosen boten. Durch ein Tor, das damals San Friano hieß, marschierten sie durch das Stadtviertel Oltrarno in die Stadt ein, bewiesen dabei mustergültige Disziplin, wirkten im Gegensatz zu den damals üblichen soldatischen Gewohnheiten ungemein geordnet und, wie Zeitgenossen beeindruckt feststellten, auch zivilisiert, was den Florentinern, die von sich selbst eine hohe Meinung hatten, vorerst einmal imponierte.

War auch Machiavelli von diesem Auftritt beeindruckt? Sympathisierte er mit den Franzosen? Applaudierte er der Unerschrockenheit Savonarolas, die dieser vor Karl auf so überzeugende und in gewisser Hinsicht auch erfolgreiche Weise demonstriert hatte? Wir sind auf Vermutungen angewiesen. Wir müssen annehmen, daß er ein Patriot war und schon allein aus diesem Grund den Franzosen nicht wohlgesonnen sein konnte. Und daß er wahrscheinlich an Savonarolas politischen Plänen manches entdeckte, was ihm unbehaglich sein mußte, weil es seinen Vorstellungen von Politik widersprach. Aber Unmißverständliches ist nicht festzustellen. Bei René König lesen wir, daß Machiavelli unter den Zeitereignissen wohl am meisten der Einbruch der Franzosen in Italien beeindruckt habe; ebenso die Vertreibung der Medici und die Proklamation der neuen Republik in Florenz. Und daß er skeptisch gegen diese von Girolamo Savonarola geleitete Republik gewesen sei, denn »er war zu sehr gegenwärtiger Mensch, um Geschmack finden zu können an dieser gewaltsamen Rückführung der Geschichte zu mittelalterlichen theokratischen Vorstellungen«. Das alles ist nach wie vor zu wenig, um sich ein zutreffendes Bild vom jungen Machiavelli machen zu können. Vielleicht muß man sich wirklich darauf einigen, daß er sich für das Leben des Staates erst nach dem Tode Savonarolas zu interessieren beginnen wird. Vielleicht war er ganz einfach noch zu jung, um Politik als das zu begreifen, was nicht nur ihm als kaum erfüllbares Ideal erscheinen sollte: als eine kulturelle Betätigung freier Menschen in einer freien Gesellschaft.

Savonarola war jetzt der nahezu uneingeschränkte Herr über Florenz. Am 9. Dezember 1495 gab sich die Republik eine neue Verfassung, wobei man seinem Vorschlag, nach venezianischem Muster vorzugehen, gehorsam gefolgt war. Er selbst, der an der

Formulierung der Gesetze maßgeblich mitgewirkt hatte, konzentrierte sich nun – da die Franzosen nach kurzem Aufenthalt in Florenz längst südwärts gezogen waren, um Neapel und Rom in ihren Besitz zu bringen – auf eine Politik, die vor allem gegen eine mögliche Rückkehr der Medici ausgerichtet war. Allerdings hatte Savonarola jetzt auch gegen zwei gefährliche Feinde anzukämpfen, nämlich gegen die Franziskaner und gegen Papst Alexander. Dieser verbot ihm sogar, zu predigen. Jene agitierten aus sicherem Hinterhalt und mit frommen Argumenten. Mehrere Anschläge auf das Leben des Priors von San Marco in den Jahren 1495 und 1496 bewiesen nachdrücklich die wachsende Gefahr, in die sich der streitlustige, politisierende und polemisierende Dominikaner begeben hatte, der nun auch als Politiker nachhaltig in Erscheinung trat.

Piero de'Medici wiederum, der in Rom, wohin er vorübergehend geflohen war, durch alkoholische und andere Exzesse von sich reden gemacht hatte, unternahm manche Anstrengung, um nach Florenz zurückzukehren und sich der Macht wieder versichern zu können. Dabei war ihm, der sich auch der Unterstützung durch den Papst erfreuen durfte, die nunmehr doch spürbare Unzufriedenheit der Bevölkerung nützlich, die unter dem strengen sittlichen und politischen Joch Savonarolas murrte. Dieser hatte beispielsweise im Februar 1497 den altgewohnten Brauch der Florentiner, in der Fastenzeit Hütten aus dürrem Astwerk und anderem brennbaren Material zu errichten, daraus dann am Ende der Fastenzeit jene Freudenfeuer entstanden, um die man lärmend und lachend tanzte, zu einer düsteren religiösen und auch politischen Zeremonie gemacht. Er zwang, und manchmal war dazu der Einsatz von Bütteln notwendig, er zwang die mehr verunsicherten als aufgebrachten Bürger dazu, alles Luxuriöse, Heitere, scheinbar Nutzlose – also Schmuck, kostbare Gewänder, Bilder, Bücher, aber auch Spiegel, Lockenscheren und Haarnadeln, Spielkarten, Tapeten, Skulpturen –, also buchstäblich alles, was des Lebens Schönheit und Süße verkörperte, auf der Piazza della Signoria aufzuhäufen. Auf diese Weise entstand ein Scheiterhaufen von zwanzig Metern Höhe, der dann am 7. Februar 1497 von Savonarola eigenhändig in Brand gesetzt wurde. Zuvor noch hatte ein venezianischer Kaufmann eine stattliche Summe dafür geboten, diese kostbaren Beispiele einer hochentwickelten Kultur und einer ungemein verfeinerten Zivilisation für sich erwerben zu dürfen. Aber dieses durchaus vernünftige Angebot wurde von Savonarola und seinen fanatisierten Anhängern abgelehnt. Es kam in der Fastenzeit des darauffolgenden Jahres sogar zu einer Wiederholung des befremdenden Schauspiels, das man als »Verbrennung der Eitelkeit« deklarierte; diesmal allerdings, am Fastnachtsdienstag 1498, kam es zu wütenden Protesten gegen den Mönch und seine Gehilfen.

Savonarolas Macht, sein Einfluß, selbst seine suggestive Beredsamkeit begannen jetzt innerhalb kurzer Zeit an Wirksamkeit zu verlieren. Einmal erschien Piero de'Medici völlig überraschend mit einer Söldnertruppe vor den Toren der Stadt, was ungeachtet der zahlenmäßigen Unterlegenheit der kleinen Schar genügte, Savonarola und seine Anhänger zu verunsichern und die Bürger zu verwirren. Denn selbstverständlich begriff man, daß Piero, der bald wieder abzog, dieses Unternehmen nur mit Wissen und Unterstützung des Papstes hatte inszenieren können. Es war zwar nicht viel mehr als eine Geste, aber eine, die keinesfalls wirkungslos blieb und die Grenzen des Predigers aufzeigte.

Der Papst, den Savonarola zu lange unterschätzt hatte, besaß auch andere Möglichkeiten, den Dominikaner in die Knie zu zwingen. Alexander, der sich zu diesem Zweck schon der Franziskaner bediente, welche mit einer an Besessenheit grenzenden Leidenschaft den Anführer des verhaßten Konkurrenzordens verfolgten, drohte der Stadt auch mit dem Kirchenbann für den Fall, daß sich Savonarola nicht dem über ihn verhängten Predigtverbot beugte und sich auch nicht der päpstlichen Gerichtsbarkeit unterwarf. Savonarola, dessen wütende Pamphlete gegen Alexander nicht ohne moralische Berechtigung, dessen Versuche, die Regierungsgewalt den Mächtigen zu entreißen, um eine Art volksrepublikanische Theokratie zu schaffen, nicht ohne politische Vernunft waren, dessen Sympathien für Karl VIII. einen recht realen politischen Hintergrund besaßen – er war um einige Schritte zu weit gegangen. Jetzt traf ihn die Wut jener, die allen Grund hatten, ihn zu fürchten. Und er war schutzlos, weil er es nicht verstanden hatte, das Volk tatsächlich auf seine Seite zu bringen. Das Schluchzen der ergriffenen Zuhörer seiner Predigten war keine brauchbare und vor allem keine dauerhafte Waffe im Kampf um die politische Macht.

Zuerst verbot ihm die Signoria, die den Bann durch den Papst und einen möglichen Aufruhr der Bevölkerung befürchtete, die gewohnten Predigten abzuhalten. Am 18. März 1498 richtete Savonarola zum letztenmal das Wort an seine zusammengeschmolzene Gemeinde. Er forderte dabei die katholischen Länder Europas auf, alles zu unternehmen, um den Borgiapapst Alexander zu stürzen. Das wiederum war der letzte, entscheidende Anlaß für die Franziskaner, den Prior von San Marco zu einer Entscheidung zu zwingen. Man richtete an ihn das Ansinnen, sich gemeinsam mit dem angesehenen Franziskaner Francesco de Puglia der sogenannten Feuerprobe zu unterziehen, einem uralten, barbarischen Ritual, bei welchem die Probanden durch die hochauf lodernden Flammen eines brennenden Scheiterhaufens zu gehen hatten und der Überlebende, sofern es einen gab, sich als wahrer Diener Gottes fühlen durfte.

Aber Savonarola lehnte diese Prozedur kategorisch ab, die er als unangebrachte Kritik an seiner Lehre und sogar als Demütigung empfand. Es kam zu ersten bewaffneten Auseinandersetzungen zwischen Dominikanern und Franziskanern, an denen auch der Pöbel von Florenz seinen lärmenden Anteil hatte. Dieser war es auch, gewiß angefeuert von den Franziskanern, der am 8. April 1498 das Kloster von San Marco stürmte, was wahrscheinlich nicht ohne weiteres gelungen wäre, wenn jetzt nicht die Signoria den Befehl erteilt hätte, Savonarola habe sich zu ergeben. Der Mönch gehorchte. Einen Ausweg gab es nicht. Die Übermacht, die sich nun gegen ihn wandte, war zu groß.

Es begann die Zeit der schrecklichen, damals freilich üblichen Folterungen, mit denen die Richter, die über Savonarola das längst gefaßte Urteil zu sprechen hatten, den einst mächtigsten Mann von Florenz der Ketzerei zu überführen suchten. Aber ungeachtet von Streckbank, ausgerissenen Fingernägeln, glühenden Kohlenbecken, in die man die Füße Savonarolas zwängte, ungeachtet auch aller anderen Torturen, die man ihm zwischen dem 9. und 25. April antat, blieb der Mönch standhaft. Ein Geständnis seiner Verwerflichkeit, wie es die Signoria, die Franziskaner, der Papst erwarteten, kam nicht über seine Lippen.

Am 23. Mai 1498 wurde Girolamo Savonarola auf der Piazza della Signoria vor dem Palazzo Vecchio hingerichtet. Sein Leib wurde, wie es Ketzern gebührte, dem Feuer überantwortet, nachdem er zuvor gehängt worden war. Die Verbrennung fand übrigens genau an der Stelle statt, an welcher jene beiden törichten »Verbrennungen der Eitelkeit« inszeniert worden waren, mit denen Savonarola die Florentiner zu Einkehr und Buße hatte überreden wollen.

4. KAPITEL

Ein Beamter lernt die Kunst der Verachtung

Es gibt Zufälle, über die man stolpert. Am 23. Mai 1498 wurde der entseelte Leib des Savonarola den Flammen des Scheiterhaufens auf der Piazza della Signoria überantwortet. Und am 23. Mai, so versichern einige der Biographen Machiavellis, habe dieser von einem Revirement erfahren, das seinem bis dahin doch eher ereignislosen Leben einen tieferen Sinn geben sollte. Als Schreiber in der Regierungskanzlei der Republik sei er tätig gewesen, als eine Art Kanzlist oder Gehilfe der Sekretäre, also ein Angestellter von untergeordnetem Rang, den jetzt, da er wahrscheinlich von einem der Fenster im Palazzo Vecchio aus das grausige Schauspiel beobachtete, das sich unten auf dem Platz abspielte, die Nachricht ereilte, daß er den vergleichsweise hohen Rang eines Sekretärs der sogenannten Zweiten Staatskanzlei von Florenz bekleiden solle.

Am 18. oder 19. Juni – die Angaben darüber schwanken – wird er jedenfalls in dieses Amt gewählt. Er ist dadurch direkt in den Schatten der Macht geraten, hat Zugang zu allen Staatsgeschäften, ist, wie wir heute sagen würden, Geheimnisträger, Vertrauter, Beamter, Politiker, alles auf einer Ebene, auf der die Entscheidungen zwar nicht fallen, aber vorbereitet werden. Übrigens wird er einige Wochen später, am 14. Juli, in diesem Amt bestätigt, was wohl bedeutet, daß man ihm eine Probezeit zugemutet hat, daß man ihn beobachtete, bevor man ihn definitiv als Mitarbeiter für die Zweite Kanzlei übernahm.

Wir wissen nicht, wie er in diese immerhin beachtenswerte Position geriet, wann, auf welche Weise er zuvor schon als Schreiber für die Signoria tätig gewesen war. Aber wir wissen, wie ihn seine Zeitgenossen damals gesehen haben. Einer von ihnen, ein gewisser Villari, beschrieb ihn: »Machiavelli war von mittlerer Größe, mager, mit sehr lebhaften Augen, dunklen Haaren, einem etwas kleinen Kopf, einer leicht gebogenen Nase, einem stets zusammengepreßten Mund: alles hatte bei ihm den Eindruck eines sehr gewandten Beobachters und eines Denkers, doch nicht eines achtunggebietenden und auf andere einwirkenden Mannes. Er konnte sich nicht leicht von einem Sarkasmus frei machen, der immerfort um seine Lippen spielte, aus seinen Augen sprühte und ihm den Anschein eines berechnenden und leidenschaftslosen Kopfes gab; doch hatte seine Phantasie große Macht über ihn und führte ihn leicht so weit, daß er bisweilen unerwarteterweise wie ein Hellseher erschien.«

Sympathisch war der junge Machiavelli, war dieser Mann von dreißig Jahren also nicht, der nun als Kanzlist eine zuerst bescheidene und dann interessante Karriere machen sollte. Oder er war nicht einnehmend in dem Sinne, daß ihm die Herzen aller spontan zuflogen. Er war es, soweit wir das mit aller gebotenen Vorsicht zu beurteilen vermögen, aber auch nicht als Charakter. Denn immerhin haben wir manchen Grund zur Annahme, daß er beispielsweise in den Anfängen der frommen, eifernden Diktatur des Savonarola diesem mit interessierter Anteilnahme begegnet war. Es ist zwar nicht gut vorstellbar, daß er wie viele Florentiner bei dessen Predigten geschluchzt hatte. Aber er war unter den Zuhörern, und er war fraglos beeindruckt gewesen. Jetzt, 1498, da der Stern des Dominikanermönchs abrupt sank, fällte Machiavelli sein – selbstverständlich vernichtendes – Urteil über ihn. In einem Brief an seinen Freund Ricciardo Becchi, datiert vom 9. März 1498, schilderte er, »wie Savonarola seine Anhänger zu Musterbildern der Tugend, seine Gegner zu lasterhaften Scheusalen macht, findet, daß er in allzu durchsichtiger Absicht, nämlich um seine eigene Stellung zu festigen, das Schreckbild einer neuen Tyrannis an die Wand malt, und amüsiert sich darüber, wie er mit den Priestern und mit dem Papst umspringt: er richtet sie so zu, daß kein Hund mehr ein Stück Brot von ihnen nehmen möchte« (Hans Freyer). Und lakonisch schreibt er: »So paßt er sich, meines Erachtens, dem Gang der Ereignisse an.«

Hatte er etwas anderes getan? Und würde er sich nicht auch – aus Vernunft, aus geschmeidiger Anpassungsfähigkeit, gelegentlich sogar aus zynischer Verachtung – ein Leben lang unterordnen und anpassen?

Seine Karriere begann übrigens mit einem Paukenschlag. Denn gerade noch als Schreiber und dann als Sekretär beschäftigt, wurde er kurz darauf schon als Leiter des Sekretariats der sogenannten »Zweiten Kanzlei« bestätigt. Allerdings muß man einschränkend hinzufügen, daß dieser rasche Aufstieg vergleichsweise folgenlos bleiben sollte, was die Wirkung nach außen anging. Er erhielt weder eine Gehaltserhöhung, noch durfte er sich für die Zukunft ein weiteres Revirement erwarten. Denn bis zu seinem unfreiwilligen Ausscheiden im Jahre 1512 aus diesem Amt, als die Republik und er gestürzt wurden, würde er nichts anderes sein als ein von den wirklichen Machthabern abhängiger Vorgesetzter von Untergeordneten, eine subalterne und spärlich entlohnte Figur im großen Schauspiel der florentinischen Politik. Was immer er an Außerordentlichem, Waghalsigem oder sonstwie Bedeutsamem für Florenz leisten sollte, welche politische Wertigkeit seine Tätigkeit gewinnen würde, er würde nichts anderes als ein schlecht bezahlter und von der Macht getrennter, an Entscheidungen – wenn überhaupt – nur mittelbar Beteiligter sein. Und nichts anderes, ein Leben lang. Nicht mehr, allerdings auch nicht weniger. Aber es war, merkwürdig genug, völlig ausreichend, um ihn unsterblich zu machen.

Was war das eigentlich für ein Amt, an das er eher zufällig und doch aufatmend geraten sein mochte, weil die wirtschaftliche Situation, in welcher er sich befand, ihn dazu gezwungen hatte? Die Republik wurde wie in den Generationen zuvor, als noch die Medici geherrscht hatten, von der Signoria regiert, an deren Spitze eine Art Kanzler stand, ein Gonfalonier, dessen Befugnisse vom Charakter, den er politisch einzusetzen wußte, und von den Verhältnissen abhängig waren. Der rasche Wechsel, der Verbrauch an Personen für dieses Amt in den Jahren nach der Vertreibung des Piero de'Medici aus Florenz bis zum 1. November 1502 – da man sich entschließen würde, den Gonfalonier auf Lebenszeit zu ernennen –, erlaubte den Personen, die Florenz zu beherrschen suchten, eine Entfaltung ihrer Persönlichkeit nur ansatzweise, ließ das wirkungsvolle Agitieren einer starken politischen Begabung erst gar nicht zu.

Neben der Signoria mit ihrem Verwaltungsapparat gab es dann auch noch den sogenannten »Rat der Zehn«, dessen Kanzlei der Signoria zwar untergeordnet war, aber dennoch ein hohes Maß an Selbständigkeit besaß, was damit zusammenhing, daß dieser Rat der Zehn, diese Kanzlei, deren Bürochef Machiavelli war, sowohl für die innere Verwaltung des Staates als auch für die äußeren Angelegenheiten verantwortlich war. Die Signoria regte an oder verordnete, was zu geschehen hatte. Die Kanzlei des Zehnerrates fungierte als Exekutivorgan. Und die Spekulation ist erlaubt, daß ein weniger geschmeidiger, weniger zynischer und dafür brutalerer Charakter als Machiavelli die Position eines Leiters dieser Kanzlei unter Umständen für sich auf eine Weise ausgenützt haben könnte, die das politische Gleichgewicht im Staat empfindlich gestört haben würde.

Machiavelli war jetzt also, da er aus der Anonymität einer gänzlich unauffälligen Existenz hervorgetreten war, jemand, den man beachten und dem man auch ein gewisses Maß an Achtung schenken mußte. War nicht mehr ein junger Mann aus bescheidenen Verhältnissen, der sich, wie wir vermuten können, mit gelegentlichen Übersetzungen, mit Handlangerdienst und Nebensächlichem mühsam über Wasser hält, sondern eine wohlbestallte Amtsperson, ein Sekretär, eine Amtsperson mit einigem Einfluß, jemand, der zwar im Schatten steht, aber selbst keinen Schatten wirft. Die Außenpolitik würde nun sein Metier sein, die Beschäftigung mit dem Heerwesen sein Ressort betreffen, die Pflege diplomatischer Beziehungen ihm anheimfallen, indem er allerdings den Direktiven der tatsächlichen Machtträger zu gehorchen hatte. Waren das Bereiche, denen er sich gewachsen fühlte? Würde ihm diese Art der, wie es den Anschein hatte, abwechslungsreichen Beschäftigung Vergnügen bereiten?

Einer seiner Biographen meinte einmal, Machiavelli wäre für das Dasein eines Beamten wie geschaffen gewesen. Marcel Brion, der eine ähnliche Auffassung vertritt, erinnert daran, daß die Tätigkeit im Amte zwar ihren Mann beanspruchte, »jedoch nicht so sehr, daß sie nicht noch Muße zum Umherschlendern gelassen oder es nicht dem Segretario erlaubt hätte, manchmal zur Feder zu greifen und Reflexionen über die menschliche Natur anzustellen oder der Frage nachzugehen, auf welche Weise wohl man dies wunderliche Tier, genannt Mensch, besser abrichten könne«.

Müssen wir uns Machiavelli also als einen in sich ruhenden, mit sich selbst durchaus übereinstimmenden, ein wenig selbstgerechten oder gar hochmütigen Charakter vorstellen? War er eine dieser Beamtenseelen, die ein Hauch von Borniertheit umweht? Die, je höher sie steigen, um so weniger menschlich wirken? Das kann nicht die ganze Wahrheit sein, das stimmt nicht überein mit dem, was wir aus seinen Briefen herauslesen, die er später schreiben wird, an einen gewissen Vettori etwa im Juni 1514, wo er von seiner elenden Stimmung berichtet, vom Gefühl, ersticken zu müssen; und daß er, wenn Gott sich ihm nicht gnädig zeige, ausbrechen werde aus dem Geschäft, das ihn nicht im mindesten befriedige.

Wir haben also Grund dazu, ihn uns eher so vorzustellen, wie er wahrscheinlich wirklich gewesen ist und nicht so, wie ihn das Wohlwollen der Biographen porträtiert, wobei man natürlich davon ausgehen kann, daß er sein Wesen, seine charakterlichen Eigenschaften sorgfältig vor der Außenwelt abgeschirmt haben wird. Er war ein empfindsamer und daher ungemein verletzlicher Mensch, der durch arroganten Zynismus zu tarnen versuchte, was ihn tatsächlich bewegte. Einer, der mit schmalen Lippen und ironischem Blick zu verbergen suchte, daß ihn das, was er aufmerksam beobachtete, weniger interessierte oder gar aufwühlte als jenes Ideal, das er sich geschaffen hatte. Denn ein Idealbild vom Menschen hat er sich längst geschaffen, soviel kann als gewiß gelten. Es war der klassische Mensch aus der Antike, den er bewunderte, den er sich als Vorbild gleichsam neu erschaffen hatte. »Die vergangenen Jahrhunderte bieten so vieles, das wir bewundern können«, wird er einmal schreiben, um dann mit einem lautlosen Seufzer der Resignation fortzusetzen, »unser eigenes Jahrhundert aber weiß uns keine Entschädigung für alles Elend, das es uns bringt«.

Bei Brion lesen wir: »Die an Hörigkeit grenzende Bewunderung, die Machiavelli für die Römer und ihre Bürgertugenden empfindet …« Das ist eine Feststellung, die man sich einprägen muß, wenn man über Machiavelli nachdenkt. »Wenn es um das Thema ›Rom‹ geht, schlägt Machiavelli jedesmal einen ganz anderen Ton an: seine Rede wird gleichsam gesetzter und vertieft sich zu respektvollem Ernst. Seine Begeisterung geht fast bis zur Anbetung … So spricht einer nur über das, woran er mit ganzer Leidenschaft hängt. Ja, Machiavelli ist dem hellen Geiste, der Harmonie, der Objektivität mit einer Leidenschaft zugetan, die nebenbei höchst einseitig und parteiisch bleibt. Es ist, als orientiere er am Erfahrungsgut der römischen Geschichte seine eigene Moral …«

Was für ein merkwürdiges Bild, das wir uns vor Augen führen

müssen! Da tobt in Florenz der Aufruhr, dringen französische Truppen in die Republik ein, werden die Medici aus der Stadt verjagt, brennt Savonarolas Leichnam auf der Piazza della Signoria, herrscht in Rom mit Alexander VI. ein Despot, dessen Ehrgeiz bis zur Maßlosigkeit gesteigert ist, taumelt Italien, das es als Nation oder als Vaterland gar nicht gibt, von einem politischen und militärischen Exzeß zum nächsten … aber im volkstümlichen Stadtviertel Oltrarno kauert ein junger Mann mit wachsfarbenen Wangen und brennenden Augen über den alten Folianten, aus denen er sich alles an Lebenserfahrung, Meinung, Idealismus, aber auch an politischen Träumen und letztlich unerreichbarer Realität erwirbt. Die Welt der Antike umfängt ihn, während draußen eine Wirklichkeit rumort, der er, wenn überhaupt, nur mit Verachtung begegnet.

Oder sollte man, indem man diese Meinung behutsam revidiert, davon ausgehen, daß Machiavelli die Gegenwart nur durch den Blick auf das geliebte und große Vorbild der Antike begreift? Einiges, was in diesen ersten Jahren seiner Amtstätigkeit passiert, und dann vor allem auch die Art, wie er darauf reagiert, erlaubt diesen Schluß. »Ich weiß nicht«, schreibt er einmal, der alles – und damit auch sich selbst – unbarmherzig in Frage stellt, »ob man nicht eines Tages auch mich zu denen wird zählen müssen, die einer Täuschung verfallen sind, weil ich … die Zeit der alten Römer so hoch gepriesen und meine eigene Zeit so hart getadelt habe.« Er ist begeistert von dem, was die Geschichte ihn lehrt. Aber er ist auch mißtrauisch gegenüber der eigenen Begeisterungsfähigkeit.

Manches passierte jetzt. Und Machiavelli, die Amtsperson, die aus den Folianten gelernt hatte, die Gegenwart zu verachten, mußte darauf reagieren. Da war vor allem die Geschichte mit Pisa, eine sozusagen patriotische Affäre, von der jedermann in Florenz erwartete, daß sie zufriedenstellend bereinigt werden würde.

Pisa, seit langem florentinischer Besitz und von der Republik, von den Medici stets bevorzugt behandelt, war in jenen unglücklichen Tagen, als Piero de'Medici ins Feldlager des Franzosenkönigs Karl VIII. geeilt war, um mit diesem einen für Florenz schändlichen und zugleich doch auch brauchbaren Waffenstillstand auszuhandeln, Pisa war von den Franzosen übernommen worden. Die Stadt blieb dann von florentinischer Bevormundung befreit, und zwar auch nach dem Rückzug Karls VIII., das heißt, sie erfreute sich einer besonderen Art der Unabhängigkeit, die man vorerst nicht einmal dadurch gefährdet sah, daß der Nachfolger des elend verstorbenen Karl – der möglicherweise an der Syphilis zugrunde gegangen war, die er sich gewiß in Neapel geholt hatte –, nämlich König Ludwig XII., der, wie er sogleich versicherte, »etwas Viscontiblut in den Adern« hatte und deshalb Ansprüche auf Mailand geltend machte, daß Ludwig XII. also nun gleichfalls eine Invasion in Italien plante.

Pisa war, und das unabhängig von den jeweiligen außenpolitischen Konstellationen, gewiß ein Dorn im Auge der florentinischen Republik. Im Mai 1499 wurde daher von der Signoria, der, wie man glaubte, fähigste Feldherr, ein gewisser Paolo Vitelli, damit beauftragt, die rebellische Stadt zu erobern, die sich jetzt auch nicht mehr einbilden durfte, unter französischem Schutz zu stehen. Das Unternehmen mißlang allerdings kläglich, wobei vorerst einmal dahingestellt bleiben soll, ob aus militärischem Unvermögen oder tatsächlich, wie man in Florenz glaubte, aus Gründen einer politischen Verschwörung, welche Paolo Vitelli mit den Pisanern oder auch mit Piero de'Medici eingegangen sein soll. Der glücklose General wurde jedenfalls gefangengenommen, verhört, gefoltert und dann kurzerhand enthauptet, als er weder ein Geständnis noch eine Erklärung für sein Verhalten abgab. Darüber wird in Verbindung mit Machiavellis Auftritt auf dem pisanischen Schauplatz noch ausführlich zu berichten sein.

In jenem Mai 1499 waren aber auch die Truppen des französischen Königs Ludwig XII. über die Alpen nach Italien einmarschiert und hatten Mailand eingenommen. Jetzt unterstützte Ludwig die florentinische Republik gegen die Rebellen, indem er eine kleinere Heerschar vor die Mauern Pisas entsandte, um die Stadt für Florenz zurückzugewinnen. Aber es scheint, daß die französischen Truppenführer entweder von den Pisanern bestochen wurden oder ganz einfach wenig Interesse an einem solchen Unternehmen zeigten, das ihnen kaum Beute versprach. Nach kurzer Belagerung rückten die Truppen wieder ab. Zudem war Venedig, das naturgemäß kein großes Interesse an einem auffälligen Erstarken der Republik haben konnte, als Verbündeter Pisas in Erscheinung getreten. Die Situation war reichlich verworren und, wie es vorerst einmal den Anschein hatte, für die Signoria auch recht hoffnungslos.

Aber was hier in wenigen Augenblicken nacherzählt wird und nicht viel mehr zu sein scheint als eine Anekdote in der Geschichte der Stadt Florenz und der florentinischen Republik, ist doch, in der Verbindung mit der Biographie Machiavellis, von ganz außerordentlicher Bedeutung. Denn nun wird es sich erstmals beweisen, ob er, der in verhältnismäßig wichtiger Funktion tätig ist und dennoch vorerst noch gar nichts anderes sein kann als ein Anfänger auf jenem Gebiet, das er zu organisieren und zu verwalten haben wird, seinen phantasievollen Idealismus in brauchbare Realität umsetzen kann.

Machiavelli, gänzlich durchdrungen von seiner Begeisterung für das antike Vorbild Rom, wo, wie er es interpretierte, Uneigennützigkeit, Reinheit und die vollkommene Lauterkeit der Absichten die grundsätzlichen Elemente aller Politik gewesen sind, hat jetzt Gelegenheit, seine Vorstellungen von Politik zu verwirklichen. Dazu gehört zweifellos der Einsatz aller Mittel, auch und gerade der militärischen. So formuliert er eine Denkschrift an den »Rat der Zehn«, dem er unmittelbar unterstellt ist, einen »Discorso sopra le cose di Pisa«, den er 1499 innerhalb weniger Wochen zu Papier bringt. Diese »Unterhaltung über die Angelegenheit Pisa« ist ihrem Wesen nach eine militärwissenschaftliche Abhandlung – und viel mehr als das. Denn Machiavelli beschreibt zwar ausführlich, auf welche Weise Pisa am einfachsten zu erobern sei, untersucht aber zugleich die Möglichkeiten, den Konflikt an sich zufriedenstellend zu lösen. Diese Möglichkeiten, so Machiavelli, bestehen aus dem sattsam bekannten Druckmittel militärischer Gewalt – womit der florentinische Kanzleichef noch nichts Neues mitteilt – und aus freundschaftlicher Zuneigung oder sogar Liebe, was sich immerhin nicht alltäglich anhört. Machiavelli stellt dies in bewußtem Gegensatz dar. Wenn Pisa gewaltlos zurückgewonnen werden soll, so müßte man das dadurch erreichen, daß die Beherrscher der abtrünnigen Stadt durch die Kunst der liebevollen Überredung dazu gebracht würden, ihrer eigenen Überzeugung untreu zu werden. Gäbe es aber diese Möglichkeit nicht – und Machiavelli selbst schließt sie aus –, so bliebe eben doch nur die Methode der Gewalt. »Wir haben hier ein höchst typisches Stück Machiavellischer Diskussionstechnik vor uns«, schreibt René König. »Es handelt sich zwar um ein sehr konkretes Unternehmen und er gibt auch konkrete Vorschriften für seine Ausführung. Aber als Hinleitung zu diesen konkreten Vorschriften finden wir eine fast pedantisch durchgeführte Kalkulation, die einen an sich einheitlichen Vorgang in Gegensätze auflöst, bis er an irgend einem Punkte an die Wirklichkeit stößt, um dann entweder positiv oder negativ zu entscheiden.«

Dieser Dreißigjährige, der in der römischen Republik des ersten Jahrhunderts ein leuchtendes Vorbild staatlicher, sittlicher und politischer Ordnung erkannte, ergab sich also bereits in seiner ersten theoretischen Schrift voll pedantischer Hingabe einem Zynismus, der Bewunderung verdient. Er wußte, daß Pisa durch Liebe nicht zu gewinnen, sondern nur durch militärische Gewaltmaßnahmen zu erobern war. Aber er spielte alle Möglichkeiten durch. Es reizten ihn die Widersprüche. Er, der frühzeitig schon die Kunst der Verachtung gelernt hatte, kokettierte nun damit auf geniale Weise. »Wo Zeit und Umstände es nicht gestatten«, schrieb er, »daß man das Gute selbst tue, hat ein rechtschaffener Mann die Pflicht, wenigstens die Unterweisung im Guten zu erteilen.«

Bedenkenloser als er, der die Tugend lobte, konnte man dieser Tugend nicht Gewalt antun. Mit diesem »Discorso sopra le cose di Pisa« betrat jedenfalls ein Charakter die Szene, dem die Politik als Kunst des Möglichen schon zutiefst vertraut war.

5. KAPITEL

Ein Beamter rückt in den Krieg

Die Begabung für die schwierige Kunst der Diplomatie mag Machiavelli im Blut gelegen haben. Er war in dieser Hinsicht gewiß das, was man ein Naturtalent nennt. Und er eignete sich durch Fleiß, Disziplin und ständige Wachsamkeit immer neue Kenntnisse an. Er, in seiner schrankenlosen Hingabe an das antike römische Vorbild fast ein Schwärmer, begann jetzt auch Interesse zu zeigen für die praktischen Fragen seines Geschäftes. Der »Discorso sopra le cose di Pisa« war ein erster und überzeugender Beweis dafür. Diese Schrift hatte die Vorgesetzten beeindruckt, auch wenn, wie wir vermuten dürfen, die Frage, wie die Situation mit Pisa zu lösen sei, längst entschieden war.

Machiavelli hatte also Erfolg. Gerade noch ein unbedeutender junger Mann, wohl auch ein armer Schlucker, der auf Zuwendungen vom Elternhaus dringend angewiesen war und sich nicht vorstellen konnte, wie eine bescheidene Existenz zu erringen sei, standen ihm jetzt plötzlich viele Möglichkeiten offen. »Die Signoria schätzt diesen guten Beamten, der nichts von persönlichem Ehrgeiz erkennen läßt, der nur klug und gewissenhaft seinen Dienst verrichtet, keiner Partei angehört und auch keine begünstigt, der sich bescheiden mit den Aufgaben begnügt, die man ihm anvertraut, und der dabei doch vorsichtig und geschickt durchblicken läßt, daß er auch einem höheren Amte nicht abgeneigt wäre, sofern man ihn dessen für würdig erachten wollte« (M. Brion).

War er wirklich so frei von jedem persönlichen Ehrgeiz, wie seine Biographen andeuten? Nach außen hin uneigennützig, devot, anpassungsfähig? Nicht willens, etwas von den Gefühlen und Hoffnungen, die ihn bewegten, zu verraten? Diese Einschätzung seiner Verstellungskunst kann nicht ganz überzeugen. Ein Mann seines Alters und seiner charakterlichen Eigenart, der überdurchschnittlich intelligent, ungemein belesen und zudem ironisch bis zum unverhohlenen Zynismus ist, kann und will nicht unaufhörlich verbergen, was in seinem Inneren vorgeht. Auch sollte man Machiavellis Ehrgeiz nicht übersehen, den Ehrgeiz eines Dreißigjährigen, der endlich beweisen will, wessen er fähig ist. Jemand, der wie Machiavelli von sich selbst überzeugt sein darf, auf vielfältige Weise begabt zu sein, will diese Überzeugung auch der Umwelt mitteilen.

Und Machiavellis Mitteilungsbedürfnis war bereits in dieser Anfangsphase seiner Karriere als Beamter, als Sekretär und dann als Leiter der Kanzlei für innenpolitische und auswärtige Angelegenheiten groß. Er schrieb seine Denkschrift über die leidige Angelegenheit von Pisa; daß er damit etwas bewirken wollte und wünschte, Aufmerksamkeit auf sich zu lenken, beweist der Umstand, daß er mit unverhohlener Freude die Entsendung ins Feldlager vor Pisa akzeptieren wird. Der idealistische Intellektuelle, der Theoretiker, der gehorsame Beamte, er wünschte nichts brennender, als auch in der Praxis seine Fähigkeiten unter Beweis stellen zu dürfen.

So dürfen wir uns vorstellen, daß er – kaum eingetreten in die Kanzlei, kaum einer Karriere ansichtig, die anfangs noch atemberaubend zu sein schien – ungemein emsig war. Er interessierte sich für alles. Er war, so scheint es, fähig, Zusammenhänge zu erkennen, die anderen verborgen blieben. Seine Lehrzeit als Freund der Geschichte trug nun Früchte. Nicht umsonst hatte er in den Folianten gewütet und die Historie als großartige Lehrmeisterin begriffen. Jetzt sollte ihm das, was er sich an Theorie angeeignet hatte, von großem Nutzen sein. Er war bereit, sich der Wirklichkeit zu stellen.

Nun sah diese Wirklichkeit für Florenz alles andere als ermutigend aus. Die Angelegenheit mit Pisa spitzte sich zu. König Ludwig XII. von Frankreich, hartnäckig auf seine Urgroßmutter verweisend, die eine Visconti gewesen war, und dadurch seinen Ansprüchen auf Mailand einen legitimen Anschein gebend, hatte den italienischen Schauplatz betreten, Mailand erobert, den Florentinern seine Truppen zur Verfügung gestellt – wie übrigens auch dem Sohn des Papstes Alexander, dem Borgia Cesare, der gerade damit begonnen hatte, sich in Italien einen gefürchteten Ruf zu verschaffen. Diese französischen Truppen hatten sich dann aber vor Pisa als unfähig oder unwillig erwiesen, so daß sie völlig untauglich waren, die Geschäfte der Florentiner zu besorgen. Dazu kam jetzt auch noch Venedigs Auftritt, das immer schon mit Argwohn die Erfolge der florentinischen Republik beobachtet hatte, kam das Interesse Genuas in dieser Sache, bei der natürlich handfeste wirtschaftspolitische Überlegungen dominierten. Denn Florenz, diese »Stadt der Bankherren und Geldwechsler, bodenständig, schwer, massiv, dicht, geschlossen, undurchsichtig, starr und ohne Beschwingtheit« (M. Brion), wollte und durfte nicht zurückstehen, wenn die beiden großen Seerepubliken Venedig und Genua sich in den gewinnbringenden Handel mit der Levante teilten und dabei einen Reichtum anhäuften, der den florentinischen Bankherren schmerzhaft ins Auge stach. Man hatte zwar mit Livorno einen Hafen, in dem etliche Handelsgaleeren ankern konnten. Aber Pisa besaß zu jener Zeit noch die größeren, besser ausgebauten und praktischeren Anlagen, lag auch näher bei Florenz, wo man nicht im mindesten daran dachte, seine Ansprüche zugunsten Genuas oder Venedigs aufzugeben. Daß die Pisaner den Marmorlöwen – das Gegenstück zum sogenannten Marzocco, auf der Piazza della Signoria als prachtvolles Symbol florentinischer Herrlichkeit aufgestellt – umgestürzt und entweiht hatten, war ein weiterer und dringender Anlaß, in dieser pisanischen Affäre unnachsichtig zu sein. Ein eher schwerblütiger, dem Bodenständigen verhafteter, eigensinniger, ungemein stolzer Charakter wie jener der Florentiner erträgt eine solche Demütigung nicht. Derlei verlangt nach Genugtuung. Wenn diese Genugtuung auch noch ökonomische Vorteile bringt, sind Feldzüge, Belagerungen, Kriege die unausbleibliche Folge.

Unangenehm, gefährlich war in diesem Zusammenhang die Parteinahme Venedigs für Pisa. Und berücksichtigen sollte man dabei die Geschmeidigkeit Machiavellis, der zweifellos ein beinahe rückhaltloser Bewunderer der venezianischen Politik war, mit welcher er einem seiner großen Ideale untreu wurde, um imstande zu sein, als wahrer Patriot auftreten und mithelfen zu können, Venedig zu bekämpfen. Er begriff die Serenissima nämlich durchaus als politisches Vorbild, war fasziniert von der geordneten Verwaltung, der strengen Gesetzmäßigkeit und dem hohen Maß an persönlicher Freiheit des Individuums bei gleichzeitigem Verantwortungsbewußtsein zugunsten der Markusrepublik; zweifellos hat er alle diese Vorzüge mit der korrupten Welt des Vatikan und natürlich auch mit den teilweise anarchischen Zuständen in seiner Heimatstadt verglichen. Aber so sehr er auch das perfekte Funktionieren des venezianischen Systems schätzen mochte, er war Florentiner, nicht nur Bürger dieser Republik, sondern ihr an verantwortlicher Stelle auch zu vollkommener Ergebenheit verpflichtet. Der daraus resultierende Widerspruch wird ihm wohl bewußt gewesen sein, ihn aber kaum bekümmert haben. Ein ehrgeiziger Beamter nützt der Sache, die ihm selbst nützt. Außerdem wäre es töricht gewesen, sich als Florentiner gegen die allgemein herrschende Meinung zu stellen, die eine auf fanatische Weise patriotische war. Alles, was Machiavelli in dieser Hinsicht tun konnte, war eine sorgfältige Trennung seiner Gefühle, Gedanken, Hoffnungen in eine gleichsam private Position, die nur ihn betraf, und in eine öffentliche. Er nahm, während er nach wie vor Venedig bewunderte, öffentlich Haltung an. Er stand stramm vor einer Politik, die seinen tatsächlichen Neigungen nur höchst unzulänglich entsprach. Er hielt sich sorgfältig bedeckt und diente entgegen seiner innersten Überzeugung nach bestem Wissen der Signoria. Einen perfekteren Diener des Staates kann man sich kaum vorstellen. Kompromißloser und zugleich geschickter als Machiavelli kann man die Fragwürdigkeit scheinbar blinder Ergebenheit einem System gegenüber, das man insgeheim verachtet, vor der Umwelt nicht tarnen.

Der Widerspruch, den man hier erkennen kann, scheint übrigens ein doppelter gewesen zu sein. Denn ungeachtet seines Mitteilungsbedürfnisses, seiner Emsigkeit, mit welcher er sich am Beginn seiner Laufbahn als Beamter, Diplomat, Politiker in Szene zu setzen wünschte, verbarg er dennoch seine wahre Meinung. Oder er befleißigte sich einer dialektischen Technik, die es ihm erlaubte, seine private Meinung von Politik in die öffentliche Diskussion einzubringen.

Noch etwas wird in dieser Phase seiner Existenz deutlich. Machiavelli, der wahrscheinlich auf eine eher skeptische Weise gläubig war, ein Intellektueller, der, und das nicht ohne einen gewissen Hochmut, seinen Frieden mit Gott zu machen wünschte und sich in allen religiösen Fragen indifferent verhielt, hatte durch Savonarola erfahren und an dessen Beispiel begriffen, daß die Geschäfte der Politik durch religiösen Eifer allein nicht zu bewältigen sind. Im dritten seiner sogenannten »Freundschaftlichen

Briefe« entlarvte er zum Beispiel das flammende Pathos des Dominikanermönchs als eine Ansammlung bedeutungsloser Phrasen. Edmond Barincou nannte es »die Gegenmine eines in Gefahr geratenen Predigers«. Und René König schreibt in diesem Zusammenhang: »Da ihm jegliches Organ für die religiösen Stimmungen des Bruders fehlt, wird in seiner Darstellung ein gewiegter Volksredner aus ihm (Savonarola), der die Religion ganz und gar seinem Egoismus fruchtbar macht, seine Anhänger für tugendhaft, seine Gegner für gottlos erklärt und mit apokalyptischen Schreckbildern seine Gefolgschaft zusammenhält.«

Eine solche Haltung mußte Machiavelli vollkommen fremd sein. Die Welt, und erst gar das verderbte Italien, war nicht durch fromme Bibelsprüche in Ordnung zu bringen. Politik war für Machiavelli etwas, das behutsam angegangen, klug verwaltet, vielschichtig begriffen werden mußte. Die Beschwörung von schrecklichen Visionen und ein religiöses Vokabular, das nur einfältige Naturen beeindrucken konnte, erschienen ihm in Verbindung mit Politik als zu banal. Einer, so Machiavelli, der nichts anderes vermag, als der Zeit nach dem Munde zu reden und sich an den Lügen, die er erfindet, zu begeistern, taugt nichts als Retter des Vaterlandes. Und er erfand ein Bild für Savonarola, das über die Jahrhunderte haften blieb. Für ihn war der Mönch ein »unbewaffneter Prophet«. Und er ließ nie einen Zweifel daran, daß nur »bewaffnete Propheten« siegreich zu sein vermögen. Er unterschätzte nicht die Macht des Kreuzes und wirkungsvoll vorgetragener Predigten. Aber in der Politik, wie er sie begriff, mußte man mit anderen Methoden vorgehen.

Pisa also. Das war eine schmerzhafte Wunde im Selbstbewußtsein der Florentiner. Venedigs Parteinahme zugunsten Pisas wurde sogar als eine ernsthafte Bedrohung der Republik empfunden. Hatte die Serenissima doch schon eine Abteilung Stradioten den Pisanern als Unterstützung geschickt, gefürchtete Guerillakämpfer aus den Bergen Albaniens, die sich an eine herkömmliche Kampfordnung nicht hielten und durch eine solche auch nicht zu bezwingen waren, Soldaten, die in Wahrheit keine waren und gerade deshalb den damals üblichen Söldnern lästig und gefährlich sein mußten. Außerdem waren die Venezianer mit einer beträchtlichen Heerschar auf florentinisches Gebiet vorgerückt, hatten sie florentinische Festungen bedroht, belagert und besetzt und bedeuteten sie jetzt bereits eine direkte Bedrohung für Florenz selbst.

In einer solchen Situation mußte gehandelt werden. Natürlich konnten beide Republiken nicht daran interessiert sein, einander einen regelrechten Krieg zu liefern. Das wäre lästig, verlustreich und kostspielig gewesen. Aber es schmerzten schon die Nadelstiche, die Venedig der Signoria versetzte. Außerdem standen in Florenz nicht nur die Reputation, sondern auch wirtschaftliche Interessen auf dem Spiel. Man konnte und durfte sich durch die mächtige Seerepublik in entscheidenden Lebensfragen nicht bevormunden lassen. Bankleute können ein unangenehmer Gegner sein, wenn man ihre Pläne durchkreuzt. Und bedienen sich dann aller Mittel, die ihnen zur Verfügung stehen. Diese konnten jetzt nichts anderes sein als jene Condottieri, derer man sich in Italien immer dann versicherte, wenn aus diplomatischem Geplänkel und politischem Gezänk etwas Ernsthaftes sich zu entwickeln drohte. Condottieri waren die Waffe, die man benützte, wenn man Schmutziges zu erledigen wünschte, ohne sich dabei selbst die Hände schmutzig zu machen.

Florenz engagierte zwei solcher Haudegen, die Gebrüder Vitelli, die zwar im Augenblick, als sie der dringende Ruf der Signoria erreichte, noch als Feldhauptleute in französischen Diensten tätig waren, aber es durchaus üblich fanden, sich von einem anderen Auftraggeber anwerben zu lassen. Dabei besaß Florenz ohnedies einen Oberkommandierenden, einen gewissen Rinuccio da Marciano, der freilich weder besonders glücklich noch besonders tüchtig war, so daß seine Ablösung ein Gebot der Stunde war. Seine gekränkte Eitelkeit besänftigte man durch einen schönen Titel. Er wurde zum Generalstadthauptmann ernannt. Paolo Vitelli, der erfolgreichere, auch mehr gefürchtete der beiden Brüder, war Generalfeldhauptmann. Man war penibel in solchen Angelegenheiten. Der Ehre mußte Genüge getan werden.

Im übrigen waren es dann nicht die hochgerühmten und recht kostspieligen Condottieri – die sich ihre Dienste natürlich gut bezahlen ließen –, welche in dieser ersten Phase der Auseinandersetzung mit Pisa und Venedig einen brauchbaren Erfolg erzielten, sondern ein Mann, mit dem, bis auf Machiavelli, niemand gerechnet hatte: der Abt von Camaldoli, ein streitbarer Gottesdiener namens Basilio, der einfach ein Bauernheer aufgestellt und gegen die vordringenden Venezianer geführt hatte. Und Don Basilio war erfolgreich. In Venedig verlor man nicht zuletzt der Niederlage wegen, die man gegen den Abt und seine ungestüm kämpfenden Bauern hatte hinnehmen müssen, die Lust am Feldzug. Außerdem erkrankte der Generalfeldhauptmann der Venezianer, der Herzog von Urbino, ein geachteter Soldat, der sich der Serenissima als Condottiere angedient hatte. Die Brüder Vitelli waren klug genug, um ihm, der darauf drängte, in seine Heimat zurückzukehren, einen Passierschein durch die florentinischen Linien auszustellen. Die Venezianer, im Feld geschlagen und ohne Condottiere, resignierten. Es kam zum Frieden, der Florenz hunderttausend Dukaten kostete, aber dafür garantieren sollte, daß Pisa, nunmehr wieder der florentinischen Republik unterstellt, das Recht auf freien Handel behalten durfte.

Venedig war aus dem Spiel. In Florenz atmete man auf. Da erklärte Pisa den Friedensvertrag für null und nichtig. Das böse Spiel begann von vorne.

Und das war gleichsam das Signal für Machiavellis ersten großen Auftritt. Denn in Florenz war man der unsicheren und unzumutbaren Verhältnisse müde geworden. Gerade erst hatte man sich mit Venedig geeinigt, hatte man nicht zuletzt auch aus materiellen Gründen – die Feldzüge kosteten ungeheuere Summen, die Kassen waren leer, das Volk murrte – in das nicht übermäßig günstige Friedensabkommen mit Pisa eingewilligt. Nun mußte man voll Erbitterung feststellen, daß die Pisaner nicht im mindesten daran dachten, die getroffenen Vereinbarungen einzuhalten. Außerdem glaubte man Gründe zu haben, den beiden angeworbenen, nicht sonderlich billigen und nicht im mindesten erfolgreichen Condottieri Vitelli mißtrauen zu müssen. Man fragte sich in Florenz, weshalb sie nicht fähig gewesen waren, Pisa militärisch so zu demütigen, daß an eine Wiederaufnahme der Feindseligkeiten nicht zu denken war. Man sah sich zudem unverschämten Forderungen anderer Condottieri ausgesetzt, denn nicht nur die Vitelli, nicht nur der eitle und in seiner Eitelkeit empfindlich gekränkte Rinuccio, waren zu honorieren – und zwar in fürstlicher Weise, wie man das in Florenz empfand –, ohne eine brauchbare Gegenleistung dafür zu empfangen; auch ein gewisser Jacopo d'Appiano, der sich

Piombino angeeignet hatte, dort wie ein Tyrann regierte und wie alle seinesgleichen von der eigenen Begabung zutiefst überzeugt war, hielt aufs unverschämteste die Hand auf. Aber da man ihn gleichfalls für die verschiedenen Feldzüge und Belagerungen angeworben hatte, mußte man seufzend seinen Forderungen gehorchen. Die Lage war verworren, die Situation unangenehm und ein vernünftiges Ende dieser Querelen nicht abzusehen.

In der Signoria entsann man sich des Messer Niccolò Machiavelli. Hatte er nicht recht brauchbare Ideen geliefert? War er nicht in der verhältnismäßig kurzen Zeit, da er für die Zweite Staatskanzlei tätig sein durfte, mehrfach durch abwägende Vernunft und Beweise seiner Tüchtigkeit aufgefallen? Und mußte man ihm, der sich als Patriot erwiesen hatte und dessen Familie ungeachtet ihrer bescheidenen Verhältnisse stets ihre Treue zu Florenz bewiesen hatte, nicht eher vertrauen als irgendwelchen fragwürdigen und kostspieligen Feldhauptleuten, die nichts anderes als Bereicherung und Verrat im Sinne hatten?

Verrat. Das war es, was zuerst als Gerücht und bald als eingebildete, begierig angenommene Gewißheit in Florenz umging. Denn was war einfacher und brauchbarer als die Annahme, daß die Condottieri mit der Signoria ein frivoles Spiel trieben? »So erklären sich die Verzögerungen, die Schwierigkeiten und Gefahren, die der kleine Krieg der Republik verursacht«, schreibt Hans Freyer. Er verweist in diesem Zusammenhang auf die vielen offenen und heimlichen Bundesgenossen, die Pisa aus den unterschiedlichsten, aber immer einsichtigen Gründen gegen das mächtige Florenz unterstützten. Er erinnert auch daran, daß in Pisa das »Volk in Waffen« seine Freiheit verteidigte, während auf der Gegenseite gekaufte Söldner standen. Aber das Wort vom Verrat findet bei jenen, die keinen Erfolg haben, stets Gehör. »Man mußte feststellen, warum es, obwohl Pisa jetzt doch allein stand, mit dem Krieg nicht voran ging; man mußte auf die Vitelli ein wachsames Auge haben, mußte ihren Eifer wieder anfachen oder, falls sie Verräter sein sollten, sie auf frischer Tat ertappen« (M. Brion).

Und wer wäre besser geeignet für solchen vornehmen Spitzeldienst als ein Beamter, der manchen Beweis seiner Ergebenheit und Intelligenz bereits geliefert hatte?

Man überantwortete also Machiavelli diesen Auftrag, der nicht genau beschrieben werden konnte und doch unmißverständlich war: die Verhältnisse auszukundschaften, der Signoria genaue Lageberichte zu übermitteln, Beweise zu sammeln für den Nachweis einer Schuld; oder auch für das Gegenteil; vor allem aber, unauffällig zu sein; alles zu sehen, alles zu wissen, aber selbst nicht in Erscheinung zu treten. Unauffällig zu sein um jeden Preis, das war es, was man von Machiavelli erwartete. Machiavelli gehorchte, dürfen wir annehmen, mit Vergnügen den Befehlen der Signoria. Und machte sich auf den Weg ins Feldlager der Gebrüder Vitelli vor Pisa.

Ist es denn, muß man sich fragen, überhaupt legitim, in Niccolò Machiavelli nur einen beamteten Spitzel zu sehen, der nach Pisa geht, um einem alten Haudegen den Garaus zu machen?

Alles, was wir bis zu diesem Zeitpunkt, da der Segretario im Feldlager der Vitelli auftaucht, tatsächlich von ihm wissen, was wir uns als Kenntnis von Machiavellis Charakter einbilden dürfen, ist Bruchstückhaftes. Im Dezember 1497 hatte er, soviel ist gewiß, einen Brief in italienischer Sprache und einen in lateinischer geschrieben. Das italienische Schreiben ist ganz erhalten, es geht darin um Geldangelegenheiten, vom lateinischen sind Teile überliefert. Beides erlaubt die Annahme, daß er als junger Mann gebildet war. Allerdings nicht in jenem umfassenden Sinne, den man vermuten möchte, wenn man sich seiner außergewöhnlichen Fähigkeiten entsinnt. Begabte Politiker oder Menschen, denen Politik ein Vergnügen bereitet und die imstande sind, eine eigene politische Meinung nicht nur zu haben, sondern sie auch zu formulieren oder sie in die Praxis umzusetzen, bedürfen nicht unbedingt der außerordentlichen Gelehrsamkeit, um in und mit der Politik Erfolg zu haben. Des Griechischen war Machiavelli höchstwahrscheinlich nicht fähig. Gerade das aber wäre eine unerläßliche Voraussetzung dafür gewesen, ihn als Gelehrten zu betrachten. »Er hatte«, urteilt René König, »die allgemeine Bildung seiner Zeit, ohne darum ein Gelehrter zu sein.«

Dafür besaß Machiavelli früh schon sehr viel von jenem trockenen, eine Sache auf den Punkt bringenden, scharfzüngigen Mutterwitz der Toskaner. Und er war natürlich intelligent. Er hatte sich überdies ausführlich und leidenschaftlich genug mit den Werken griechischer und römischer Autoren befaßt, um eine kompromiß-lose moralische Haltung einzunehmen. Er war ein Idealist, der allerdings seinen Idealismus sorgfältig zu verbergen wußte. »Hatte Machiavelli sich schon durch seine Hingabe an das politische Gassengeschwätz vom eigentlichen Leben des Staates isoliert«, so König, »so baute er mit seiner humanistischen Bildung eine zweite Mauer um sich und die Welt, indem er in seine Anschauung der Antike eine trockene Büchergelehrsamkeit eindringen ließ ... Er ist und bleibt ein Mann der politischen Diskussion, der mit Bildung zu ersetzen sucht, was ihm an wahrem Wissen und Weltsinn abgeht; dabei kann er auch in seiner Bildung die Pedanterie des kleinen Beamtensohnes nicht verbergen, der nicht ohne Eitelkeit im Reper-toire seiner Kenntnisse herumwühlt und seine spielerischen politi-schen Spekulationen preziös mit antiken Beispielen überhöht.«

Diese Meinung, die man insgesamt wohl teilen sollte, gilt freilich nur für den Jüngling Niccolò Machiavelli. Im übrigen wäre es auch anmaßend und ungerecht, von einem jungen Mann die Weisheit eines reifen Mannes und die Klugheit eines ebenso begabten wie erfahrenen Politikers zu erwarten. Was Machiavelli bis zu jenem Augenblick, da er als Schreiber, dann als Sekretär und zuletzt als Chef der Zweiten Staatskanzlei tätig sein konnte, wirklich fehlte, war Praxis. Er besaß Phantasie, verfügte über ein durchaus respek-tables Maß an Bildung, war des Idealismus fähig, besaß die Bega-bung zur Ironie ... woran es ihm bis Pisa mangelte, hatte mit der Realität zu tun. Praxis war das Zauberwort, das ihm den Zugang zu den »geheimsten Mechanismen moderner Staatsführung« (R. König) ermöglichen sollte.

Aber war er, muß man sich dennoch fragen, der richtige Mann, um jetzt nichts anderes als Spitzeldienst zu leisten und überdies Entscheidungen zu treffen oder sie doch zu beeinflussen, indem er Berichte an die Signoria abfaßte, die von unerhörter Tragweite sein konnten? In Florenz schien man davon überzeugt zu sein. In der Signoria mutete man ihm dieses wachsame Aug' bedenkenlos zu, das er auf die Gebrüder Vitelli, auf die Art ihrer Kriegführung, auf die Verhältnisse in und vor der belagerten Stadt haben sollte. Und er selbst? Würde er nicht mehr zu sein versuchen als bloß ein Hand-langer, der gehorsam ausführt, was man ihm aufgetragen hat?

Wieder muß man sich auf einige Eigenarten besinnen, die

Machiavelli noch in seiner Kanzlei zu Florenz an den Tag gelegt hat oder von denen wir doch, ohne freilich Einzelheiten zu kennen, vermuten dürfen, daß er sie im Umgang mit Untergebenen, Klienten, Diplomaten, Soldaten recht deutlich zum Ausdruck gebracht hat. Eigenarten, die von einer gewissen Hartnäckigkeit zeugen. Und ihn als Charakter darstellen, der etwas bewirken will, als einen Mann, dem es nicht genügt, lediglich als beamteter Auftraggeber diskret in Erscheinung zu treten. »Schon in seiner Kanzlei hat er allzeit versucht, Neider und Gekränkte wieder friedlich zu stimmen und gewisse Wunden in der lieben Eitelkeit zu schließen. Er hat sich bemüht, bei den Feldhauptleuten, die heute für Florenz arbeiten, wie sie es vielleicht morgen für Pisa tun werden, einen gewissen patriotischen Sinn zu wecken … und man mag sich leicht vorstellen, mit welch skeptischem Lächeln Machiavelli jene Briefe geschrieben hat, voll Zweifel daran, daß derlei Argumente einen Condottiere berühren könnten.«

Was Machiavellis französischer Biograph Marcel Brion hier feststellt, ist zum überwiegenden Teil natürlich Hypothese, nicht durch Dokumente zu belegen. Dennoch wird man ihr zustimmen können, weil sie einen vernünftigen Anhaltspunkt für alles Nachfolgende liefert. Machiavelli war Patriot. Er hatte, beeinflußt von römischen Vorbildern, eine hohe Meinung von jenen Tugenden, die aus einem gewöhnlichen Feldzug das machen, was man die Kriegskunst nennt; und denen es die Politik verdankt, daß man sie als die Kunst des Möglichen bezeichnet. Etwas auf übertriebene Weise Idealistisches oder sogar Schwärmerisches schimmert da durch, zeigt uns einen Mann, dessen emotionslose, vollkommen nüchtern die Dinge beobachtende Art nicht die ganze Wahrheit ausmachen kann.

Aber als Machiavelli endlich in das Feldlager vor Pisa kommt und erstmals mit Paolo Vitelli zusammentrifft, scheint er maßlos enttäuscht. Es gibt zwar keine authentische Darstellung dieser Zusammenkunft, aber Machiavelli dürfte sich andere, wesentlich anspruchsvollere Vorstellungen von einem berühmten Condottiere gemacht haben, als sie ihm nun in der Realität begegneten. Einen Helden hatte er sich erwartet. Einen habgierigen Abenteurer fand er vor; und noch dazu einen, der ein Zauderer war, der dem Anschein nach tatsächlich, wie man in Florenz seit längerem vermutet hatte, die kriegerischen Handlungen hinauszögerte, um immer neues Honorar von den Florentinern erpressen zu können. Oder er war überhaupt einer jener zwielichtigen Charaktere, die, wie es im Volksmund heißt, auf beiden Schultern tragen, um von beiden Seiten kassieren zu dürfen.

Das war, fürs erste einmal, die eine Seite des Abenteuers. Die andere, farbigere, abwechslungsreichere und nicht minder lehrreiche Seite war das Lagerleben, waren die vielen kleinen Details, aus denen sich ein solcher Feldzug zusammensetzt, der im Grunde eigentlich gar keiner war. Also gelegentlich Pulverdampf. Die farbenprächtigen Uniformen der Söldner, die eher wie Kostüme aussahen. Und überhaupt die ganze theatralische Zurschaustellung dieses Krieges, der nicht wirklich ein Krieg war, dieser Belagerung, die wie eine nachlässig inszenierte Komödie wirkte. Das Geschrei der Soldaten beim Würfelspiel. Das Kreischen der Weiber, die den Söldnern die Langeweile vertrieben und ihnen das Geld aus den Taschen zogen. Manchmal sogar, freilich eher durch Zufall als durch Absicht herbeigeführt, Kampfhandlungen, die Machiavelli gewiß mit besonderem Interesse beobachtet haben dürfte. Einmal kam es beinahe zur Erstürmung der Stadt. Die Belagerungsgeschütze hatten einen Teil der Stadtmauer zum Einsturz gebracht. Eine Bresche war entstanden. Die florentinischen Söldner drangen vor. Lärm. Rauch. Das Klirren der Waffen. Freiwillige aus Florenz, junge Hitzköpfe, Patrioten, stürmten mit Jubelgeschrei vorwärts. Es schien nur noch eine Frage des Mutes, der soldatischen Ausdauer und der Tüchtigkeit, bis die überraschten Pisaner die Waffen strecken und die Stadt übergeben mußten. Da kam völlig überraschend der Befehl zum Rückzug. Die Söldner gehorchten, die jungen Freiwilligen aus Florenz nicht. Ihnen, die den Sieg vor Augen hatten, würde ein so unsinniger Befehl nicht den Vorstoß ins Herz Pisas verwehren ... bis die beiden Condottieri Vitelli sich ihnen in den Weg stellten und sie mit Gewalt zurückdrängten.

Nach wenigen Augenblicken schon war der Spuk vorbei. Die Pisaner schlossen die geschlagene Bresche wieder, besserten die Schäden an der Stadtmauer aus und setzten sich erneut in den alten Verteidigungspositionen fest. Der ganze Tumult hatte einige Viertelstunden gedauert, einige Tote und Verwundete hüben wie drüben gekostet und nichts eingebracht.

Machiavelli beobachtete das alles. Er sammelte Informationen, schrieb seine Berichte an die Signoria und verhielt sich abwartend. Mehr konnte er, durfte er vorerst auch nicht tun. Ein abschließendes Urteil wäre verfrüht gewesen, auch wenn er ein solches für sich bereits gefällt hatte. Ebenso bestand, würde er vorzeitig und ohne Unterstützung eingreifen, die Gefahr eines Aufruhrs unter den Söldnern.

Machiavelli hatte Zeit. Nicht mehr der Fall Pisas stand auf dem Programm, sondern die Entscheidung über das Schicksal der Condottieri Vitelli. Außerdem hatte sich gezeigt, daß man diese Causa mit den gewohnten Methoden nicht bereinigen würde. Sogenannte Kriegskommissare, von Florenz in das Feldlager beordert, um Untersuchungen anzustellen, richteten entweder gar nichts aus oder zogen es vor, nichts zu sehen und nichts zu hören. Die Gebrüder Vitelli mochten miserable Soldaten oder vielleicht sogar Verräter sein ... ihre Söldner waren ein wüster Haufen, unberechenbar und gefährlich.

Außerdem gab es da immer noch Niccolò Machiavelli. Er war inzwischen nach Florenz zurückgekehrt, hatte der Signoria einen zusammenfassenden Bericht erstattet und sorgte nun für ein Schauspiel, dessen Inszenierung zum wesentlichen Teil in seinen Händen lag.

In das Feldlager nach Pisa entsandte er nun seinerseits zwei Kommissare, denen nach Machiavellis Instruktionen aufgetragen war, so vorzugehen, daß »weder ein Übermaß an Mut sie zur Übereilung, noch auch ein Übermaß an Rücksichten sie zur Versäumnis der rechten Gelegenheiten verleite«. Das ist schon völlig Machiavellis Stil der späteren Jahre. Diskret und abwägend und natürlich unendlich behutsam. Und dennoch kompromißlos, was das anvisierte Ziel angeht. Ein Komplott schmiedet man so, daß jene, die es vernichten soll, bis zum Augenblick ihres Untergangs nichts davon ahnen. Vitellozzo Vitelli beispielsweise scheint trotzdem ein Instinkt gewarnt zu haben. Er suchte gerade in jenen Tagen, da Machiavellis Netz dichter und enger wurde, um Urlaub an. Aber in Florenz lehnte man seine Bitte mit einer ebenso höflichen wie nichtssagenden Begründung ab. Seine Anwesenheit in Pisa wäre, so sagte man, der Sache so ungemein nützlich, daß man ihrer nicht zu entbehren vermöchte.

Dann zog Machiavelli das Netz, das er sorgfältig geknüpft hatte, endgültig zu. Seinen Handlangern im Feldlager – ihre Namen sind mit Martelli und Canigiani überliefert – gab er Auftrag, die Inszenierung zum Abschluß zu bringen. Die Gebrüder Vitelli, von deren verräterischer Schuld der Segretario möglicherweise gar nicht so sehr oder nicht wirklich überzeugt sein mochte, deren Aburteilung und Beseitigung jedoch ein unerläßliches Exempel im Interesse des Staates sein mußte, weil, wie Machiavelli insgeheim argumentiert haben mochte, schon der bloße Anschein, Florenz Schaden zufügen zu wollen, genügen mußte, um Anklage wegen Verrats zu erheben ... die beiden Condottieri also sollten in Sicherheit gewiegt, Sie mußten hofiert und sie sollten dann in eine Situation gebracht werden, aus der es kein Entkommen geben durfte.

So geschah es. Ein Abendessen mit den Kommissaren aus Florenz. Nur Paolo Vitelli ist anwesend. Sein Bruder liegt angeblich krank im Zelt. Dann eine, wie es heißt, geheime Konferenz. Paolo ist ahnungslos. Er läuft den wartenden Häschern der Signoria geradenwegs in die Hände. Und wird unverzüglich nach Florenz gebracht. Sein Bruder Vitellozzo hingegen, der jetzt gleichfalls verhaftet werden soll, ist ausgeflogen. Er, der etwas geahnt haben muß, entkommt im letzten Augenblick, ohne jedoch sein Leben wirklich retten zu können. Nur wenig später wird er ein Opfer des Cesare Borgia.

Machiavelli aber hat seine Pflicht getan. Die weiteren Ereignisse rund um Paolo Vitelli dürften ihn kaum noch sonderlich berührt haben, wenn man davon absieht, daß er als Beamter der Republik und als Patriot mit dem Ergebnis seiner Untersuchungen und Inszenierungen zufrieden gewesen sein muß. Immerhin war die Last der gesammelten Beweise, die man dem Condottiere in Florenz vorlegen konnte, erdrückend. Und wenn Paolo Vitelli auch nichts eingestand – weil er möglicherweise gar nichts zu gestehen hatte? – und selbst unter der Folter ebenso hartnäckig wie mannhaft schwieg, so brauchte man doch kein schlechtes Gewissen zu haben – das man ohnedies nicht gehabt hätte – angesichts der Fakten, die eine deutliche Sprache redeten. Der Condottiere wurde zum Tode verurteilt und hingerichtet.

Das alles ereignete sich übrigens innerhalb einer verhältnismäßig kurzen Zeitspanne. Im Mai 1499 war es zu jenem absichtsvoll herbeigeführten oder zufällig entstandenen Fehlschlag in Pisa gekommen, dessen Augenzeuge Machiavelli gewesen war. Und schon in den letzten Septembertagen des nämlichen Jahres hatte dann der Prozeß gegen Paolo Vitelli begonnen. War auch dies der lautlosen und präzisen Arbeit zu danken, die Machiavelli geleistet hatte? Keine unnotwendige Verzögerung, kein Aufschub, sondern die glatte, beängstigende Konsequenz, mit der etwas in Gang gebracht und dann folgerichtig abgeschlossen wurde: der als schuldig Erkannte als Verräter gebrandmarkt und tot; Fehler, die man wohl auch der Regierung hätte anlasten können, auf das Konto der Vitelli gebucht; und die Angelegenheit von Pisa vorerst einmal abgeschlossen ...

Damit hatte nun Machiavelli freilich nichts mehr zu tun. Das war auch gut so, denn besonders rühmlich war nicht, was geschah, als man die Belagerung der Stadt aufhob und die Truppen abzog. Die Artillerie der Florentiner ging nämlich verloren, als einige der wahrscheinlich hoffnungslos überladenen Frachtkähne, mit denen man die Geschütze und anderes wertvolles Material in Sicherheit bringen wollte, kenterten und im Arno versanken. Die Pisaner zauderten nicht lange und bargen die Ladung. Unter dem schadenfrohen Jubel der Bevölkerung wurden die versunkenen florentinischen Kanonen an Land gezogen und auf den Bastionen an strategisch günstigen Punkten in Stellung gebracht. Denn daß die Sache zwischen Florenz und Pisa ungeachtet des Rückzugs der Belagerungstruppen noch nicht ausgestanden, noch nicht entschieden war, schien außer Frage. Überdies hatten die Florentiner einige kleine Abteilungen zurückgelassen, einige Beobachtungsposten aufgestellt. Es sollte genügen, den Anschein zu wahren, daß der Krieg gegen Pisa weitergehen würde.

Der Feldzug allerdings, und darüber gab man sich in Florenz keiner Illusion hin, war fürs erste verloren. Man hatte an Ansehen und auch an Geld zuviel eingebüßt, als daß unmittelbar nach dem Verfahren gegen Paolo Vitelli an eine Fortsetzung der Belagerung zu denken gewesen wäre. Dessen Söldner waren übrigens anderen Condottieri zugelaufen, die sich, wie etwa der Herr von D'Appiano, in ihre eroberten Städte zurückzogen. Eine Atempause tat allen gut.

Diese gab es für Niccolò Machiavelli nicht. Er war erfolgreich gewesen, hatte Diskretion und Tatkraft bewiesen, die Schlinge um den Hals des Verdächtigen so vortrefflich gelegt, daß Ankläger, Richter und Henker in Florenz eigentlich nur noch mit der üblichen Routine vorzugehen brauchten, kurzum, dem Ansehen des Staates auf die vortrefflichste Weise gedient. Da konnte vom bösen Wort, daß ein Spitzel bloß seine Schuldigkeit zu tun brauche, keine Rede mehr sein. Er hatte sich als befähigter Diplomat erwiesen und Erfahrungen gesammelt. Sein Aufenthalt im Feldlager vor Pisa war nicht nur der Signoria, sondern auch ihm ungemein nützlich gewesen. Überdies war er rastlos tätig, zeigte weder Unwillen noch Ermüdungserscheinungen, war er ein Segretario, wie man ihn sich nur wünschen konnte; und wenn er später einmal rückblickend von sich sagen würde, »die fünfzehn Jahre meines Staatsdienstes habe ich weder verschlafen noch verspielt«, so war das eine höfliche Untertreibung dessen, was er tatsächlich geleistet hatte. Die Affäre von Pisa war dafür der Anstoß gewesen, der ungemein erfolgreiche Anfang, ein Beweis dafür, daß man ihm andere diffizile Aufgaben bedenkenlos übertragen konnte.

Manche Biographen meinen, ohne der Geschichte von Pisa und der Unschädlichmachung des Condottiere Paolo Vitelli eine besondere Aufmerksamkeit zu schenken, Machiavellis Karriere habe eigentlich erst mit dessen Entsendung nach Forlì begonnen. Hans Freyer etwa schreibt: »Neben der inneren Tätigkeit Machiavellis (nämlich Briefe schreiben, Geld- und Waffentransporte besorgen, mit den uneinigen Hauptleuten verhandeln) setzen gleichzeitig seine diplomatischen Sendungen ein. Der erste Auftrag von Bedeutung führt ihn zu Caterina Sforza, der klugen und mutigen Herrin von Imola und Forlì; die Freundschaft dieses kleinen Staates ist der florentinischen Republik aus verschiedenen Gründen erwünscht.«

Daran ist manches wahr, manches eine Frage der Interpretation. Was Caterina Sforza angeht, so wird sie unmittelbar nach der Angelegenheit Vitelli – oder eigentlich gleichzeitig mit dieser – für Machiavelli von großer Bedeutung sein. Er wird in dieser Frau, so könnte man heute sagen, eine faszinierende politische Partnerin und auch Lehrmeisterin finden. Aber in Florenz hätte man ganz gewiß nicht an seine Entsendung nach Forlì gedacht, wenn er sich nicht bereits vor Pisa und in Verbindung mit der leidigen Affäre Vitelli auf eine so außerordentliche Weise bewährt haben würde.

»Die erste Beachtung bei seinen Vorgesetzten erwarb er sich mit seiner Mission zu Caterina Sforza ... er wurde zwar von der klugen Frau ausgesprochen genasführt, aber seine Briefe sprachen in Florenz sehr an.« So urteilt auch René König. Und auch hier muß man festhalten, daß dieses Urteil eine Frage der Interpretation ist. Beachtung gefunden hatte Machiavelli zweifellos schon vorher. Denn seine Vorgesetzten in der Signoria hatten ihn nicht deshalb zur Herzogin von Imola und Forlì delegiert, weil ihnen andere und erfahrenere Diplomaten nicht zur Verfügung gestanden waren; sondern doch wohl, weil ihnen Machiavellis Kaltblütigkeit und Geschmeidigkeit vor Pisa, seine Intelligenz im Feldlager der Vitelli, seine sorgfältige Vorbereitung bei der Gefangennahme des Condottiere Paolo aufgefallen waren.

Vielleicht sollte man sich darauf einigen, zu sagen, daß seine Mission bei Caterina Sforza der erste wirklich große Auftrag sein sollte. Aber Pisa war die unerläßliche Voraussetzung dafür. Machiavelli war als eine Art Spitzel in das Feldlager vor der belagerten und vorerst uneinnehmbaren Stadt am Arno gegangen; als Gesandter in wichtigem diplomatischem Auftrag kehrte er daraus zurück. Bereits im Sommer 1499 – da war er gerade noch mit den Vorbereitungen für den Prozeß gegen Paolo Vitelli beschäftigt – finden wir ihn jedenfalls am Hof einer der ungewöhnlichsten Frauen Italiens.

6. KAPITEL

Caterina Sforza

Pisa also. Die Gesandtschaft nach Forlì. Erfahrungen im Umgang mit Damen, die Machiavelli größere Schwierigkeiten bereiten sollten als die Söldner vor Pisa. Es war ein unruhiger Sommer. Aber er vermittelte dem Segretario manche nachhaltige Erfahrung.

Die umfassendste verdankte er zweifellos Caterina Sforza, Enkelin des Francesco Sforza, Nichte des Lodovico Moro, Witwe nach drei Ehen, manchem Liebhaber eine hingebungsvolle Geliebte, der Kirche eher ein Ärgernis, was freilich nichts mit ihrem Lebenswandel, sondern ausschließlich mit ihrem politischen Ehrgeiz zu tun hatte. Alexander VI., gewiß alles andere denn ein Ausbund männlicher Tugend, zeigte sich unangenehm berührt von ihr und unterzeichnete gemeinsam mit siebzehn Kardinälen eine gegen sie gerichtete Adresse. Einst hatte sie zu Rom sogar ein Konklave verhindert oder doch dessen Beginn hinausgezögert, weil sie sich hartnäckig geweigert hatte, die Engelsburg zu verlassen; erst eine finanzielle Garantie hatte dann Caterina dazu bewegen können, das Feld zu räumen. Solche Vorkommnisse belasteten ihren Ruf als Frau und Politikerin, trugen ihr aber auch Respekt und Zuneigung ein. In einem Dokument der Stadt Imola wird von ihr als einer blutgierigen und tyrannischen Frau gesprochen, ein venezianischer Poet nannte sie die »Tigerin aus Forlì«, wobei nicht mehr genau feststellbar ist, mit welchem Unterton dieses Wort gebraucht wurde. Viele ihrer Zeitgenossen haben sie einfach als Mannweib klassifiziert, wobei ihr allerdings niemand jene Wirkung abzusprechen wagte, die sie auf Männer gehabt haben muß. Ihr erster Biograph wiederum beschrieb sie als eine ritterliche Frau; allen Ernstes behauptete er, im Augenblick ihres Todes hätten Engel ihre gesegnete, von allen Sünden befreite Seele vor das Angesicht des Schöpfers getragen. Casimir von Chledowski, zeitgenössischen Darstellungen folgend, gab eine recht eindrucksvolle Schilderung von ihrem Auftreten. »Ihr Anzug war verblüffend genug, sie trug ein Atlaskleid mit zwei

Ellen langer Schleppe, ein schwarzer Samthut saß auf ihrem Kopf, am Männergürtel hing ein schiefes Schwert und ein Sack voll Dukaten.« Und wenn man ihr Porträt betrachtet, jenes von Piero di Cosimo, das, wie alle Sachverständigen behaupten, Caterina Sforza am entsprechendsten sei, dann fragt man sich doch ein wenig erstaunt, worin eigentlich ihre große Anziehungskraft auf Männer bestanden haben soll.

Unbestreitbar war sie die auffallendste, berühmteste und auch berüchtigtste Frau ihrer Zeit. »Sicherlich brachte sie schon von Geburt her – denn zum Staatsmann kann man nicht werden, sondern nur geboren werden – diese ganz eigene Mischung aus Vorzügen und Schwächen mit, diese dynamische Verquickung von Gleichgültigkeit gegen die Menschen, Unternehmungsgeist, Ausdauer, Skrupellosigkeit, Schläue, Brutalität und Zynismus, kurz alle jene Züge, die den ›großen Mann‹ jener Zeit kennzeichnen. Unstreitig, sie war solch ein ›großer Mann‹. Sie war eine Größe, und zwar von Natur.« So versucht sie Marcel Brion zu charakterisieren. Edmond Barincou erwähnt kurz und bündig ihre Schönheit und daß ihre Abenteuer sie berühmt gemacht hätten, um dann etwas ausführlicher zu werden. »Auf sehr weibliche Art treibt sie mit dem jungen Gesandten und seinen hohen Herren ihr Spiel...«

Der hier als junger Gesandter bezeichnet wird, ist natürlich Niccolò Machiavelli, damals im Sommer des Jahres 1499 einunddreißigjährig, was bedeutet, daß er als Mann doch schon recht erwachsen war, als Gesandter hingegen tatsächlich noch blutjung und reichlich unerfahren. Er würde Lehrgeld zu bezahlen haben. Aber er würde auch beträchtlichen Gewinn daraus ziehen.

Was aber machte diese Caterina Sforza eigentlich so bedeutsam, daß Florenz genötigt war, eine Gesandtschaft an ihren Hof in Forlì zu delegieren? Sie war ein Bastard, was im sogenannten Jahrhundert der Bastarde, wie man das 15. und auch noch die ersten Jahrzehnte des 16. Jahrhunderts genannt hat, durchaus nicht ungewöhnlich schien. Ihr Vater war der große Galeazzo Sforza, ihre Mutter eine gewisse Lucrezia Landriani. Mutter war diese Frau vielen Kindern, die ebensoviele Väter gehabt haben sollen. Und die sich weder um ihre anderen Kinder noch um Caterina kümmerte, die bei einer Großmutter heranwuchs, bis ihre Stiefmutter, die Gräfin Bona von Savoyen, sich ihrer erbarmte, sie bei sich aufnahm, ihr eine gewisse, eher oberflächliche Erziehung zukommen ließ und sie dann dem Herrn über Imola und Forlì, Girolamo Riario, kurzerhand zur Frau gab. Etwa so, wie man etwas Lästiges abschiebt. Denn mit Liebe hatte das nichts zu tun. Schon eher mit Politik. Man opferte eine minder wichtige Person, um sich die schwankende Meinung eines Mannes zu kaufen, der seiner Gewaltstreiche und seiner Brutalität wegen berüchtigt war.

Dieser Girolamo Riario nämlich war alles andere als ein Ausbund an Tugendhaftigkeit. Sein Großvater war noch ein einfacher Fischer im Ligurischen gewesen. Sein Onkel hingegen regierte schon als Papst Sixtus IV. die Christenheit. Und er selbst hatte seinerzeit jene Verschwörung zwar nicht angezettelt, aber doch vorangetrieben, die gegen die Medici gerichtet gewesen war und als sogenannte »Pazzi-Verschwörung« fragwürdigen Ruhm erlangt hatte. Dem Papst schien er jedenfalls brauchbar genug, um als bevorzugter Nepote mancher Zuwendung teilhaftig zu werden. Generalfeldhauptmann des päpstlichen Heeres war er geworden; zudem Schloßhauptmann der Engelsburg; und auch noch Schatzmeister der vatikanischen Finanzen; und Herr über die Romagna, wo er schrecklich wütete, wie alle Zeitzeugen übereinstimmend aussagen. Riario war ein rücksichtsloser Tyrann, ein Emporkömmling wie viele in jener Zeit, dem es aber im Gegensatz zu anderen Charakteren seines Schlags an jedem Ehrgeiz mangelte, seiner neuen Position etwas Glanz zu verleihen. Oder sich ihrer wenigstens insofern würdig zu erweisen, daß er sich gewisser Manieren befleißigte, gewisse Vorlieben aneignete, die nicht bloß mit Trinkgelagen und barbarischer Hatz auf Mensch und Tier zu tun hatten.

»Dieser Bestie gab man das intelligente, gebildete junge Mädchen zur Ehe«, entsetzt sich Brion, und tatsächlich dürfte sich Caterina, die sich stets als eine Sforza fühlte und die Illegitimität ihrer Geburt souverän mißachtete, in den Jahren ihrer gewiß nicht erfreulichen Ehe mit Girolamo Riario jene Härte, jene Rücksichtslosigkeit angeeignet haben, die sie später so erfahren, aber auch so gefährlich machte im Umgang mit den Mächtigen und deren Abgesandten. Nie abfinden konnte sie sich übrigens mit ihres Mannes Haß gegen die Medici. Später sollte sie, und zwar in dritter Ehe, sogar einen Medici als Gemahl nehmen.

Girolamo Riario endete, wie Tyrannen häufig zu enden pflegen:

durch den Dolch jener, die seiner blutigen Tyrannei überdrüssig waren. Seine Herrschaft war grausam gewesen. Sein Tod war es auch. Er erlag einer Verschwörung, an welcher sich die angesehensten Familien Forlìs beteiligten. Es brauchte allerdings drei Mörder und einer Vielzahl von Hieben und Stichen, bis der Gewaltmensch an seinem eigenen Blut erstickte. Caterina war in diesen Augenblikken völlig auf sich allein gestellt und zudem hochschwanger. Aber während die Dienerschaft feige floh und das Volk das Schloß plünderte – selbst die Türen seien aus den Angeln gehoben und die Scheiben aus den Fenstern gebrochen worden, meldeten später die Chronisten – und dem Leichnam des Ermordeten die kostbaren Kleider vom Leib gerissen wurden, unternahm sie bereits alles, um das Erbe für ihre Kinder zu retten. Eilkuriere waren unterwegs an die Herzöge von Mailand und Bologna, also an die Sforza und Bentivoglio, von denen Caterina annehmen durfte, daß sie ihr zumindest aus politischen Gründen Beihilfe leisten würden gegen die Revolutionäre in Forlì. Und auch an den damals regierenden Papst, an Innocenz VIII., der jedoch ein schwacher Charakter war, wandte sie sich um Beistand, war doch ihr ermordeter Gemahl Lehensherr des Vatikan gewesen.

Caterina Sforza erwies sich in dieser unerhört schwierigen Situation jedenfalls als ebenso schlau wie vorausblickend, als ebenso anpassungsfähig wie rücksichtslos. Sie spekulierte einerseits mit der Furcht vieler Fürsten vor einer Ausdehnung der päpstlichen Macht – denn was war nun naheliegender, als daß der Vatikan sich der Romagna endgültig versichern und so den direkten Einflußbereich der päpstlichen Monarchie auf ein Gebiet ausdehnen würde, wo Florenz, Bologna, Ferrara, Mantua und Mailand ihre eigenen Interessen bedroht sehen mußten? –; andererseits rechnete sie mit der politischen Habgier des Papstes. Sie, die gerade erst um ihr Leben gezittert hatte, spielte mit hohem Einsatz, aber auch mit einer Kaltblütigkeit, die bewundernswert anmutet, um die Erhaltung der Macht. Und sie gewann. Die Revolutionäre – eingeschüchtert durch Caterinas energisches Auftreten und wohl mehr noch durch Gerüchte, die das Herannahen päpstlicher Hilfstruppen und der Söldner Sforzas und Bentivoglios meldeten – flüchteten Hals über Kopf aus Forlì. Jetzt wurden ihre Paläste geplündert, wie der Mob noch kurz zuvor das Schloß des getöteten Tyrannen verwüstet hatte. Und Caterina legte ihre Trauerkleider ab, »zog in einem hellen Prachtgewand zu Pferde an der Spitze eines auserlesenen Heeres auf den Rathausplatz« (C. v. Chledowski) und nahm die Huldigungen der Bürger und des Magistrates entgegen.

Die Witwe und nunmehr alleinige Herrin über Imola und Forlì übernahm die Regierungsgeschäfte. Sechs Kinder hatte sie bereits geboren, von einem weiteren würde sie demnächst entbunden werden, und ihr Geliebter, ein Mensch namens Giacomo Feo, rüpelhaft und von geringer Herkunft, aber ehrgeizig und von einnehmendem Äußeren, würde bald ihr zweiter Ehemann sein. Sie erließ einsichtige Gesetze, beorderte, um den Mord an ihrem ersten Gatten gebührend zu rächen, einen Henker aus dem Herzogtum Bologna nach Forlì und genoß, wie wir annehmen dürfen, das Leben in vollen Zügen. »Die Herrin zu Forlì«, schreibt Casimir von Chledowski, »widmete sich nach vollbrachtem Rachewerk ganz dem Wohl ihres kleinen Staates; ihre zahlreichen Briefe sowie die Berichte der Chronisten beweisen, daß sie nicht nur eine ritterlich-heldische Natur war, sondern auch vorzüglich zu regieren verstand.«

Dem muß unwidersprochen bleiben. Aber was ihr ernsthaft zu schaffen macht, ist ihr ungestümes Temperament. Eine Frau wie sie, ein Charakter wie sie begeht Fehler immer dann, wenn man nicht dem Verstand, sondern dem Gefühl gehorcht. Und dieser hübsche Mensch, mit dem sie wohl das Bett, jedoch nicht die Macht zu teilen wünscht, den sie, um ihn nicht zu verlieren, eher widerstrebend geheiratet hat, bereitet ihr Kummer durch seine Torheit, ist ihr bald lästig seines Hochmutes wegen. Sie braucht ihn als Mann. Sie verachtet ihn, weil er mehr sein will, nämlich ein Herr. Und als er, der zu dumm ist, um zu begreifen, daß man eine Caterina Sforza nur als Weib, jedoch nicht als Politikerin gewinnen kann, eines Abends von einem Jagdausflug heimkehrt, trifft ihn der Dolch eines gedungenen Mörders. Sogleich gibt es Stimmen, die von einer Mitwisserschaft – wenn nicht mehr – Caterinas sprechen. Und sogleich reagiert sie darauf mit grausamer Härte. Es werden nicht nur die Täter, die man, um der etwas undurchsichtigen Angelegenheit einen brauchbaren Hintergrund zu geben, Verschwörer nennt, sondern auch deren unschuldige Angehörige dem Henker überantwortet. Allerdings ist auch ein Ausspruch Caterinas angesichts des noch warmen, noch zuckenden Leichnams Giacomos überliefert. »In unserem Geschlecht«, sagt sie ungerührt, »tut ein jeder seine Dinge selbst, und wenn wir jemanden beseitigen wollen, so bedürfen wir dazu keiner fremden Hand.«

Das ist zwar unmißverständlich, enthält aber auch einen nützlichen Hinweis auf den Charakter dieser Frau. Ihr Liebhaber und Ehemann war ihr lästig geworden; ihn durch gedungene Meuchelmörder beseitigen zu lassen, das wäre nicht ihr Stil gewesen. Außerdem wissen wir, daß sie durchaus vertraut war mit der Handhabung gewisser »weißer Salben« und »süßer Wasser«, wie man unfehlbar wirkende Gifte damals verharmlosend zu nennen pflegte. Anna Hebrea, eine Jüdin in Rom, eine erfahrene Frau, die nicht nur Mittel für die Potenz und Salben zugunsten der Schönheit herstellte, war ihre Vertraute. Und in Caterinas Aufzeichnungen stößt man gelegentlich auf Hinweise, daß sie ganz gut umzugehen wußte mit Giftmitteln, daß sie die Dosierungen kannte, um ein Opfer entweder innerhalb weniger Stunden oder aber erst im Verlauf eines Monats unschädlich zu machen ...

Am Mord an Giacomo Feo dürfte sie also tatsächlich unschuldig gewesen sein. Sie beklagte seinen Tod und wandte sich anderen Männern zu. »Kaum gab es Frieden in Forlì und schon war ganz Italien voll von ihren Liebesgeschichten« (C. v. Chledowski). Einer ihrer Liebhaber, der dreißigjährige Giovanni di Pier Francesco Medici, genannt Popolano, wurde ihr dritter Ehemann. Auch er war das, was man einen Schönling nennt. Aber im Gegensatz zu seinem Vorgänger war er auch klug. Und Florentiner. Das bedeutete, daß Caterina Bürgerin der Republik werden mußte, um von ihm geheiratet werden zu können. Denn die alten Gesetze der Stadt Florenz verboten es einem angesehenen Florentiner, sich gleichsam über die Grenzen der Republik hinaus zu vermählen. Also gehorchte Caterina Sforza der politischen Notwendigkeit, wurde Florentinerin und heiratete den hübschen Medici. Außerdem hatte sie ihren ältesten Sohn Ottaviano, der ein Riario war, bei den Florentinern als Söldnerführer untergebracht. Sie hatte für ihn sogar das Honorar ausgehandelt, 15 000 Dukaten, was eine unverschämte Summe war.

In Florenz knirschte man mit den Zähnen und bezahlte. Der junge Ottaviano, wie sein Vater eher ein unangenehmer Taugenichts, brachte zwar eine kleine, gut ausgebildete, schlagfertige Truppe in den Handel ein; aber er war bei weitem das Geld nicht wert, das er kostete. Caterina, die viel zu klug war, um aus bloßer Mutterliebe den Sinn für die Realität zu verlieren, wußte das ganz genau. Sie wußte aber auch, daß Florenz darauf bedacht sein mußte, an seinen Grenzen Verbündete zu gewinnen. Es war der Krieg mit Pisa noch lange nicht ausgestanden. Es wartete Venedig geduldig auf eine Chance, der hochmütigen Republik eine Lehre zu erteilen. Auch Genua blieb ständig gefährlich. Und die Freundschaft der Päpste war etwas so Wankelmütiges, Unsicheres, daß man sie nur mit einem Söldnerheer erdulden konnte. In Florenz machte man sich keine Illusionen. Das wußte Caterina. Deshalb forderte sie für ihren Sohn diese unverschämte Summe. Und deshalb erhielt sie das Geld; für ein Jahr zumindest.

Was ihren hübschen Gemahl angeht, den Medici mit dem volkstümlichen Namen Popolano, so verstarb er 1498. Nicht durch eines Mörders Hand, auch nicht durch irgendein heimtückisch verabreichtes Gift, sondern schlicht und einfach an einer Krankheit. Er hatte seine Schuldigkeit getan. Caterina Sforza war Florentinerin. Das Kind, das er ihr gezeugt hatte, Giovanni, später einmal unter dem Namen Giovanni delle Bande Nere ein ebenso berühmter wie gefürchteter Condottiere, vor dem ganz Italien erzittern sollte, durfte der wachsamen Aufmerksamkeit durch die Republik und durch die Familie Medici gewiß sein.

In Rom regierte Alexander VI., der Borgiapapst, den nicht kirchliche, sondern weltliche Dinge interessierten. Und dessen Sohn Cesare, wie man das ebenso kurz wie umfassend nennen mag, auf dem Weg nach oben war und Florenz noch über Gebühr beschäftigen sollte.

In Venedig beobachtete man besorgt eine Entwicklung in der Levante, die wenig erfreulich schien, ohne jedoch schon wirklich bedrohlich zu sein. Die florentinische Republik, mit der man sich durch einen Waffenstillstand vorübergehend arrangiert hatte, war im Augenblick der gefährlichste Konkurrent. Die zahlreichen kleinen italienischen Miniaturstaaten, die zumeist ohnedies nur aus einem Schloß, einer Handvoll Dörfer und einer Stadt bestanden, beobachteten einander mit mißvergnügter Eifersucht, schlossen die seltsamsten Bündnisse ab, waren zu jedem Treubruch bereit und wußten sich, wenn die Großen Krieg gegeneinander führten, so teuer wie möglich zu verkaufen. In Florenz wiederum war die Situation so, daß man ganz offen über eine Rückkehr zu gewissen Formen einer plutokratischen Oligarchie diskutierte, die zwar durch republikanische Formalitäten gemildert, aber den derzeit herrschenden chaotischen Zuständen in jedem Falle ein Ende bereiten sollte. Man war der schönen Utopie von einer perfekt funktionierenden Demokratie überdrüssig geworden. Zuviele Parteien hatten zuviele Parteiführer, die zuviel redeten.

Die außenpolitische Lage war verworren und unsicher. Man brauchte Verbündete. Man mußte sich unentwegt auf die sonderbarsten Eventualitäten vorbereiten. Jeder neue Tag brachte Unvorhergesehenes. Den nüchternen, kühl kalkulierenden Bankmenschen, denen es am wahren Feuer einer politischen Leidenschaft mangelte, gefiel der Gedanke zwar nicht, sich auf das Unvorhersehbare oder auch auf das, was man erwarten mußte, durch den Einkauf von Verbündeten vorzubereiten; jedoch viel Auswahl gab es nicht. Man konnte, gleichsam die Hände abwartend in den Schoß legend, sparen. Um dann zusehen zu müssen, wie jene, die für teures Geld bereit gewesen wären, der Sache der Republik zumindest dem Anschein nach zu nützen, den Feinden der Republik dienten. Oder man konnte seufzend die ohnedies schon leeren Kassen plündern, um sich der Gunst fragwürdiger Freunde zu versichern.

Brauchbare Alternativen gab es tatsächlich so gut wie keine. Bis auf jene, den Preis für alles und jedes zu drücken. Ottaviano Riario, Caterina Sforzas ältester Sohn, war ein ebenso unzuverlässiger wie mittelmäßiger Söldnerführer. Aber es gab hinreichende Gründe, sich seiner zu versichern. Und zwar über jenes eine Jahr hinaus, das er, ohne eine nennenswerte Leistung zu erbringen, den Florentinern geopfert hatte. Man benötigte ihn, ohne ihn wirklich zu brauchen. Aber er war zu teuer. Er war jene 15 000 Dukaten, die seine Mutter für ihn ausgehandelt hatte, einfach nicht wert. Also mußte verhandelt werden. Nicht mit ihm, der nicht bloß ein Taugenichts, sondern auch ein Dummkopf war, sondern mit Caterina Sforza. In Forlì. Was wiederum eine Gesandtschaft brauchte, die man dorthin delegieren mußte. So kam es, daß Niccolò im Sommer des Jahres 1499 die traditionelle Anrede zu hören bekam, mit welcher die Signoria ihre Gesandten auf den Weg zu schicken pflegte: »Du wirst allsogleich zu Pferde steigen und reiten, so schnell du kannst ...«

So also lautet die Anweisung der Signoria an den Messer Niccolò Machiavelli, der sich nun bewähren soll auf einem Parkett, das glatt ist und doch gespickt mit Fallen: »Du begibst dich nach Forlì, wo unseres Wissens die erlauchte Signoria Caterina und ihr ältester Sohn, seine Exzellenz Signore Ottaviano, sich derzeit befinden. Entbiete beiden zunächst deine Hochachtung, dann lege ihnen die Schreiben vor, die wir, sowohl an beide gemeinsam wie an jeden von ihnen einzeln gerichtet, dir mitgeben, und erkläre ihnen, weshalb du kommst. Seit einiger Zeit nämlich dringen ihre Parlamentäre bei uns darauf, daß wir den Kontrakt mit Signore Ottaviano auf ein weiteres Jahr verlängern sollen. Lege dar, daß wir zu dieser Verlängerung uns nicht verpflichtet glauben.«

Es ist Sommer 1499. Die Anweisung ist kurz und unmißverständlich. Machiavelli weiß, was man von ihm erwartet. Weiß er aber auch, was ihn zu Forlì erwarten wird?

Wir können annehmen, daß er begierig war, sich am Hofe der Caterina Sforza zu bewähren. Die eigentlichen Hintergründe seiner diplomatischen Mission werden ihm selbstverständlich vertraut gewesen sein. Jene 15 000 Dukaten, welche die florentinische Republik dem Ottaviano hatte bezahlen müssen, um ihn für zwölf Monate als Söldnerführer zu gewinnen, werden auch in Machiavellis Augen schlichtweg eine Zumutung gewesen sein. Ein solches Gefühl stachelt an, wirkt belebend auf die Begabung eines angehenden Diplomaten, dessen Ehrgeiz darauf brennt, mehr zu sein als bloß ein beliebig einzusetzender Beamter. Dazu kam gewiß auch die Neugier auf Caterina Sforza, deren Ruf zu jener Zeit längst schon ein legendärer war, deren abwechslungsreiche Biographie an allen Höfen Italiens beliebter Gesprächsstoff war und deren Temperament, wenngleich von den widersprüchlichsten Meinungen kommentiert, auch einen Mann wie Machiavelli interessiert haben muß. Denn er war, obgleich ein eher nicht sonderlich anziehender Mann, ein durchaus erfolgreicher Liebhaber des Weiblichen, in dieser Hinsicht ein Mann von leidlicher Erfahrung. In diesem Punkt sei er ein echtes Kind seiner Zeit gewesen, meint Edmond Barincou, der auch einige Namen nennt, die für Machiavelli von Bedeutung gewesen sein mögen. So soll er einmal für kurze Zeit in Isabella d'Este, die Markgräfin zu Mantua war, vernarrt gewesen sein. Eine Sängerin namens Barbera war vorübergehend seine Geliebte. Heftige Leidenschaft, freilich nur vorübergehend, wird ihm nachgesagt für eine gewisse Mariscotta de Faenza und später auch für eine Dame namens Jehanne de Touraine. Und im florentinischen San Casciano war es eine Unbekannte, der er seine stürmische Zuneigung bewiesen haben soll.

Mußte ein solcher Charakter für Caterina Sforza nicht mehr als bloß berufliche Neugier empfinden?

Vorerst, unterwegs nach Forlì, hatte er seine Ungeduld zu zügeln. In der Zitadelle von Castrocaro war Kriegsmaterial gelagert, welches die Republik dringend benötigte. Geschützkugeln und Pulver hauptsächlich, das man für Pisa brauchte. Die Arsenale in Florenz waren so gut wie leer. Nachschub war vonnöten. Machiavelli, der seine Sache, wie man guten Gewissens notieren kann, unter allen Umständen vortrefflich handzuhaben wünschte, Machiavelli unterhandelte mit dem Feldhauptmann von Castrocaro, ohne jedoch sogleich einen Erfolg zu erzielen. Ein Blitzschlag habe das Pulver explodieren lassen, die Geschützkugeln seien schon im vergangenen Jahr aufgebraucht worden; und was den Salpeter angehe, den Florenz gleichfalls einzukaufen beabsichtigte, so gab es diesen auf Castrocaro überhaupt nicht.

Nebensächlichkeiten, die einen Mann, unterwegs in wichtiger diplomatischer Mission, nicht sonderlich berühren? Ärgerliches, das man, weil es die eigentliche Arbeit nicht betrifft, sogleich wieder achselzuckend vergißt? Nicht bei Machiavelli. Ihn berührt alles. Er ist an allem interessiert. Und er will den Erfolg. Er will ihn so sehr, daß ihn auch die gröbsten Schwierigkeiten nicht davon abbringen können, seiner Pflicht mehr als Genüge zu tun.

Wie er dabei vorgegangen ist, welche Mühe er auf sich genommen und welche Umsicht er bewiesen hat, um den Wünschen der Signoria nachzukommen, beweist ein respektvolles Schreiben an diese. »Gemäß dem mir durch Euer Gnaden erteilten Auftrag habe ich wegen des Salpeters sofort nach Faragano geschickt. Er hat mir antworten lassen, er selbst habe nur mehr hundert Pfund vorrätig, er wisse aber in der Umgegend einen ihm befreundeten Mann, der etwa 600 Pfund Pulver liegen habe. Und wenn das auch nicht eben viel ist, so hielt ich es doch für meine Pflicht, wenigstens dieses Quantum Euer Gnaden zu schicken. Man hat das Pulver gewogen, es sind genau 587 Pfund. Der Fuhrmann, der es überbringt, heißt Tommaso di Mazolo. Der Fuhrlohn ist sofort zu bezahlen, denn ich habe dies zugesagt und habe selbst für die Fuhrkosten schon acht Florinen und drei Heller gegeben.«

Der Mann denkt an alles. Nebensächliches, das einer, der unterwegs zu Caterina Sforza ist, schon bei der mindesten Schwierigkeit achselzuckend, ungeduldig vergißt, gibt es für ihn nicht. Auch das Zweitrangige muß getan werden, wenn es von der Regierung, der man dient, gefordert wird. Dann erst mag man wieder in den Sattel springen und fortreiten.

Er sei, vermutet man, genau am 17. Juli, und zwar schon sehr früh am Morgen, in Forlì eingetroffen. Und habe dann bis gegen zehn Uhr abends warten müssen, ehe ihm Caterina Sforza eine erste Audienz gewährte. Es scheint, als habe sie, damals längst schon das, was man eine Dame reiferen Alters nennt, Witwe immerhin nach drei Ehemännern und Mutter vieler Kinder, dem einunddreißigjährigen Abgesandten aus Florenz tatsächlich vom ersten Augenblick an manche Möglichkeit angedeutet, wie ihre Gunst zu erringen sei. Bei Barincou lesen wir, daß sie auf sehr weibliche Art mit Machiavelli ihr Spiel getrieben habe. Manches Indiz deutet darauf hin, daß die dabei angewandte Koketterie mitunter in Frivolität umgeschlagen oder ausgeartet sein könnte. Aber man wird sich hüten müssen, bei diesem Spiel Machiavelli nur als Opfer zu sehen, obgleich er selbst nach den ersten ergebnislosen Gesprächsrunden ärgerlich notierte, »daß ich nicht umhin konnte, über ihr Getue und ihre Worte ärgerlich zu werden«. Ein Opfer, das nur errötet und nicht weiß, wie es reagieren soll, wird er dennoch nicht gewesen sein. Im übrigen hatte er eine Aufgabe zu erledigen.

Es ging ums Geld. Und zwar um jene 15 000 Dukaten, die der junge Ottaviano nicht wert war und die Florenz doch zahlen mußte, wenn es die Soldaten aus Forlì und Imola beispielsweise nicht an Mailand verlieren wollte, mit welchem Caterina Sforza gleichfalls in Verhandlungen stand. Es ging ums Geld, um die Fortsetzung des Kontraktes mit Ottaviano, um die Erhaltung eines ausgewogenen Zustandes, um, wenn man so will, Außenpolitik ... und das alles in einer Tonart, die zweideutig und dennoch offenherzig war. Denn

Caterina Sforza verschwieg ihren geplanten Handel mit Mailand nicht. Machiavelli wiederum hatte pflichtgemäß so zu tun, als gewährte Florenz ihr eine unerhörte Gunst, wenn es den Kontrakt mit Ottaviano verlängerte, allerdings zu einem wesentlich herabgedrückten Preis. Man spielte sozusagen in aller Öffentlichkeit mit falschen Karten. Es war ein Spiel, das Machiavelli so etwas wie Behagen bereitet haben muß. Aber er sollte dabei verlieren. Doch zugleich auch an Erfahrung gewinnen.

Am 17. Juli 1499 war Machiavelli nach Forlì gekommen. Nach tagelangem Diskurs war man sich nur darin einig, daß Caterina Sforza sich bereit erklärte, ein kleines Söldnerheer abzustellen, welches Florenz für seinen lästigen Krieg gegen Pisa benötigte. Über den Preis dafür gab es hingegen keine Einigung. Das heißt, Machiavelli war nicht einen einzigen Schritt vorangekommen. Denn das, was er hier verhandelte, war ein Jahr zuvor schon abgesprochen worden. Dann erreichte er, daß Caterina ihm zumindest zusicherte, sich innerhalb einer Woche zu entscheiden. Aber die Tage verstrichen und nichts geschah. Schließlich wurde Aufschub dieser Frist gefordert. An die Signoria schrieb er, »ob dieser unerwarteten Sinnesänderung konnte ich nicht umhin, etwas verstimmt zu sein und dies in Rede und Verhalten auch kundzutun ...«, aber in Wahrheit dürfte er wohl begriffen haben, daß er von dieser Frau nur lernen konnte. Wirklich unbehaglich dürften ihm also alle diese Verzögerungen nicht gewesen sein.

Was seine angebliche Verstimmung angesichts der Zweideutigkeiten angeht, mit denen Caterina Sforza allem Anschein nach die Verhandlungen zu begleiten pflegte, so sollte man das, was Machiavelli an die Signoria in Florenz schrieb, vielleicht nicht allzu wörtlich nehmen. Er selbst wird am besten gewußt haben, spätestens nach dem ersten persönlichen Zusammentreffen mit dieser ungewöhnlichen Frau, daß Caterina Sforza keinesfalls nach den üblichen moralischen Gesichtspunkten zu beurteilen war. Später wird er notieren: »Jedes Mittel ist recht, wenn es um das Vaterland geht; wo es sich um Sein oder Nichtsein des Vaterlandes handelt, darf man sich nicht durch die Überlegung hemmen lassen, ob etwas gerecht oder ungerecht, menschlich oder grausam, löblich oder tadelnswert ist. Der alleinige Beweggrund des Handelns muß die Absicht sein, dem Vaterlande Wohl und Freiheit zu retten.« Das ist nichts anderes als eine überzeugende Rechtfertigung des Stils, dessen sich die Herrin über Forlì und Imola bediente.

Der Aufschub, um den Caterina Sforza gebeten hatte, brachte gar nichts. Die Gräfin verweigerte auch nach der letzten gesetzten Frist jede eindeutige Auskunft. Ein Nachgeben ihrerseits, was den Preis für Ottaviano und die Söldner betraf, schien unvorstellbar. Ein Nachgeben der florentinischen Republik wäre ein unverzeihliches Eingeständnis von Schwäche gewesen; überdies lag es gar nicht in der Kompetenz Machiavellis.

Also eine Niederlage? Ein Scheitern des Abgesandten aus Florenz? Wenn man die bloßen Fakten betrachtet, scheint es so gewesen zu sein. Machiavelli mußte gehen, wie er gekommen war: mit leeren Händen. Aber da war noch etwas anderes, das man nicht unterschätzen sollte. Immerhin hatte er manches beobachten, manches mit eigenem Blick erkennen können. Die Situation in Forlì zum Beispiel, wo zwar viele Florentiner am Hof der Caterina Sforza aus und ein gingen und wo es ein durchaus aufrichtiges Interesse gab, sich mit Florenz zu verbünden, was aber andererseits nicht verhindern konnte, daß man mit Mailand in ständiger Unterhandlung sich befand. Was Machiavelli sah und was ihn beeindruckt haben mußte, war also diese besondere Art von Schaukelpolitik, darin diese kluge Frau, der mit herkömmlichen politischen Methoden nicht beizukommen war, eine Meisterin gewesen sein dürfte. Und Machiavelli war klug genug, um auch das zu bewundern, was er nicht bewältigen, nicht für seine Interessen verwenden konnte.

Dann ist noch etwas. »Eine überlegene Partie spielt Caterina mit Messer Niccolò Machiavelli«, schreibt Marcel Brion, mit ihm also, »der von der Signoria entsandt und einer der intelligentesten Männer seines Jahrhunderts ist, ein Mann, an dem alles schneidend scharf und spitz ist – sein Gesicht, sein Blick, seine Nase – und der Caterina verläßt, enttäuscht und verärgert, aber im Grunde von ihr ebenso angetan wie sie von ihm, denn beide haben sie ihre Partie brillant gespielt.«

Die Brillanz der diplomatischen Auseinandersetzung also ist es, die Machiavelli nicht gänzlich enttäuscht aus Forlì wieder abreisen läßt. Bei einem Theaterstück, könnte man sagen, kommt es im Grunde immer nur darauf an, wie gespielt wird. Und wie auf einer Bühne war das ja auch gewesen, was sich zwischen Caterina und

Niccolò Machiavelli ereignet hatte. Knisternde, intelligente Dialoge voll von Ausflüchten, Zweideutigkeiten, Anspielungen und doch den Ernst der Lage nie verharmlosend. Im Hintergrund, also sozusagen jenseits der Kulissen, die dieses Spiel umrahmten, rührte der Krieg seine dumpfe Trommel, ging es um ökonomische und machtpolitische Interessen. Aber hier auf der Bühne von Forlì wurde scheinbar nur komödiantisch agiert. Und das in einem Stil und mit einer Könnerschaft, die auf Machiavelli tiefen Eindruck machte. Wahrscheinlich hat er in diesen wenigen Tagen, die er in der Romagna verbrachte, mehr zugunsten seines Berufs – des künftigen Berufs muß man wohl sagen, denn vorerst war er Sekretär, ein Beamter auf Sondermission – und des Umgangs mit Politikern gelernt als in all der Zeit zuvor.

Man muß sich in Erinnerung rufen, wie Machiavelli später über Politik urteilen wird, damit man den tiefen Eindruck versteht, den Caterina Sforza auf ihn gemacht hat. In der Politik gibt es keine Disqualifikationen, sagt Machiavelli. Hier gilt nur der Sieg. Das setzt freilich die stillschweigende Vereinbarung voraus, daß alle Mittel erlaubt seien. Moralische Bedenken sind unzulässig. Betrug und Verleumdung, Hinterhalt und Verrat sind durchaus legitim. Politik ist kein bürgerliches Geschäft, sondern absoluter Kampf.

Wer zu einem solchen Urteil kommt, hat nicht nur das politische Handwerk, wie es in jenem Zeitalter ausgeübt wurde, gründlich studiert, sondern auch begriffen, daß man nur durch die perfektesten Vorbilder zu lernen imstande ist. Und es ist eine erlaubte, weil naheliegende Annahme, daß Machiavellis berüchtigte – und vielfach falsch verstandene – Radikalität des politischen Denkens und Urteilens in Forlì und im Umgang mit Caterina Sforza gleichsam begründet wurde. Diese Frau war ihm überlegen. Aber zugleich war er ihr ebenbürtig.

Dieser scheinbare Widerspruch löst sich auf, wenn man weiß, daß die Gräfin ihn am Tag seiner Abreise davon in Kenntnis setzte, daß demnächst schon die Verhandlungen fortgesetzt werden würden. Einer ihrer Abgesandten würde nach Florenz kommen, um das Gespräch an dem Punkt aufzunehmen, wo man es jetzt vorerst einmal unterbrochen hatte. Manchmal braucht es eine Atempause, wenn man Fortschritte erzielen will. Und Machiavelli begriff, daß er nicht disqualifiziert worden war. Er hatte bestanden. Und das vor der bedeutendsten und raffiniertesten Politikerin des Zeitalters. Er konnte zufrieden sein.

Zufrieden war man auch in Florenz mit ihm. Die Berichte, die eingelangt waren, verrieten seinen Scharfsinn und seine Beobachtungsgabe. Da war ein gänzlich anderer Tonfall als in der sonst üblichen diplomatischen Korrespondenz. Selbst in der scheinbaren Niederlage wußte dieser Mann noch Außerordentliches zu berichten. Seine Beobachtungsgabe war erstaunlich. Die Darstellung von Menschen und Situationen unmißverständlich. Und seine Analyse entbehrte weder der intellektuellen Ironie noch jener Ernsthaftigkeit, die man von einem Beamten füglich erwarten muß. In Florenz hatte man Sinn für derlei aufgelockerte Akribie. Geldleute wollen Sicherheiten. Aber sie haben nichts dagegen, wenn dabei ein Hauch spielerischer Leichtigkeit mitspielt.

Also eine Niederlage? Bei weitem nicht. Machiavelli hatte erreicht, was vorgegeben gewesen war. Denn niemand hatte ernsthaft damit gerechnet, daß Caterina Sforza schon nach dem ersten Ansturm sich ergeben würde, daß sie den Bedingungen der Signoria zustimmte und sich selbst von allen Vorteilen entblößte, die sie in der Hand hatte. Die Gefahr war sogar groß gewesen, daß ein Gefühl der ärgerlichen Verstimmung sie, deren berechnende Spontaneität bekannt war, in die Arme der Mailänder getrieben hätte. Und gerade das hatte man unbedingt vermeiden wollen. Aber sie schien ohnedies Gefallen gefunden zu haben an Niccolò Machiavelli, sie hatte seinen Argumenten zugehört, ihm ihre Lage zu erklären versucht, ihn dann zwar entlassen, ohne daß es zu einem Abschluß gekommen war, aber demnächst schon würde einer ihrer Abgesandten in Florenz erscheinen ... Niemand hätte mehr erreichen können als der Segretario. Niemand hätte aus diesem Gespinst von halben Zusagen und angedrohten Ablehnungen eine ähnlich gute Ausgansposition zustande gebracht. Man war zufrieden mit Machiavelli. Er hatte sich als vortrefflicher Beamter erwiesen, als geschickter Unterhändler, als treuer Diener des Staates. Durfte man mehr fordern?

7. KAPITEL

Das französische Abenteuer

Am 28. Juli 1500 traf eine florentinische Delegation in Lyon ein, um eine Unterredung mit König Ludwig XII. zu erreichen. Dieser aber war bereits nach Nevers unterwegs, wo man ihn acht Tage später einholte. Empfangen wurden die Florentiner allerdings vorerst einmal vom Herrn von Amboise, der als Kardinal von Rouen zu den einflußreichsten Männern Frankreichs gehörte und der intimste Ratgeber des Königs war.

Leiter der florentinischen Delegation war Francesco della Casa, ihm beigeordnet der Segretario Machiavelli. Dann aber, kaum daß man in Nevers etwas heimisch geworden war und erste Verbindungen geknüpft hatte, erkrankte Della Casa und mußte nach Florenz zurückkehren. Der Segretario, dessen ursprüngliche Rolle sich in der Abfassung von Berichten und der unerläßlichen Korrespondenz mit der Signoria erschöpft hätte, avancierte plötzlich zur Hauptperson des Unternehmens. Zumindest so lange, bis aus Florenz repräsentativer Ersatz für den erkrankten Gesandten Della Casa einlangen würde.

Diese Gesandtschaft an den Hof des französischen Königs war durch die Entwicklung einer Politik notwendig geworden, durch welche Florenz gravierende Nachteile befürchten mußte. Denn Ludwig XII. – ein gehemmter und zugleich leicht reizbarer Charakter, wie er später von Machiavelli beschrieben wurde – war an Mailand und Neapel interessiert, was er durch verwandtschaftliche Verbindungen moralisch zu untermauern suchte. In Wahrheit träumte er davon, ein großer Eroberer zu sein. Das völlig zerrissene, in ständige Fehden verwickelte, von Bürgerkrieg und sozialen Revolten gepeinigte Italien bot sich als scheinbar leichte Beute für solche Träume nahezu von selbst an. Dazu kam in Frankreich die Erinnerung an die eher peinlichen Niederlagen Karl VIII., dessen überstürzter Rückzug aus Italien nach Meinung vieler Adeliger eine Art Satisfaktion erforderte. Venedig spielte bei alledem auch eine wichtige Rolle, denn dort war man stets daran interessiert, mächtige Nachbarn zu schwächen. Und die Sforza, die Mailand beherrschten, waren den Venezianern längst zu groß und damit gefährlich geworden. Auch das päpstliche Rom war von den Franzosen zuerst umschmeichelt und dann als Verbündeter gewonnen worden. Cesare Borgia, Sohn des Papstes Alexander VI., war durch französisches Geld und durch französische Soldaten gleichsam eingekauft worden.

In Florenz betrachtete man alle diese Dinge mit Mißtrauen. Einerseits hatte man mit Frankreich seit langem schon vortreffliche Geschäftsverbindungen unterhalten. Florentinische Investitionen bis hinauf zum König waren Bestandteil einer Geschäftsgebarung, die durch eine allzu eindeutige Haltung in der Außenpolitik nicht gefährdet werden durfte. Andererseits empfand man angesichts der von Ludwig an den Tag gelegten expansionistischen Bestrebungen ein Gefühl des Unbehagens und der Sorge. Ausländische Truppen auf italienischem Territorium bedeuteten immer Unglück, waren eine Bedrohung der merkantilen Absichten florentinischer Bankleute und bedrohten das ohnedies labile Gleichgewicht zwischen den italienischen Fürstentümern und Republiken. Ein gestörtes politisches Gleichgewicht aber hemmte jede ökonomische Entwicklung, an welcher man in Florenz ungleich mehr interessiert war als an großartigen militärischen Unternehmungen und Eroberungszügen.

Dennoch, und das wußte man in Florenz nur zu gut, würde man Partei ergreifen müssen. Gerade das aber war schwierig. Stellte man sich gegen die Franzosen, so könnten die in Frankreich getanen Investitionen im Falle eines Triumphes Ludwig XII. verloren sein; und das wäre ein empfindlicher Schlag für die Bankleute in Florenz gewesen. Stellte man sich aber an die Seite Frankreichs und damit gegen jene italienischen Staaten, die sich nun zu einer Allianz gegen Frankreich verbündeten, so war, sollte Ludwig in Italien scheitern, die Rache dieser Allianz zu fürchten.

In Florenz zögerte man, was nicht zuletzt auch mit jenen unmutigen oder sogar leidvollen Erinnerungen zu tun hatte, welche den Krieg mit Pisa und die Rolle meinten, die einst Frankreich dabei gespielt hatte. Denn schließlich war es einst Ludwigs Vorgänger Karl gewesen, der, dazu freilich von Piero de'Medici animiert, diese

Stadt dem Einfluß von Florenz entzogen und gleichsam mündig gemacht hatte.

Aber daß Politik mit Gefühlen allein nicht machbar ist, wußte man auch in Florenz. Daher beeilte man sich, König Ludwig zu feiern, nachdem dieser im September des Jahres 1499 in Mailand eingezogen und dort sozusagen als Herrscher der Lombardei inthronisiert worden war. Darüber hinaus versprach eine Liaison mit Frankreich ein gutes Geschäft in des Wortes banalstem Sinn. Denn der König brauchte Soldaten, was wiederum Geld kostete. Und dieses Geld sollte Florenz aufbringen. Das bedeutete zwar, daß man sich in eine recht kostspielige Umarmung würde flüchten müssen, da man militärisch viel zu schwach war, um sich gegen irgendeinen starken Gegner erfolgreich behaupten zu können. Es erlaubte aber auch die durchaus berechtigte Hoffnung, daß man aus diesem Kredit, den man vorerst ohne besondere Sicherheiten gewähren mußte, später einmal Nutzen ziehen würde. Und darauf vor allem kam es den florentinischen Bankleuten an. Man war es gewohnt, auf lange Sicht und risikoreich zu investieren. Außerdem hatte man in dieser besonderen Situation kaum eine andere Wahl.

Ludwig XII. forderte viel. Die Finanzierung zum Beispiel von annähernd viertausend Söldnern. Dazu noch einmal 15 000 Dukaten. Außerdem mußte Florenz einen damals nicht unbekannten Condottiere namens Giuliano della Rovere, einen Bruder des späteren Papstes Julius II., für Frankreich in Sold nehmen. Und schließlich verlangte Frankreichs König, den dieser erste und verhältnismäßig leichte Sieg über Mailand und die Sforza gewiß übermütig und ein wenig wohl auch unverschämt gemacht hatte, daß Florenz jene Schulden bezahlte, welche der Sforza Il Moro, der nach Deutschland geflohen war, hinterlassen hatte. Manches daran war reichlich undurchsichtig. Manches schmeckte nach Erpressung. Aber die Signoria willigte seufzend in alles ein. Schließlich hatte Ludwig zugesagt, den Florentinern im Krieg gegen Pisa behilflich zu sein. Und Pisa war tatsächlich ein lästiger Stachel im Fleisch der Republik, der unter allen Umständen entfernt werden mußte.

Man entsandte einen Fachmann nach Mailand, der die Unterlagen Il Moros prüfen sollte, um die genaue Höhe dieser Schulden zu errechnen, die man zu bezahlen gedachte. Dabei ergaben sich Schwierigkeiten, die eine Unterstützung dieses ersten Experten erforderlich machten. Die Signoria besann sich auf Machiavelli und erteilte ihm, in dessen scharfe Intelligenz und kühles Urteilsvermögen man jetzt schon große Stücke setzte, den formellen Auftrag, unverzüglich nach Mailand zu reiten. Aber in jenen wenigen Stunden oder Tagen, die zwischen Auftragserteilung und dessen Durchführung lagen, ereignete sich Unwahrscheinliches. Lodovico il Moro hatte deutsche Reiter und schweizerische Söldner anwerben können, war, ermutigt durch die Nachrichten über den wachsenden Unmut der Mailänder gegen die französischen Eroberer, rasch über die Alpen gezogen, in die Lombardei eingedrungen und gewann innerhalb weniger Tage sein Fürstentum zurück, was wohl auch darauf zurückzuführen gewesen sein mag, daß Söldner aus der Schweiz, die im französischen Heer standen, sogleich zu Lodovico übergingen, als sie hörten, daß dieser einen höheren Sold bezahlte.

Wenige Monate später, im Frühjahr 1500, waren es wieder die Schweizer, die eine Schlacht entschieden. Diesmal waren es freilich jene, die im Dienste des Sforza standen. Sie weigerten sich plötzlich, ihre Pflicht zu tun. Es wäre, so behaupteten sie, ihr Sold zu unregelmäßig ausbezahlt worden. Und damit war auch das Schicksal Mailands endgültig entschieden. Lodovico il Moro wurde gefangengenommen und nach Frankreich gebracht, wo er nach zehnjähriger Haft verstarb. Mailand war wieder französisch. Und in Florenz atmete man auf.

Tommaso Soderini, Abkömmling einer alten, angesehenen und auch einflußreichen Familie, wurde nunmehr ins Lager der Franzosen entsandt, um König Ludwig XII. den Respekt der Republik zu demonstrieren und ihn gleichzeitig an die Verabredung zu erinnern, nach der Bereinigung der mailändischen Causa den Florentinern Hilfe zu leisten im Krieg gegen Pisa. Machiavelli durfte, mußte Soderini begleiten. Das war bereits ein Beweis außerordentlicher Gunst, aber auch ein Indiz dafür, daß man in Florenz die Fähigkeiten Machiavellis richtig einschätzte. Denn »Soderini war zwar weniger intelligent als Machiavelli, aber er sah gut aus und konnte reden; das genügte. Wenn man ihm einen guten Sekretär mitgab, würde er seine Aufgabe bestens erfüllen. Es war so gedacht, daß Soderini die offizielle Konversation führen und mit seiner vornehmen, stattlichen Figur im königlichen Lager Gefallen erregen sollte, während es Machiavelli zufiel, mit den Ministern und Heerführern des Königs die praktischen Dinge zu erörtern« (M. Brion). Angewandte Psychologie war den Florentinern also keineswegs fremd; auch nicht sich ihrer zu bedienen, wenn es darum ging, aus diplomatischer Tätigkeit eine praktische Konsequenz zu ziehen.

Es ging wieder einmal um Pisa. Ludwig XII. hatte unmittelbar nach seinem ersten Sieg über Lodovico unmißverständliche Zusagen gemacht. Jetzt, da er des endgültigen Triumphes sicher sein durfte, mußte man ihn höflich, jedoch mit Bestimmtheit daran erinnern. Ludwigs Ausflüchte, daß er diesen Kontrakt erst zu erfüllen beabsichtige, wenn ihm auch Neapel, das nächste Ziel seiner abenteuerlichen Wünsche, zugefallen sein würde, stießen bei den Florentinern auf verständnislose Ablehnung. Man hatte fast alle seine Bedingungen erfüllt. Man hatte dem König Geld gegeben, ihm den Condottiere Della Rovere finanziert und sich bereit erklärt, Lodovicos Schulden zu übernehmen. Jetzt ging man noch einen Schritt weiter. Man stellte ein Söldnerheer zusammen, das man hinlänglich ausstattete. Diesem mußten die Franzosen ihrerseits Soldaten zuführen. Das war die hauptsächliche Bedingung der Signoria. Und so geschah es dann auch, wobei man sich vorstellen kann, daß die Überraschung in Florenz nicht gering gewesen sein mag angesichts des raschen Nachgebens Ludwigs. Man hatte sich längere, hartnäckigere Verhandlungen erwartet. Jetzt, da dem Anschein nach alles glatt voranging, würde es nur eine Frage der Zeit sein, bis Pisa endlich gefallen sein würde.

Der Gesandte Soderini und sein Sekretär Machiavelli folgten diesem Heer, das Pisa erobern sollte. Wahrscheinlich mißtraute man den Franzosen immer noch, wollte man gewichtige, erfahrene Augenzeugen jener Entwicklung haben, die man zwar nicht wirklich vorhersah, aber vielleicht doch instinktiv ahnte. Kaufleute sind keine Dummköpfe. Männer, die es gewohnt sind, mit hohen Geldsummen täglichen Umgang zu haben, müssen mißtrauisch sein.

Und dazu gab es jetzt allen Grund. Denn obgleich das vor Pisa erscheinende Heer zumindest zahlenmäßig den Verteidigern bei weitem überlegen war, zeigte sich doch bald, daß die Franzosen alles andere denn gute Soldaten waren. Später einmal würde Machiavelli, der gewiß und wie immer mit scharfem Blick alles Unzulängliche und Widersprüchliche beobachtete, eine vernichtende Kritik an der kämpferischen Moral der französischen Soldaten, üben: »Ist die Wucht des ersten Vorstürmens am Gegner abgeprallt, so lassen sie sogleich nach, verlieren den Mut zu weiterem und werden feige wie Frauenzimmer.« Und an anderer Stelle: »Der Franzose hegt von Natur aus ein Begehren nach fremdem Gut, das er dann genau so verschwendet wie sein eigenes.« Derlei klingt böse, aber Machiavelli hatte manche Ursache für eine solche Tonart. Er war im Gegensatz zu Soderini kein Neuling mehr im Kriegsgeschäft. Er konnte aus Erfahrung schon beurteilen, was eine Truppe wirklich taugte und ob sie die in sie getanen Subventionen, das in sie gesetzte Vertrauen wert war. Er hatte einmal schon vor Pisa mitansehen müssen, was Bequemlichkeit, Feigheit oder sogar die Neigung zum Verrat im Krieg bewirken können. Außerdem hatte er unmißverständliche Instruktionen. Unmißverständlich war dementsprechend die Art seines Auftretens und seines Urteils. »Da sie überdies an Entbehrungen nicht viel aushalten«, notiert er später über die Franzosen, »vergeht ihnen gar bald am Kampfe die Lust, und dann sind sie unschwer zu überraschen und zu schlagen.« Und er erinnert an Caesar, der von den Galliern einst gesagt hatte, daß sie, »die als schier übermenschliche Kämpfer antreten, am Ende weniger taugen als ein Weib ...«

Wer so hart urteilt, muß Gründe dafür haben. Machiavelli hatte solche Gründe. Denn wieder mußte er miterleben, daß niedergeschossene Bastionen nicht gestürmt, Breschen im Mauerwerk der Verteidiger nicht erobert wurden. Und daß die fremden Söldner mehr an ihrer eigenen Verpflegung als an der Eroberung Pisas interessiert waren.

Das war überhaupt der springende Punkt. Sie wären, so erklärten Schweizer und Gascogner, wenn man sie an ihre soldatische Pflicht erinnerte, völlig außerstande, Schwert und Lanze handzuhaben, so lange sie hungern müßten. Sie nannten die Rationen, mit denen die florentinischen Truppen ihr Auskommen fanden, ungenügend und forderten das Doppelte an Essen und Trinken, was den sparsamen florentinischen Kommissaren als Unverschämtheit erschien. »Hier sind französische Gier und florentinischer Geiz aneinandergeraten, und darunter leidet zwangsläufig die Belagerung von Pisa«, schreibt Marcel Brion und hat damit wohl jenen entscheidenden Punkt getroffen, den man kennen sollte, um zu begreifen, weshalb auch dieser Feldzug gegen Pisa zur bitteren und für Florenz demütigenden Posse entartete.

Machiavelli ist, soweit wir das aus seinen Berichten und dem, was er selbst unternahm, zu beurteilen vermögen, an dieser erbarmungswürdigen Entwicklung keine Schuld anzulasten. Es scheint, daß er im Gegensatz zu seinen Vorgesetzten durchaus verstanden hatte, daß die Frage der Verpflegung von vordringlicher Bedeutung war. Er verachtete zwar die Franzosen und begegnete den rauhen Schweizern mit tiefer Skepsis. Aber er scheint die wahren Gründe für ihre Aufsässigkeit respektiert zu haben. Ein Soldat, dessen Magen knurrt, ist ein schlechter Kämpfer. Und gar bei Söldnern, deren Habgier ebenso berüchtigt ist wie ihr gelegentlicher Kampfesmut, ist Sparsamkeit die schlechteste Investition. Also kümmerte sich Machiavelli mit allem Nachdruck darum, daß die Verpflegungssätze stiegen und der Sold pünktlich ausbezahlt wurde. Seine regelmäßigen Berichte an die Regierung in Florenz enthielten dringende Ermahnungen. Im Lager selbst suchte er zu vermitteln. Er – und nicht Soderini oder jene beiden Kommissare, die man aus Florenz geschickt hatte, um der Unruhe Herr zu werden – verhinderte lange Zeit Ärgerlicheres, Gefährlicheres als bloß die passive Resistenz der aufgebrachten Söldner, die nicht daran dachten, ihr Leben für leere Versprechungen in die Schanze zu schlagen.

Schließlich kam es zum vorhersehbaren Eklat. Die französischen Truppen verließen einfach das Feldlager vor Pisa. Die Schweizer meuterten und nahmen schließlich die beiden florentinischen Kommissare als Geiseln. Daß sie sich nicht auch der Person Machiavellis bemächtigten, mag als Beweis gelten für dessen Anstrengungen, ungeachtet seiner Abneigung gegen diese Art von Kriegführung und gegen diese disziplinlosen Haufen dennoch alles zu unternehmen, um den teilweise berechtigten Forderungen der Söldner zu entsprechen. Aber alle seine Mühen waren vergeblich. Die Geiseln mußten freigekauft und es mußte auch der ausständige Sold bezahlt werden. Danach, als dieses unangenehme, peinliche Geschäft – das man sich in Florenz ohne weiteres hätte ersparen können – erledigt war, ging auch der Krieg gegen Pisa von einem Augenblick zum anderen zu Ende. Und zwar außerordentlich ruhmlos. Denn die Söldner, die jetzt ihr Geld hatten, verließen einfach das Lager. Begleitet von den Hohngesängen der Pisaner. Und die Regierung, die Bankleute, die Politiker in Florenz mußten von neuem grundsätzliche Überlegungen anstellen, wie man diese längst schon allzu kostspielig gewordene und dem Ruf der Republik ungemein abträgliche Affäre doch noch bereinigen könnte.

So kam es, daß am 28. Juli des Jahre 1500 jene florentinische Delegation in Lyon anlangte, welcher auch der inzwischen schon unentbehrlich gewordene Niccolò Machiavelli angehörte. Denn von ihm – und nicht vom Delegationsleiter Della Casa – erwartete man sich detaillierte Berichte und eine unauffällige, aber dafür wirksame Tätigkeit im Hintergrund, wo die wichtigen Entscheidungen vorbereitet werden. Ihm unterstellte man, den Charakter der Franzosen besser zu kennen als irgendein anderer florentinischer Diplomat oder Beamter und daher mit ihnen, deren Genossenschaft man benötigte, vortrefflicher umgehen zu können. Immerhin hatte Machiavelli erste Analysen bereits versucht, ein erstes Urteil schon gefällt. »Ein Franzose, den man um einen Gefallen bittet«, schrieb er, »denkt zuerst daran, welchen Nutzen er davon haben könne. Mit den Franzosen sind die ersten Verträge immer die besten. Können sie einen Gefallen nicht erweisen, so versprechen sie ihn; können sie ihn aber erweisen, so tun sie es erst nach vielen Schwierigkeiten oder gar nicht. Sie sind sehr demütig im Unglück; im Glück werden sie unverschämt. Sie sind leichtfertig und veränderlich, und die Treue, mit der sie ihr Wort halten, ist die Treue des Siegers.«

Manches an diesem schroffen Urteil entsprach der Wirklichkeit. Frankreichs König war längst wieder über die Alpen heimgekehrt. In Italien wiesen seine und der Florentiner Unterhändler die Schuld über die Vorkommnisse von Pisa einander zu, ohne daß es zu einer Einigung gekommen wäre. Ludwig selbst zeigte sich, kam die Rede auf diese Ereignisse, äußerst indigniert oder schlichtweg gelangweilt. In Florenz wiederum war man der an sich wohl berechtigten Meinung, eine angemessene Entschädigung für alle erlittenen Nachteile fordern zu müssen. Im Augenblick hatte man zum Schaden bloß den Spott.

Dazu kam auch noch eine andere Bedrohung, die durch das verhängnisvolle Auftreten der Franzosen in Italien überhaupt erst ins Leben gerufen worden war. Diese Gefahr bestand im schrankenlosen Ehrgeiz Cesare Borgias, der jene französischen Soldtruppen, welche nichts anderes als eine Bestechung des Papstes, also seines Vaters, zugunsten von Ludwigs Plänen gewesen waren, ebenso geschickt wie rücksichtslos eingesetzt hatte. Cesare hatte innerhalb kürzester Zeit erreicht, was zuvor der päpstlichen Diplomatie jahrelang nicht gelungen war. Nämlich die Eroberung der Romagna. Ihm war Caterina Sforza, die kluge Politikerin und temperamentvolle Frau, nicht im mindesten gewachsen. Zuerst verlor sie Imola. Dann verteidigte sie sich tapfer in Forlì, ohne Stadt und Festung freilich länger als ein paar Wochen halten zu können. Zuletzt fielen Faenza, Rimini und schließlich auch Pesaro. Nun stand Cesare Borgia mit seinen französischen Söldnern an den Grenzen der florentinischen Republik, bedrohte deren Souveränität, forderte die Wiedereinsetzung des verjagten Piero de'Medici und zwang die Florentiner schließlich dazu, ihn als Feldhauptmann zu engagieren, zu einer horrenden Summe selbstverständlich und ohne daß man daraus in Florenz selbst irgendeinen Vorteil zu ziehen wußte.

Die Lage war also rundum unangenehm bis bedrohlich. In Frankreich erkrankte Della Casa und reiste ab. Ersatz für ihn würde erst, wenn überhaupt, nach einigen Monaten eintreffen. Machiavelli war auf sich allein gestellt. Es war ihm recht so, dürfen wir annehmen. Es kam ihm nicht ungelegen. Er konnte ungehindert agieren. Er hatte vor allen anderen erkannt, wer am Hofe des Königs Regie führte. Nämlich jener Kardinal von Rouen, dem er in Nevers zuerst begegnet war. Und mit diesem freundete er sich nun an.

Ein recht sonderbares, strapaziöses Leben ist es, das Niccolò Machiavelli jetzt im Oktober, November des Jahres 1500 führen muß, immer auf der Spur des wanderlustigen Königs von Frankreich. Und häufig als Gefährte des Kardinals von Rouen, der zuerst Neugier, dann Interesse und schließlich Freude empfindet an seinem intelligenten Partner aus Florenz. Scharfe Ritte den ganzen Tag über bis in den früh hereinbrechenden Abend. Oder mit zerschlagenem Kreuz in den holpernden Kutschen hängend. Herbstregen prasseln dem Segretario ins Gesicht. Durch Landschaften und Städte kommt er, auf die er sich anderntags kaum noch besinnt. Melun und Blois, Tours und Nantes, quer durch die Bretagne und dann wieder in der Ile-de-France, die Nächte manchmal auf hartem

Lager, strohbedeckt, das Behaglichkeit vortäuscht. Manchmal muß Tag und Nacht geritten oder in der rumpelnden Kutsche gesessen werden. Es ist kein leichtes Brot, das Machiavelli sich in Frankreich verdient.

Und es ist vor allem kein preiswertes. Frankreich ist teuer. Die Art des Reisens, zu der Machiavelli gezwungen wird, ist kostspielig. Was er von Florenz an Geld mitbekommen hat, reicht jetzt manchmal kaum für das Notdürftige. In seinen Berichten und Briefen an die ferne Signoria taucht ein neuer Ton auf. Er benötigt, wenn er sich erfolgreich um die Belange der Republik kümmern soll, dringend jene materielle Unterstützung, die er sich selbst nicht gewähren kann, weil er über kein Vermögen verfügt. »Ich möchte nicht viele Worte darüber verlieren, in welchem Geldmangel ich mich befinde«, schreibt er an die Regierung in Florenz. »Ihr wisset, daß ich, als ich reiste, nur 80 Dukaten erhalten habe, deren allein die Kutsche mich 30 gekostet hat. Es ist Euch ferner bekannt, daß ich zu Lyon alles selbst bestreiten mußte und daß ich drei Pferde zu unterhalten habe. Eine Stellung wie die meine zur Zeit bringt Aufwendungen mit sich, die ohne Geld nicht zu leisten sind.« In einem anderen Brief heißt es dringender und schärfer: »Die geringe Höhe meines Gehalts, die Ausgaben, zu denen ich genötigt bin, und die Unmöglichkeit, neue Mittel aufzutreiben, setzen mich in große Verlegenheit.«

Im Grunde ahnte Machiavelli freilich, daß er auf wirksame Abhilfe nicht rechnen konnte. Er war selbst viel zu sehr Florentiner, daß er nicht wüßte, wie wenig briefliche Klagen bei jenen bewirken, denen Sparsamkeit als wichtigstes Gebot aller Politik erscheint. Er würde, säße er in Florenz und hätte er über die materiellen Insistierungen eines Gesandtschaftssekretärs zu befinden, nicht anders handeln als die Herren in der Regierung, die jetzt seinen Bitten mit beharrlichem Schweigen begegneten. Außerdem war er Bescheidenheit gewohnt, war Sparsamkeit stets eine Tugend gewesen, die er sich zur Pflicht hatte machen müssen, war er so gut wie bedürfnislos und entschädigte ihn seine Tätigkeit nicht nur für alle Strapazen, sondern auch für dieses Gefühl, sich einer unverschuldeten Ärmlichkeit inmitten höfischen Glanzes schämen zu müssen.

Nach Geld strebte er nicht mehr und nicht weniger als jeder seines Ranges, der toskanischen Brauch gewohnt war. Luxus, wie er bei anderen Gesandten selbstverständlich war, bedeutete ihm nichts. Und über manche ärgerliche, bedrohliche Krise in seiner Geldtasche half ihm sein Freund, der Kardinal, hinweg, an dessen Tafel er speisen, in dessen Kutsche er reisen durfte. Merkwürdig war die Situation dennoch. Zugleich von einem gewissen Symbolgehalt. Denn man war nach Frankreich gekommen, um mit Ludwig XII. auch über Geld zu sprechen, über Zahlungen, die man bereits geleistet hatte, ohne Entsprechendes dafür zu erhalten, und über Zahlungen, die man zu leisten nicht mehr bereit sein konnte, weil Entsprechendes dafür nicht in Aussicht stand. Es war also ein ärmlich gekleideter, ärmlich wirkender Segretario vielleicht der überzeugendste Repräsentant einer Haltung, welcher nicht nur unerläßliche Sparsamkeit, sondern sogar ein gewisser Geiz Pate standen.

Machiavelli war ohnedies nicht der Mann, der sich durch Äußerlichkeiten sonderlich beeindrucken ließ. Mit vollem Mund, mag er sich gedacht haben, redet man nur schwer über Politik. Außerdem hatte er nicht Gelage zu feiern, sondern die Interessen der Republik wahrzunehmen. Und die waren jetzt durch einen Mann besonders gefährdet, über dessen Charakter und Absichten man sich am französischen Hof einer irrigen Meinung hingab. Dieser Mann war Cesare Borgia.

Machiavellis Rechnung, die er nun den Franzosen aufmacht, ist ebenso einfach wie überzeugend. Florenz will Pisa zurückgewinnen, das es nicht zuletzt Frankreichs wegen verloren hat. Getroffene Vereinbarungen, diesen Punkt betreffend, würden einzuhalten sein; sowohl von der Signoria als auch von Ludwig XII., den Machiavelli insgeheim verachtete und dem er nun direkt oder über den Umweg des Kardinals von Rouen eine neue Sicht der Situation in Italien beizubringen versuchte.

Denn Rom, vor allem aber Cesare Borgia, seien, so Machiavelli, die eigentlichen Gegner Frankreichs. Von Rom aus drohe jene Expansion, die nicht bloß den italienischen Fürstentümern und Republiken, sondern auch den Interessen Ludwigs gefährlich werden könne und als deren ungestümer Vollstrecker Cesare auftrete. Wer aber stelle sich diesem bedrohlichen Vormarsch noch in den Weg? Natürlich Florenz. Ein letztes Bollwerk gegen die Arroganz und Machtlust der Borgia. Ein gewichtiges Hindernis auf deren bereits beschrittenem Weg zur Erlangung der ungeteilten Macht. Und sei es angesichts einer solchen Konstellation nicht töricht, den Florentinern jene selbstverständliche und im übrigen vertraglich vereinbarte Hilfe abzuschlagen, die sie benötigten, um ihre eigenen Angelegenheiten in Ordnung zu bringen?

Man mag sich unschwer vorstellen, auf welche Weise Machiavelli arbeitete, wie er seinen Auftrag, den er bald nach eigenem Gutdünken ausweitete oder im Detail veränderte, gegen alle Widerstände erfolgreich auszuführen beabsichtigte, auf welche Weise er Eindruck zu machen suchte bei jenen, deren Unterstützung er benötigte, und auch bei jenen, die der ganzen italienischen Sache und natürlich den Interessen der florentinischen Republik eher mißtrauisch gegenüberstanden. Man mag ihn sich auch vorstellen, wie er, schwarz gewandet, klein, hager, spitznasig, ein schiefes, freudloses Lächeln auf den Lippen, hin und her sprang, wie er antichambrierte, diskutierte, hofierte, immer auf der Hut vor einem möglichen Fehler, die wachsamen Augen, denen nichts entging, stets auf das Antlitz des Gegenübers gerichtet, dabei nach Möglichkeit dem gerade stattfindenden Gespräch um einen Schritt voraus und neue Pläne entwerfend, an neuen Strategien arbeitend, die den Widerstand brechen sollten, der seinen und der Signoria Absichten entgegengesetzt wurde. Denn ein Freund der Florentiner war der König keinesfalls. Überdies beharrte er auf seinen unzumutbaren Geldforderungen. Wer eine Unterstützung durch Frankreich begehre, der habe sich nach den französischen Wünschen zu richten. Zu allem Überfluß entdeckte Machiavelli, daß Ludwig die florentinische Politik aus einem für Florenz eher unangenehmen Blickwinkel beobachtete, daß er Sachverhalte nicht nach deren realistischem Hintergrund beurteilte, sondern so, als ob es bloß einer Handbewegung bedürfe, um aus der Republik wieder eine Oligarchie zu machen. Der Name Piero de' Medicis tauchte in manchem Gespräch auf. Und Machiavelli hatte Mühe, den Franzosen begreifbar zu machen, daß es der Papst wäre, der die Medici wieder nach Florenz zu bringen beabsichtigte, was wiederum nichts anderes bedeuten würde, als daß die Borgia ihre Macht ausdehnten. Schon marschierte Cesare unbehindert durch toskanisches Gebiet. Schon rüstete sich aber auch Piero de' Medici zum Einzug in die Stadt. Und dann? Dann würden in Florenz, dessen Banktresore allzeit zugunsten der Franzosen offenstünden, die Lichter erlöschen.

So etwa argumentierte Machiavelli, balancierte dabei zwischen Wahrheit und Lüge. Und vermied es hartnäckig, sich ausschließlich der Lüge oder der Wahrheit zu bedienen. Denn beides, und diese Weisheit war ihm inzwischen vertraut geworden, trat in unzähligen Verkleidungen auf. Wichtig war ihm nur, sich selbst nicht etwas vorzumachen, sich selber treu zu bleiben. Sein Blick mußte, während er nuanciert und differenziert agierte, ungetrübt bleiben. Was den Charakter seiner Gesprächspartner betraf, so gab er sich ohnedies keinen Illusionen hin. »Sie sind von ihrer Macht und dem gegenwärtigen Nutzen verblendet und achten nur den, der entweder bewaffnet oder zum Geben bereit ist«, schrieb er an die Signoria in Florenz.

Und das alles unter Bedingungen, die äußerst unvorteilhaft waren! Das alles praktisch im Alleingang, auf sich gestellt in einer Art, die Bewunderung abnötigt! »In den letzten beiden Monaten führt Machiavelli die Geschäfte allein«, schreibt Hans Freyer, »und von da an nimmt die Weite des Gesichtsfeldes, die Mannigfaltigkeit der Interessen, die Anschaulichkeit der Schilderung und die Schärfe der Formulierungen in seinen Berichten erheblich zu. Man spürt, wie er durch die Kraft seines Geistes über den beschränkten Auftrag und über seine bescheidene Stellung hinauswächst. Er berichtet über alle Fragen der italienischen Politik, wie sie am französischen Hofe gesehen werden, vor allem über die bedrohlichen Rüstungen des Papstes und über die undurchsichtigen Pläne Cesare Borgias.«

Das vor allem war es, was Machiavelli in Frankreich wieder einmal früher, genauer und schärfer begriff als alle hochrangigen Diplomaten am königlichen Hof und einflußreichen Herren in der Regierung zu Florenz. Daß der gefährlichste Feind der Republik Cesare Borgia war; und als dessen Auftraggeber Papst Alexander VI., also der Vater Cesares, angesehen werden mußte. Und daß Frankreich bei allem die Hand mit im Spiel hatte, auch wenn es offiziell nicht an freundschaftlichen Gesten gegenüber der Republik in Florenz fehlte. Und daß man Minen legen mußte gegen eine Entwicklung, an deren Ende der Untergang der gegenwärtigen politischen Verhältnisse in Florenz unausbleiblich sein würde. Daß dieser Cesare Borgia ein Mann war, der sich einen Staat suchte, über den er herrschen konnte; aber nicht wie irgendein beliebiger Condottiere, als welcher er im Augenblick noch auftrat, sondern wie ein Fürst, der gewillt ist, sich ein Reich zu schaffen. Und das um jeden Preis. Und das unterstützt durch die Schubkraft eines Papstes, der in allen weltlichen Angelegenheiten erfahrener, gerissener, skrupelloser war als jeder regierende Fürst, ganz zu schweigen von den mehr oder minder bedeutenden Politikern in Florenz, über deren gelegentlich dilettantische Strategie sich Machiavelli keine Illusionen machte.

Aber wie die aufziehende Gefahr einem cholerischen, von sich selbst übermäßig überzeugten und doch nur mittelmäßigen König begreifbar machen, der von ruhmvollen Abenteuern und auch wohl davon träumt, in einem Charakter wie Cesare Borgia ein beliebig verwendbares Werkzeug gefunden zu haben? Wie den französischen Höflingen beibringen, daß eine italienische Allianz unter der Führung Cesares nicht nur Florenz bedrohen, sondern auch die Pläne Frankreichs in Italien empfindlich stören würde? Wie sich selbst auf jene unerläßliche Art in Szene setzen, die es braucht, um aufmerksames Gehör zu finden, wenn man nicht über die notwendigen Mittel verfügt, um aus einem, der wie ein unscheinbares, ärmliches Männchen wirkt, einen Herrn zu machen, den jedermann respektiert?

Machiavelli erinnert in diesem Herbst an einen Seiltänzer, der einen Abgrund überqueren muß, ohne Gelegenheit zu haben, ein Sicherheitsnetz anzubringen. Manchmal mag er über die Schwierigkeit seiner Aufgabe in Verzweiflung geraten, manchmal in Mutlosigkeit verfallen und sich achselzuckend, resignierend in das scheinbar Unvermeidliche fügen. Aber das sind stets nur kurze Augenblicke, nur Anwandlungen von Melancholie, Zeichen wohl auch einer gewissen Erschöpfung, die nur zu verständlich wird, wenn man weiß, daß er in dieser Zeit die unerhörtesten physischen und psychischen Strapazen auf sich nehmen muß und doch in allem, was er plant und unternimmt, abhängig ist von den Wünschen, Befehlen, Anregungen der Regierung im fernen Florenz. Er hat kein Geld. Er ist außerstande, von sich Staat zu machen, wie man es von einem Mann in seiner Position erwartet. Er hat keinen Vertrauten, mit dem er die mögliche Wirksamkeit oder auch die Mängel seiner Absichten bereden kann. Er muß gleichsam im luftleeren Raum agieren. Und vor allem darf er niemals irgendwelchen Gefühlen nachgeben.

Ein Seiltänzer, der das Waghalsigste riskieren muß, um zumindest einen Anschein von Glaubwürdigkeit zu erwecken! An die Signoria gibt er weiter, was die Franzosen von dieser Regierung halten: »Sie halten Euch für eine Null, indem sie Euer Unvermögen einfach Uneinigkeit und die Pflichtvergessenheit ihres Heeres Eure schlechte Regierung nennen.« Auf seinem Gesicht mag einen Augenblick lang ein Hauch von Spott liegen, als er diesen Satz formuliert. Er weiß, daß er nichts anderes als die unverfälschte Wahrheit übermittelt. Er weiß aber auch, daß er anderntags wieder vor Ludwig und dessen Höflingen das Bild eines geeinten und starken, selbstbewußten und politisch völlig intakten Florenz wird zeichnen müssen, an das er selbst nur zögernd oder gar nicht glaubt und von dem er nicht wirklich annehmen kann, daß die Franzosen daran glauben. Gleichzeitig muß er sich davor hüten, von der Wirksamkeit wahrer Macht, wie er sie nun in Frankreich kennenlernt, verführt zu werden. »Er erlebt die Macht einer zuhöchst durchzentralisierten Monarchie, die er nicht ohne Neid betrachtet, muß doch bei einem Vergleich sowohl seine Vaterstadt wie auch Italien im Ganzen schlecht wegkommen«, schreibt René König. Und das ist ein weiterer Punkt in dieser politischen Komödie mit offenem Ausgang, der Machiavellis Gedanken beschäftigt. Welche Erfolge könnte ein Mann wie er erzielen, stünden ihm die Möglichkeiten einer klaglos funktionierenden Monarchie zur Verfügung. Zu welcher Art von Politik müßte man fähig sein, besäße man jene Fülle an Macht, wie Machiavelli sie auf Frankreichs Königsschlössern jetzt kennenlernt ...

Aber so sehr ihn das phantasievolle Spiel mit dem Möglichen auch lockte, blieb er doch hartnäckig auf der vorgegebenen Spur. Er sagte die Unwahrheit, ohne eigentlich zu lügen. Florenz sei reich, stark, einflußreich und stets bereit, als Verbündeter Frankreichs aufzutreten. Das entsprach einer Situation, die man freilich auch anders, kritischer hätte beschreiben können. Florenz war zu jener Zeit weder sonderlich reich noch besonders einflußreich; seine militärische Stärke würde davon abhängig sein, welche Unterstützung Frankreich zu gewähren bereit war. Aber Machiavelli, der durch den Kardinal von Rouen ziemlich genau über die Pläne und auch den Charakter Ludwigs unterrichtet war, wußte inzwischen längst schon, daß der König nur dann eines gewissen Entgegenkommens fähig sein würde, wenn man ihn von der Bedeutung dieser in zahllose Schwierigkeiten verstrickten florentinischen Republik überzeugte.

Und dann war da noch Cesare Borgia. In diesem Mann witterte der Instinkt Machiavellis den hauptsächlichen Gegner, also jenen Feind, dem man erst gar nicht die Möglichkeit zum Handeln geben durfte. In Frankreich war ihm der wachsende Einfluß Cesares vollends bewußt geworden. Und daß dieser sich tatsächlich schon auf dem Sprung an die Spitze der Macht befand, was nichts anderes bedeuten konnte, als daß Florenz ein begehrtes Opfer war. Jetzt setzte Machiavelli alles daran, diesen Mann – den er bald schon rückhaltlos bewundern würde – auf das nützliche Maß eines beliebigen, nicht sonderlich verläßlichen, allzu brutalen und daher der Kunst feingesponnener Diplomatie unfähigen Condottiere zurechtzustutzen. Er lag dem Kardinal in den Ohren, malte dem König ein abschreckendes Porträt, wußte auf vielerlei Art zu überzeugen, indem er alles einsetzte, was ihm seine Begabung erlaubte. Propaganda für oder gegen einen Politiker kann manchmal schon wirksam sein durch die geschickte Wortwahl, durch absichtsvolle Betonung, durch beherrschtes und dabei streng akzentuiertes Mienenspiel. Das alles wandte Machiavelli nun auf meisterhafte Weise an, das alles wurde jetzt gleichsam zu einer Frage seines politischen Stils.

Hatte er Erfolg? In gewisser Hinsicht schon, auch wenn sich dieser Erfolg nur zögernd und dann auf eine Art einstellen sollte, die ihn, Machiavelli, nicht mehr daran beteiligte.

Das französische Abenteuer, das für den Segretario so etwas wie ein Prolog gewesen sein sollte, dem in den Jahren 1503, 1510 und 1511 ohnedies weitere Auftritte folgen würden, endete sozusagen ohne sonderlichen Widerhall. Zumindest für Machiavelli. Denn der Ruhm, Ludwig XII. von der Gefährlichkeit Cesare Borgias überzeugt zu haben, fiel auf den Nachfolger des erkrankten Della Casa, der im Spätherbst als Ersatz eintraf, der aus Florenz auch die Bewilligung weiterer Kredite für den französischen König mitbrachte und dadurch sogleich die ersehnte Zusage erhielt, daß die Franzosen sich fortan um den Borgia nicht mehr kümmern wollten.

Oder ihm untersagen würden, gegen Florenz vorzugehen. Machiavelli, der alles vorbereitet und eingefädelt hatte, mußte wieder bescheiden in den Hintergrund treten, wie es seinem Rang zukam. Andere schlüpften jetzt in jene Rolle, die er überhaupt erst ermöglicht hatte. Ihm war bloß zugefallen, die richtigen Stichworte zu bringen. Nun durfte er, mehr oder minder stumm in der zweiten Reihe verharrend, aus gebührender Entfernung jenes Schauspiel betrachten, dessen erster Regisseur in Wahrheit er gewesen war.

Aber als er heimkehrt nach Florenz, läßt er einen nachdenklich gewordenen König zurück. Denn welche Meinung Ludwig XII. von Cesare Borgia bisher auch gehabt haben mochte – jetzt betrachtete er ihn gewissermaßen mit den Augen Machiavellis. Und entdeckte in ihm einen Rivalen, den jede Unterstützung nur noch gefährlicher machte. Der Kardinal von Rouen bestärkte ihn noch in dieser Meinung. Und beide begriffen nicht oder ahnten es bloß, daß diese Stimmung, die noch entscheidenden Einfluß haben sollte auf die Politik in Italien, ihnen wie beiläufig und doch ungemein geschickt eingeredet, ihrem mißtrauischen Gemüt beigebracht worden war wie etwas, das man ohnedies immer schon gewußt hatte, dessen Bedeutung man aber erst im Verlaufe gewisser Unterredungen erkannte. Oder waren es nicht Unterredungen, sondern eigene Nachdenklichkeit, eigene Vorsicht, eigenes Erkennen einer Gefahr, die plötzlich um so größer wurde, desto bedrückender der Verdacht war, dem man sich nicht mehr zu entziehen vermochte?

Das eigentlich war Machiavellis faszinierendste Leistung: Es war ihm gelungen, ungeachtet aller Widrigkeiten Schlingen auszulegen, in denen sich nun die Meinung des französischen Königs und seiner Berater hoffnungslos verfing. Und niemand begriff wirklich, wie raffiniert diese Schlingen gelegt worden waren. Denn Machiavelli war es auch geglückt, seinen Partnern das Gefühl einzuflößen, daß alles, was sie in dieser Sache entschieden, stets ihrem eigenen Wunsche entsprach. Er hatte brilliert, ohne daß seine Brillanz Neid erweckt und dadurch Schaden angerichtet hätte. Er hatte Meinungen entscheidend beeinflußt, ohne daß jenen, deren Meinung für das Schicksal von Florenz ausschlaggebend sein konnte, zu Bewußtsein gekommen wäre, daß sie unter Umständen das Opfer einer genialen Manipulation sein könnten.

Alles andere blieb ungewiß. Florenz vergab Kredite. Frankreich garantierte nichts anderes als den Schutz der Republik vor dem Zugriff Cesares. Aber das war für den Augenblick ohnedies genug. Mehr zu erhoffen, mehr zu fordern wäre vermessen gewesen. Was Pisa betraf, würde man eine neue Strategie zu bedenken haben. Neue Unterhandlungen würden notwendig sein. Machiavelli wußte dies. Er war zufrieden, auch wenn er nach Florenz und in den Palazzo Vecchio heimkehren mußte wie jemand, dessen Dienste man nur vorübergehend benötigt und den man nun wieder zurückstellt ins zweite Glied, wo er seinen Platz hat. Er war ein Diener des Staates. Solche Menschen tun ihre Pflicht – und manchmal mehr als das –, ohne sich großartigen Aufhebens schuldig zu machen.

8. KAPITEL

Cesare Borgia oder: Das Vorbild

Im Jahre 1502 heiratet Niccolò Machiavelli eine gewisse Marietta, mit der er sechs Kinder haben und an die er im Verlauf seiner vielen Abwesenheiten gelegentlich zärtliche Briefe richten wird. Er kann sich jetzt als nicht gerade üppig besoldeter, jedoch auskömmlich honorierter Staatsdiener Hausstand und Ehe leisten. Der eher bescheidenen Mitgift, die Marietta einbringt, hätte es wahrscheinlich kaum bedurft, um diesen entscheidenden Schritt auch materiell abzusichern. Machiavelli wird sich ein Leben lang der anerzogenen, selbstverständlich gewordenen Sparsamkeit nicht zu entwöhnen vermögen. Er kann sich nach der Decke strecken. Er wird stets zu wenig Geld haben, und das nicht nur nach seinem persönlichen Dafürhalten. Er wird es zu bescheidenem Wohlstand bringen, ohne die beständige Drohung, zu verarmen, gänzlich abschütteln zu können. Was seine Frau angeht, so mögen wir annehmen, daß er ihr aufrichtig zugetan ist. Das wird ihn nicht daran hindern, sie manchmal zu betrügen. Er hat sich, wie man wohl vermuten darf, frühzeitig daran gewöhnt, dem anderen Geschlecht auf eine Weise zu begegnen, derer sich jemand bedient, der die natürlichsten Empfindungen nicht unterdrücken will. Machiavelli, der sich als Diplomat, als Politiker in der Kunst der vollkommenen Verstellung übt, erlaubt sich im Umgang mit Frauen mitunter eine gewisse Unbeherrschtheit. Er findet nichts Anstößiges oder Unehrenhaftes daran. Er würde, hätte er sich in dieser Hinsicht zu verteidigen, mit Recht darauf verweisen dürfen, ein Geschöpf seines Zeitalters zu sein. Und diesem Zeitalter war sinnliche Spontaneität keinesfalls fremd.

Im Jahre 1502, und zwar am 1. November, wurde Piero Soderini – den man einen parteilosen Mann nennen könnte, einen Demokraten mit vornehmer Gesinnung und einer Neigung für moralische Auftritte – zum Gonfalonier auf Lebenszeit gewählt. Seine Ernennung war das unmittelbare Ergebnis einer Situation, wie sie für Florenz verzweifelter kaum hätte sein können. Die Staatskasse war durch den Krieg gegen Pisa und die Subsidien an Ludwig XII. so gut wie erschöpft. Cesare Borgia bedeutete eine permanente Gefahr für die Stadt, gegen die man sich im Augenblick nur durch halbherziges Taktieren zu wehren vermochte. Das politische Leben in der Republik wurde von zahlreichen Parteien eher unrühmlich geprägt. Der »Große Rat« der Stadt zeigte sich als unfähig, der Probleme Herr zu werden. Und im Hintergrund bereiteten die verbannten Medici ihre Rückkehr in die Stadt vor. Deshalb einigte man sich nach langem Zögern auf einen Vorsitzenden, in welchem man das Idealbild eines besonnenen, ehrbaren Mannes mit etwas Vermögen und grundvernünftigen politischen Ansichten zu erkennen glaubte; und von dem man andererseits nicht vermutete, daß er stark und fähig genug sein würde, als Diktator aufzutreten.

Im Jahre 1502 also tritt Niccolò Machiavelli erstmals Cesare Borgia persönlich gegenüber. Machiavelli ist zu diesem Zeitpunkt dreiunddreißig Jahre alt, Cesare siebenundzwanzig. Dessen Mutter, eine gewisse Vanozza, nannten Zeitgenossen und Biographen eine Kurtisane und Schlimmeres. Tatsächlich war sie niederen Standes, von bemerkenswerter Schönheit und manchen Männern eine angenehme Geliebte, bis sie Cesares Vater, dem nachmaligen Papst Alexander VI., begegnete, den sie hinlänglich bewunderte und auch fürchtete, um ihm vorübergehend treu zu sein. Tommaso Tommasi, einer der ersten Chronisten der Borgia, beschreibt ausführlich ihre Kunst, »nach Kurtisanenart jeden zu beherrschen, der ihr gefiel«; und daß ihre sexuelle Leidenschaft unersättlich gewesen sei; »doch daß sie Bildung besaß und zu bezaubern verstand«. Andere Autoren haben versucht, der Mutter Cesares Gerechtigkeit widerfahren zu lassen. Es geschah freilich immer nur halben Herzens. Anscheinend verzieh man Vanozza nicht, daß sie dem Kardinal und späterem Papst Alexander für eine gewisse Zeit eine aufrichtig ergebene Geliebte gewesen war.

Beeinflußt eine solche Mutter den Charakter eines Sohnes? Tommaso Tommasi erinnerte daran, daß Cesare aus einer »abscheulichen Giftsaat aufgegangen« sei, was man angesichts der allgemeinen Verhältnisse als leicht übertrieben bezeichnen könnte. Immerhin war Vanozza, als sie im September 1475 Cesare zur Welt brachte, irgendwo in der näheren Umgebung Roms und in jener schicklichen Abgeschiedenheit, die der Geliebten eines mächtigen Kardinals wohl anstand. Immerhin war sie zu diesem Zeitpunkt mit Domenico Giannozzo da Rignano vermählt, einem willfährigen Charakter, der in irgendwelchen unbedeutenden geschäftlichen Angelegenheiten zugunsten der Kirche häufig unterwegs war. Vanozza selbst war übrigens keine Römerin, sondern stammte aus der Gegend von Brescia; ihr Vater soll Maler gewesen sein. Vorstellbar ist, daß er der besseren Verdienstmöglichkeiten wegen nach Rom gezogen war. Später, nach dem Tod ihres unbedeutenden Ehemannes und nachdem ihre Liaison mit dem Papst, dem sie immerhin vier Kinder geschenkt hatte, beendet war, wird sie den ehemaligen Sekretär eines anderen Papstes – nämlich Sixtus' IV. – heiraten, einen gebürtigen Mailänder. Eine weitere Ehe Vanozzas, die das eigenartige Glück hatte, stets rechtzeitig Witwe geworden zu sein, ist mit einem Gelehrten aus Mantua verbürgt, welcher einige Zeit Sekretär des damals einflußreichen Kardinals Gonzaga gewesen war.

Wesentlich interessanter an der Biographie Vanozzas aber ist der Umstand, daß es diese Frau mit kluger Beharrlichkeit und einem ausgeprägten Geschäftssinn verstanden hat, Vermögen anzusammeln. Sie wird Eigentümerin von mindestens drei Pilgerherbergen in Rom; es gehören ihr mehrere Wohnhäuser, zu denen noch Grundbesitz in der Romagna dazukommt. Als sie den Gelehrten aus Mantua heiratet, kann sie ihm bereits rund tausend Goldstücke und ein Amt in der Kurie als schöne Mitgift einbringen.

Eine solche Frau mag man sich nicht vorstellen als derbe Kurtisane, die nach übler Dirnenart ihr Leben verschleudert. Und wenn geschrieben wird, daß Cesare ohne jeden moralischen Zwang aufgewachsen sei, so sollte man auch solcher Aussage mit einiger Skepsis begegnen. »Nichts hemmte dies ungemein reich angelegte, impulsive und spontane Naturell, dem Schüchternheit, Furchtgefühle und Zaudern völlig fremd waren, in seiner Entfaltung«, heißt es beispielsweise bei Marcel Brion. Und weiter: »Weder seine Erbfaktoren noch seine Erziehung haben ihn zu dem gemacht, was er war ...« Dem muß man entgegenhalten, daß Cesares Erziehung schon in dessen früher Kindheit begonnen hatte; daß er als Zehn- oder Zwölfjähriger fähig war, sich im Spanischen, Italienischen,

Lateinischen, Französischen und Griechischen geläufig auszudrük-
ken; und zwar in Wort und Schrift. Es sorgte sein Vater nachweis-
bar für die besten Lehrer. Wir sollten uns Vanozza als umsichtige,
die Bildung ihrer Kinder streng im Aug' habende Mutter vorstellen.
Und Cesare lernte gehorsam und leicht. Geschichte wurde ihm aus
den Werken eines Tacitus, Livius, Thukydides und Herodot vertraut gemacht; den Umgang mit Poesie begriff er am Beispiel eines
Ovid, Horaz und Vergil. Cesare war hochbegabt. Seine Begabungen wurden überdies zielstrebig gefördert.

Es kann also die weitverbreitete Meinung, er sei nichts anderes
als ein Condottiere gewesen, ein Abenteurer ohne geistige Interessen, Bastard eines Papstes, der ein Wüstling war, so daß er,
Cesare, selber zum Wüstling wurde, nur ein bösartiges und dum-
mes Gerücht sein. 1489 begann der damals Vierzehnjährige jedenfalls mit dem Studium an der Universität, zuerst in Perugia, später
in Pisa.

Cesare war also alles andere als ein Ungeheuer. Und früh schon
mag sich auch in ihm jene Idee festgesetzt haben, der vor ihm ein
Petrarca und zu seiner Zeit Machiavelli selbst leidenschaftlich
Ausdruck gegeben haben. »Es ist Zeit, daß Italien endlich erlebt,
wie seine Ketten zerreißen«, wird der Segretario aus Florenz formulieren, was in vielen Köpfen und Herzen aufrechter Patrioten als
dumpf erahntes, sehnsuchtsvoll herbeigewünschtes Programm
umging. Cesare war Sohn einer Frau, die aus ihrer Neigung für
Männer kein Hehl gemacht hat, und Erbe eines Vaters, dessen
wahrer Begabung die Historiographie vielleicht manches schuldig
geblieben ist, der durch den Zufall seiner Herkunft, aber auch
durch das Vorhandensein außerordentlicher Talente vielleicht
mehr und stärker als jeder andere Charakter seines Zeitalters die
Zerrissenheit und politische Ohnmacht Italiens begriffen hat. Dieser Cesare würde mit ungewöhnlicher Entschlossenheit alles daran-
setzen, sich jene Macht zu erobern, um den uralten Traum von der
Einheit seines Vaterlandes verwirklichen zu können.

Ein solcher Mann ist nicht bloß ein habgieriger Abenteurer. Und
ganz gewiß kein Ungeheuer. Ein solcher Mann empfängt den Lohn
der Unsterblichkeit, wenn ihm das Schicksal günstig ist.

Im Herbst 1491, nach zwei Studienjahren in Perugia, in denen er
sich nicht nur akademischen Übungen, sondern auch dem Studium

der Wirklichkeit widmete, erhält Cesare ein Dekret, das ihn zum designierten Bischof von Pamplona erklärt. Sein Vater ist ein geschickter Arrangeur einer möglichen zukünftigen geistlichen Karriere seines Sohnes. Ein Bischofsamt bringt Ehre, politischen Einfluß und respektable Einkünfte. Cesare geht nun nach Pisa, dort bei Filippo Decio, dem berühmtesten Rechtsgelehrten seiner Zeit, die Rechte zu studieren, was einem Mann der Kirche, der Einfluß gewinnen will, nur nützen kann. Dann jedoch, wohl erkennend, wo die wahre Begabung seines Sohnes liegt, entbindet der Papst Cesare von seinem Gelübde und stellt die Weichen in jene Richtung, die der ehrgeizige Sohn deutlich anstrebt. Er schickt ihn nach Frankreich, dessen König Ludwig XII. der römischen Kirche und dem Papst zu hohem Dank verpflichtet ist: Man hat seine Ehe, die ihm lästig geworden ist, annulliert und ihm somit die Vermählung mit der begehrten Anne de Bretagne ermöglicht. Politik, die den Gang der Geschichte bestimmt, findet manchmal auf merkwürdigen Nebenschauplätzen statt.

Cesare aber, freudig erwarteter Überbringer der päpstlichen Bulle, die dem privaten Glück des französischen Königs dient, erhält einen Orden und den Titel eines Herzogs dazu. Und, was vielleicht noch wichtiger ist, die Zusicherung französischer Bündnistreue, die sich in Söldnern ausdrückt, in einer kleinen, schlagkräftigen Armee, mit der man durchaus das erreichen kann, was einem Mann wie Cesare am wichtigsten ist: die Eroberung eines Fürstentums, das Erlangen von Macht, die Umsetzung einer Idee in politische Realität. Wer erleben will, daß Italiens Ketten endlich zerreißen, muß sich zuvor jene Stärke aneignen, die nötig ist, um die Ketten auch wirklich sprengen zu können.

Der Herzog von Valence, wie Cesares neuer Titel nun lautete, vereinigte bald auch die Würden eines Bannerträgers der Kirche und Oberbefehlshabers der päpstlichen Streitkräfte auf sich. Er eroberte die Romagna, verjagte den Herzog von Montefeltro aus dessen Fürstentum Urbino, griff Perugia an, attackierte Bologna und ließ keinen Zweifel daran, daß dies alles erste Schritte waren, die ihn hinführen sollten zum ersehnten großen Ziel: die Herrschaft über Italien.

Florenz mußte angesichts einer solchen Entwicklung reagieren. Allein schon der Angriff Cesares auf Bologna berührte vitale Interessen der Republik. Dazu kamen Unruhen in Arezzo und im Chianatal, also in Gebieten, die Florenz unmittelbar unterstanden und wo jetzt Cesares Agitatoren die Rebellion vorbereiteten. Dazu kam aber auch Cesares augenscheinliche, der Signoria gegenüber unverhüllt zum Ausdruck gebrachte Verachtung: »Cesare Borgia hält nichts von Florenz, wie er denn von keinem demokratisch regierten Staat etwas hält. Er blickt mit Verachtung auf diese Bankherren, diese wucherischen Emporkömmlinge, auf diese Woll- und Seidenhändler, die sich einbilden, Staatsmänner zu sein. Zwischen Cesare und Florenz steht etwas Unversöhnliches, schon allein deshalb, weil Florenz die Dinge stabil und unverändert zu erhalten bestrebt ist, Cesare aber ganz Italien aus seiner Form brechen und neu gestalten möchte, dann auch deshalb, weil diese Volksregierung seinen Aufstieg hemmt und sich anmaßt, ihm, dem Fürsten, Vorschriften machen zu wollen« (M. Brion).

Cesare hatte den Florentinern schon zuviel angetan, als daß diese noch länger ungerührt auf ihrer Linie der kalten Vernunft und nachgiebigen Diplomatie beharren konnten. Allein sein Husarenstück, den Apennin und die Grenzen der Republik zu überschreiten, um sich dann vor den Mauern der Stadt und in Florenz selbst wie ein großmütiger Eroberer aufzuführen, der sein Opfer nicht vollends vernichtet, sondern mit ihm sogar in Unterhandlungen eintritt, rechtfertigt die Verachtung, die der Borgia Florenz gegenüber empfindet. Er macht zudem Cesare zum gutbezahlten Feldhauptmann der von ihm gedemütigten Florentiner und diesen deutlich, daß sie diesen Mann zu fürchten haben werden.

Damals schon hat Machiavelli, der Cesare pflichtgemäß bekämpfen muß, diesen erstaunlichen Mann insgeheim bewundert. Und dem bald nach diesen Ereignissen zum lebenslangen Gonfalonier von Florenz ernannten Piero Soderini, der den schandbaren Vertrag mit Cesare gleich anderen florentinischen Politikern unterzeichnete, wird Machiavelli später einmal einen Nachruf widmen, der wenig schmeichelhaft ist.

Unmißverständlich hingegen ist Machiavellis Meinung über Cesare Borgia. Er bewundert den Mann, den er mit der ganzen Geschicklichkeit seines Talentes in die Schranken zu weisen versuchen muß. Er bringt ihm, den er offiziell hassen sollte, Verehrung entgegen. Er identifiziert sich beinahe rückhaltlos mit jener Art von

Politik, die Cesare Borgia praktiziert und die er unter allen Umständen verhindern muß. Denn Cesare verhält sich als Politiker, als Fürst so, wie es Machiavelli als Ideal begreift. Dazu gehört, daß Untertanen ihren Gebietern Liebe entgegenbringen müssen, ohne jedoch frei von Furcht zu sein. »Es ist die Frage, was besser sei«, schreibt Machiavelli, »mehr geliebt als gefürchtet oder mehr gefürchtet denn geliebt zu sein. Ich glaube, daß beides nötig ist. Da es aber nicht leichtfallen dürfte, beides zu vereinigen, und man vielmehr bei mancher Maßnahme sich auf eines von beiden beschränken muß, halte ich die Furcht des Volkes für sicherer als seine Liebe.« Und der Schlüsselsatz dieser Überlegungen lautet unmißverständlich: »Im allgemeinen gehorchen die Menschen eher einem gefürchteten Manne als einem, den sie lieben.«

Es ist eine seltsame Übereinstimmung in beider Gefühlen. Sie verachten Florenz, wenn auch aus unterschiedlichen Gründen. Der eine, weil er gewinnsüchtige Pfeffersäcke verabscheut und jede demokratische Ordnung als gefährlich für die eigenen Pläne begreift; der andere, weil er den Kniefall seiner Vaterstadt im Augenblick der Gefahr vor dem bewunderten Cesare Borgia niemals gutheißen kann. Beide träumen davon, Italiens Unglück zu beenden, die Unzahl seiner Fürstentümer, Republiken, Kleinstaaten aufzulösen und einzubinden in ein größeres, machtvolles Ganzes. Beiden scheint es auch erreichbar, die fremden Heerführer davonzujagen, die das Land ausbeuten und immer neue Zwietracht unter den Menschen säen.

Die Absichten beider Männer haben ein ähnliches Ziel. Die Träume beider kommen aus demselben Untergrund. Die Vorstellungen beider von Politik decken einander ab, ergänzen einander, überschneiden sich in den wesentlichen Punkten. Aber beiden legen die Umstände es auf, Gegner zu sein: Machiavellis Tun und Trachten muß sich darauf konzentrieren, den gefährlichen Feind der Republik, Cesare Borgia, auf eine Weise zu bekämpfen, die dessen Zorn nicht herausfordert und ihn doch abbringt von seinen Absichten, die Florenz in dessen Existenz bedrohen.

Die Frage ist nur, ob Machiavelli seiner Aufgabe ohne jede Einschränkung nachkommen wird, wenn er ihm, den er jetzt schon respektiert, persönlich gegenübertritt. Und ob sein politischer

Instinkt sich der Pflicht unterordnen wird, die ein Beamter bedingungslos zu erfüllen hat.

Er ist diesmal, da man ihn nach Urbino schickt, der vorläufigen Residenz des Cesare Borgia, mit verhältnismäßig weitreichender Vollmacht ausgestattet. Diese Vollmacht beschränkt sich allerdings auf bestehende Verhältnisse. »Sollte der Herzog dich vor irgendeine Alternative stellen, so sage, daß du uns schreiben und unsere Antwort abwarten mußt«, schärft die Signoria dem Segretario ein. Im übrigen wird ihm aufgetragen, was ihm ohnedies selbstverständlich ist. Man befinde sich mit allen im besten Einvernehmen, was Florenz für den Fall auszunützen gedenke, daß man sich mit Cesare nicht gütlich einigen könne. Dem Papst wie dem König von Frankreich sei man unverbrüchlich verbunden. Mit den benachbarten Ländern wünsche man wie bisher in Frieden zu leben. Aber jene Sache im Chianatal, jene Geschichte von Arezzo, jene von fremder Hand angezettelten Rebellionen richteten sich auf solche Weise gegen die Interessen der Republik, daß darüber mit Cesare Borgia ernsthaft zu unterhandeln sei. »Du bist genügend unterrichtet, alles vorzuschreiben braucht man dir nicht«, heißt es in dem Dokument, das Machiavellis Auftrag erklärt.

Das ist er in der Tat. Wahrscheinlich genauer und besser als die Herren in der Regierung, die an der Politik nur interessiert, welche Auswirkung sie auf getane Investitionen, auf das Steigen oder Fallen der Zinsen hat. Es ist Machiavelli, der damals schon – im Frühjahr 1502, als Cesare Borgia den Kriegswillen der Pisaner schürt, mit der Wiedereinsetzung der Medici droht und florentinisches Gebiet besetzen läßt – erstmals die Idee einer vaterländischen Miliz ins Spiel bringt. Was von angeworbenen Söldnern zu halten ist, haben die bisher wenig erfolgreichen Feldzüge gegen Pisa bewiesen. Daß die französischen Hilfstruppen entweder nicht verfügbar oder launenhaft, unzuverlässig sind, war auch den florentinischen Bankherren inzwischen schmerzhaft zu Bewußtsein gekommen. Es war zwar ein neues Heer aus Frankreich in Italien unterwegs. Aber dessen Ziel war Neapel, das Ludwig XII. nun endlich zu erobern gedachte. Was war daher naheliegender, als sich der eigenen Möglichkeiten zu entsinnen? Und aus kampfeswilligen, patriotischen jungen Männern eine Armee zu rüsten, die nicht für Sold und das Anrecht auf Beute zu kämpfen bereit war, sondern zugunsten des eigenen Vaterlandes, also der Republik? Machiavelli ahnte, daß die Zukunft des Kriegswesens nicht durch die Söldnerheere, wie sie seit dem Mittelalter Italien beherrschten, sondern durch Volksarmeen bestimmt werden würde. Warum sollte Florenz, das auf so vielen Gebieten führend gewesen war, nicht auch hier bahnbrechend wirken?

Er ist genügend unterrichtet. Er weiß nur zu genau, wem er am 24. Juni 1502 in der ersten Audienz zu Urbino gegenübertreten wird. »Dieser Mann«, schreibt er später über Cesare Borgia, »ist so kühn, daß ihm auch ganz große Dinge klein erscheinen. In seiner Begierde nach Ruhm und nach einem Staat kennt er weder Mühe noch Gefahr. Er kommt immer früher an, als man seine Abreise erfahren kann. Seine Soldaten lieben ihn. Er hat sich die besten Leute aus Italien ausgesucht. Und außerdem ist das Glück immer auf seiner Seite.« Wer so in einem offiziellen Bericht an den eigenen Auftraggeber über seinen Gegner urteilt, bewundert ihn. Und weiß zugleich um dessen Gefährlichkeit bestens Bescheid.

Begleitet wird Machiavelli übrigens von Francesco Soderini, dem ehrbaren, jedoch eher unbedeutenden Bischof von Volterra. Dessen Ansehen soll ihn, den Beamten, gleichsam moralisch unterstützen. In Wahrheit wird es sich dann so verhalten, daß Machiavelli den Kirchenmann nachsichtig neben sich duldet. Jetzt, da er in das Duell mit Cesare Borgia eintritt, ist niemand mehr imstande, sich neben ihm zu behaupten. Machiavelli hat seine Lehrzeit hinter sich. Wo er nun auftritt und agitiert, herrscht ein anderes Klima als in Forlì oder Frankreich. Die Luft wird dünn, wenn man eine absolute Höhe erreicht.

Also Urbino. Am 24. Juni 1502 erreichen die beiden Abgesandten der Republik die Stadt, die Cesare Borgia erst wenige Tage zuvor, am 21. Juni, betreten hat. Denn das fügt sich ja auch in das Bild, das sich Italien von diesem jungen Mann machen soll, daß er Guidobaldo, den Herzog von Urbino, der gerade noch sein Verbündeter gewesen war, jetzt wie einen furchtsamen Hasen jagte, ihn mit Zangenbewegungen einschnürte, indem er über die Via Flaminia Truppen sowohl aus dem Süden als auch von der Küste heranführte. Zusätzlich überfiel er den ratlosen oder sogar verzweifelten Herzog mit Forderungen, die dieser nicht erfüllen konnte, bis er Hals über Kopf seine Hauptstadt, sein Herzogtum verließ und nordwärts bis nach Mantua floh, lange Zeit verfolgt von den Häschern Cesares. Dieser ritt jedenfalls am Morgen des 21. Juni, nur wenige Stunden nach des Herzogs von Montefeltro überstürztem Abgang, in Urbino ein, triumphierend, wie die Chronisten berichten, und nicht im mindesten beeindruckt vom Umstand, daß er wenig moralisch gehandelt hatte, daß er ein befreundetes Land überfallen und dessen Herrscher um sein Eigentum gebracht hatte. Denn es war weder zu einer Kriegserklärung gekommen, noch hatte es irgendeine begründete Ursache für einen solchen Überfall gegeben. Später würde Cesare verlauten lassen, er habe Beweise gefunden für einen geplanten Verrat Guidobaldos. Niemand würde diesen Vorwürfen Glauben schenken. Aber auch niemand würde es wagen, dem Papstsohn daraus einen Vorwurf zu machen. Machiavelli wird später bewundernd von der Klugheit Cesares schreiben, welche die Art und Weise seines Sieges begründet habe, wird von durchaus angebrachter Kriegslist und von notwendiger Schnelligkeit des Handelns sprechen. Und auch das ungewöhnliche Glück nicht zu erwähnen vergessen, das es Cesare ermöglicht hatte, diesen Handstreich gegen Urbino erfolgreich durchzuführen.

Drei Tage später erreichen die florentinischen Gesandten Urbino. Gegen zehn Uhr abends werden sie von Cesare Borgia im herzoglichen Palast empfangen, der nun seltsam leer, entvölkert und doch, entgegen der ursprünglichen Bestimmung seiner anmutigen Architektur, wie eine streng verschlossene, gut bewachte Burg anmutet. Das ist nicht mehr das Schloß eines kunstliebenden Fürsten, sondern die Kommandozentrale eines jungen Usurpators. Auch Urbino selbst, ein heiteres Städtchen inmitten idyllischer Landschaft, umkreist von dichtbewachsenen Hügeln, eingebettet in eine fruchtbare Natur, ist jetzt von einer sonderbaren Atmosphäre erfüllt. Furcht liegt über der unbewohnt wirkenden Stadt. Die Söldner des Borgia beherrschen das Bild. Vor dem Schloß ist das Heerlager errichtet. Hier lärmt es auf diese zu grelle, zu laute Weise, die in einem bedrohlichen Gegensatz steht zum düsteren Schweigen in den darunterliegenden Stadtvierteln.

Machiavelli und der Bischof von Volterra, nur mit geringer Begleitung nach Urbino gekommen – die Signoria legt Wert auf Sparsamkeit auch bei wichtigen Gesandtschaften –, werden sich um solche Eindrücke kaum gekümmert haben. Sie sind gewiß begierig, Cesare, den jetzt schon die Legende begleitet, persönlich kennenzulernen. Die späte Abendstunde, zu welcher er sie empfängt, irritiert die beiden Herren aus Florenz nicht. Das ist nicht ungewöhnlich in einem Land, in welchem die Hitze des Tages kluger Diplomatie eher hinderlich ist. Den Gerüchten, daß Cesare Gesandte immer erst nachts empfange, wenn das flackernde Kerzenlicht die häßlichen Pusteln auf seinem Gesicht, angeblich Zeichen der Lustseuche, gnädig verwische, messen sie keinen Wert bei. Wer in politischen Geschäften unterwegs ist, hat anderes zu tun, als sich über die Eitelkeit eines wichtigen Gegenübers Gedanken zu machen. Machiavelli freilich achtet auf alles. Könnte jemand, der sein Gesicht nur von spärlichem Kerzenlicht bescheinen läßt, nicht sein Mienenspiel verbergen wollen?

An dieser Stelle sollte man innehalten. Ahnt Machiavelli, daß er nun dem Manne begegnet, den er mehr bewundern wird als jeden anderen Zeitgenossen? Klopfenden Herzens habe er Cesare an jenem Abend im Juni 1502 betrachtet, schreiben die Biographen mehr oder minder übereinstimmend und geben zu erkennen, daß sie sich des Schicksalhaften wohl bewußt wären, das man in einer solchen Zusammenkunft erkennen muß.

Aber ist derlei Mutmaßung nicht bloß literarischer Unfug? Machiavelli hat, wie das aus seinen Berichten an die Signoria, aus seinen Briefen und Notizen erkennbar wird, diesen Papstsohn als gefährlichen und tüchtigen Mann charakterisiert. Nicht mehr und nicht weniger. Kein Mythos ist ihm in diesem Zusammenhang in den Sinn gekommen. Cesare Borgia könnte, das hat Machiavelli vor allen anderen schon in Frankreich begriffen, der florentinischen Republik wie auch aller anderen italienischen Fürstentümer und Kleinstaaten unangenehmster Gegner sein; selbst Frankreich hätte manchen Grund, diesen Mann zu fürchten. Also muß, wer das Bestehende erhalten will, diesen Veränderer und Zerstörer rückhaltlos bekämpfen. Das war Machiavellis Strategie diesem jungen Eroberer gegenüber. Darin verbarg sich natürlich auch Bewunderung. Jene, die man respektvoll fürchten muß, kann man nicht gering einschätzen. Klopfenden Herzens braucht man ihnen deshalb nicht gegenüberzutreten.

Eine andere Sache ist es, ob und wann Machiavelli erstmals daran gedacht haben mag, in Cesare jenen starken Willen zu erkennen, von welchem man sich eine Einigung des unglücklichen Italien erwarten dürfe. Man darf auch die Situation nicht vergessen, in welcher Machiavelli sich zu jenem Zeitpunkt befindet. Er hat Karriere gemacht, ohne deshalb eine wirklich führende oder gar überragende Position einnehmen zu können. Er, das Produkt beengter Verhältnisse, ist diesen nicht so weit entkommen, um sie endgültig aus den Augen verlieren zu können. Was ihn auszeichnet, nährt, kleidet, ihm Dienerschaft und eine gewisse Bequemlichkeit erlaubt und ein respektables Auftreten, das der devoten Haltung gegenüber den vielen Vorgesetzten und Höhergestellten, die er über sich weiß, doch niemals entbehren darf, das verdankt er seiner Heimatstadt, Florenz. Und den gegenwärtigen politischen Zuständen, mit denen er vielleicht nicht immer – oder eigentlich fast nie – einverstanden ist, denen er aber Dank schuldet. Eine Veränderung dieser Zustände würde auch seine Stellung gefährden. Dazu kommt die selbstverständliche Loyalität, zu der ein Beamter wie er verpflichtet ist.

Dagegen anträumen darf man natürlich. Auch und gerade Machiavelli weiß um das politische Elend seines Vaterlandes. Jemand, der in den Schriften römischer Autoren eine größere Wirklichkeit sucht, als er ihr in der Gegenwart begegnen kann, darf und muß von der Wiedererrichtung des Imperiums träumen. Und nach jenem Imperator Ausschau halten, der diesen schönen Traum verwirklichen könnte.

Also vielleicht doch Unruhe in Machiavellis Herz, als er Cesare Borgia erstmals persönlich gegenübertritt? Kaum. Man mag es sich nicht vorstellen, daß dieser glatte, perfekte, undurchsichtige Charakter sozusagen außer sich gerät. Interessierte Wachsamkeit, das ja. Natürlich Neugier. Und gespannte Aufmerksamkeit. Ist das der Mann, der Italiens Schicksal entscheidend beeinflussen wird? Entsprechen die Gerüchte, die üblen wie die bewundernden, die man sich über Cesare erzählt, der Wahrheit? Liegt am Ende des Weges, den er eingeschlagen hat, jenes geeinte, stärkere Vaterland, von welchem die Patrioten träumen?

Das erste Gespräch an jenem Abend verläuft eher enttäuschend. Der Papstsohn ist liebenswürdig und kalt, höflich und uneinsichtig. Vor allem aber ist er ungemein geschickt. Zwei Tage später, am 26. Juni, schreibt Machiavelli einen Bericht an die Signoria, darin es unter anderem heißt: »Dieser Herr ist wahrhaft wunderbar und prächtig, und im Kriege gibt es kein noch so großes Unternehmen, das ihm nicht klein dünkte. Nach Ruhm und Ländern strebend, ruht er nie und kennt keine Müdigkeit und Gefahr. Er kommt an einem Orte an, bevor man noch erfährt, daß er einen anderen verlassen hat. Er ist beliebt bei seinen Soldaten und hat die besten Männer Italiens versammelt. All dies macht ihn unbesiegbar und furchtbar, vor allem, wenn sich beständiges Glück dazugesellt.«

Schreibt so einer, der das Herzklopfen nicht unterdrücken kann, wenn er dem gegenübertritt, dessen beständiges Glück er rühmt?

Was man von dieser ersten Unterredung zwischen den florentinischen Abgesandten und Cesare Borgia weiß, ist Hörensagen aus zweiter Hand. Cesare soll streng und hochmütig gewesen sein. Er soll davon gesprochen haben, daß er ausdrückliche Gewißheit darüber zu erhalten wünsche, wie sich Florenz ihm gegenüber zu verhalten beabsichtige. Er soll gesagt haben, daß ihm bewußt sei, wie wenig Florenz ihm freundlich gesinnt sei. Und daß er weder für die florentinische Regierung noch für deren Politik Verständnis aufbringen könne. Wörtlich soll er sich ausgedrückt haben, daß diese Regierung geändert gehöre; andernfalls würde man ihn als Feind kennenlernen.

Das ist eine starke Sprache. Manche Biographen verweisen nachdrücklich auf Cesares strahlende Laune, während er diese unmißverständlichen Drohungen ausstößt. Das Gesicht des braven Bischofs von Volterra, das Mienenspiel Machiavellis haben sie in diesem Zusammenhang zu porträtieren vergessen. Wir dürfen uns vorstellen, daß in beider Augen Unruhe aufkam. Immerhin ist ihnen mitgeteilt worden, daß Cesare eine Veränderung der politischen Situation in Florenz als wünschenswert ansieht. Und mehr noch. Sie müssen sich plötzlich als Komplizen einer Verschwörung gegen ihre eigene Herrschaft fühlen. »Diese Regierung gefällt mir nicht«, soll Cesare, dabei Wort für Wort bedrohlich akzentuierend, gesagt haben; und: »Ihr müßt sie ändern; sonst, wenn Ihr mich nicht zum Freunde wollt, werdet Ihr mich als Feind kennenlernen.«

Ist das Aufforderung zum Verrat? Oder nur ein erster Versuch, die beiden Gesandten einzuschüchtern?

Die Lage ist allerdings, wenn man sie mit florentinischen Augen betrachtet, mehr als unangenehm. Cesare scheint in der Tat entschlossen, sich durch nichts mehr aufhalten zu lassen. Seine Soldaten sind wohlgerüstet und zahlenmäßig den wenigen Söldnern, die noch im Dienst der florentinischen Republik stehen, bei weitem überlegen. Was Ludwig XII., Frankreichs König, angeht, so wird man seinen Beteuerungen, Florenz ein tatkräftiger Verbündeter zu sein, eher mißtrauen müssen. Die an ihn geleisteten Zahlungen sind keine wirkliche Garantie für seine Hilfe. Machiavelli, der sich nach dieser ersten Audienz umhört in Urbino, der seine Ohren überall hat und dessen forschendem Blick nichts entgeht, sammelt überzeugende Indizien für die wahre Macht des Borgia. Zwei Orsini, Abkömmlinge des berühmten römischen Geschlechts, die sich Cesare angeschlossen haben, vielleicht beeindruckt von dessen atemberaubender Utopie eines geeinten Italien, vielleicht aber auch nur geblendet von der Aussicht auf militärischen Ruhm und reiche Beute, geben Machiavelli jene Auskunft, die er braucht, um sich vollkommene Klarheit zu verschaffen. Ja, Cesare ist auf dem Weg nach Florenz. Ja, Cesare hat weiterreichende Pläne als bloß die Erhaltung des gerade erst eroberten Urbino. Ja, Cesare ist ein Adler, der Beute schlagen muß, wo er welche erspäht.

Und ist Florenz, sofern es sich gegen diesen Mann stellt, nicht in der Tat eine verlockende Beute?

Machiavelli bleibt diesmal nur wenige Tage in Urbino. Zwei Audienzen bei Cesare Borgia und zwei Briefe an die Signoria sind das – eher dürftige – Ergebnis. Ist es das wirklich? Machiavelli begreift, daß man mit diesem Mann auf die übliche Weise nicht verhandeln kann. Daß er sich allen Schablonen entzieht, die man sich angewöhnt, wenn man im diplomatischen Dienst unterwegs ist. Er sei kein Krämer, mit dem man nach Belieben handeln könne, soll Cesare anläßlich der zweiten Audienz zornig gesagt haben. Man wird diesen Ausspruch als wahr akzeptieren müssen. Machiavelli mag innerlich zugestimmt haben, als er ihn vernimmt. Endlich ein Charakter, mit dem die Klingen zu kreuzen sich lohnt. Endlich ein Mensch und nicht eine Maske. Endlich ein Wille und nicht nur angedeutetes Wollen.

Machiavelli hält sich nur wenige Tage in Urbino auf. Ende Juni schon kehrt er nach Florenz zurück. Zwei Audienzen bei Cesare. Die rasch und dennoch sorgfältig formulierten Berichte an die Signoria. Einige aufklärende Gespräche mit den Orsini, mit ande-

ren Hofleuten und Condottieri des Papstsohnes. Und die Erkenntnis, daß dieser zwar ein »ruchloser Charakter« ist, dem man aber
Bewunderung und Zuneigung nicht versagen kann. Machiavelli
macht sich keine Illusionen. Cesare ist gefährlich. Und unberechenbar. Und faszinierend. Dies mehr als alles andere. Er sei sehr einsam
und ganz unergründlich, notiert Machiavelli seine ersten Eindrücke
über den Borgia. Er wird dieses Urteil nicht revidieren müssen.

Jetzt reitet er zurück nach Florenz. Er muß seinen Vorgesetzten
Bericht erstatten. Diese Atempause mag ihm auch aus privaten
Gründen nicht unwillkommen erscheinen. Schließlich hat er eine
junge Frau, Marietta, die ihm später, wenn er wieder bei Cesare sein
wird, grollende Briefe schreiben wird, in denen Machiavelli unter
anderem lesen kann, »sie wolle nicht mehr an Gott glauben und
habe das Gefühl, alles dem Teufel in den Rachen geworfen zu
haben, Mitgift und Jungfernschaft«. Das ist eine deutliche Sprache.
Versteht Marietta unter diesem Teufel, der ihr den Mann entzieht,
Cesare Borgia? Sie wird noch oft Ursache haben, Sehnsucht nach
dem fernen Mann zu empfinden. Später werden ihr die Kinder, die
sie von Machiavelli empfängt, über manche Trennung hinweghel-
fen. Völlig einverstanden wird sie mit diesem Zustand nie sein. Sie
wird unter jeder Trennung leiden. Sie liebt ihren Mann.

Jetzt in Florenz, Sommer 1502, geschieht Unerhörtes. Am 26.
August wird bei der Signoria ein Antrag eingebracht, der nichts
anderes erreichen will als die Bestellung eines Gonfalonier auf
Lebenszeit. »Der legale Charakter des neuen Gonfalonier war von
dem des früheren nicht sehr verschieden. Er war das Haupt der
Signoria und nichts weiter. Doch konnte er in ihr immer die
Initiative zu Gesetzesvorschlägen ergreifen, dies war schon ein
Machtzuwachs. Dann gab ihm der Umstand, daß er auf Lebenszeit
gewählt war unter lauter Beamten, die sehr rasch wechselten, eine
neue Autorität und viel größere Macht« (R. König). Am 20.
September wird Piero Soderini in dieses höchste Amt der Republik
gewählt. Das bringt für Machiavelli manchen Vorteil. Er ist mit der
Familie stets auf gutem Fuß gestanden, hatte sich dem Bruder des
neuen Gonfalonier, dem unbedeutenden Bischof von Volterra, in
Urbino immerhin ungemein nützlich gemacht, ist auch jetzt –
sofern er überhaupt zu einer solchen Haltung fähig ist – ein
Parteigänger Soderinis. Jedenfalls wird er dessen Vertrauen gewin-

nen. Jedenfalls datiert seine Erhöhung zu einer Art Staatssekretär der Republik von jenem Augenblick an, da Piero Soderini die politischen Geschäfte übernimmt. Machiavelli kann zufrieden sein.

Ist er es wirklich? Der Mann, den er in Urbino kennengelernt hat, geht ihm nicht mehr aus dem Kopf. Wie soll er den Florentinern beibringen, daß sie sich, anstatt gegen Cesare Borgia Front zu beziehen, mit ihm verbinden müssen? Auf welche Art ist diesen nüchternen Bankleuten, Fabrikanten und Händlern eine Ahnung zu vermitteln von dem, was Cesare vollbringen könnte? Italien mehrheitlich geeint und Florenz an der Spitze dieses neuen Staates; die Franzosen aus dem Land, die Banden der Söldner aufgelöst, die habgierigen Condottieri überflüssig, die Unzahl der Grenzen und Interessen, die jetzt wie schwärende Wunden Italien bedecken und belasten, hinweggefegt. Und stets spielt Florenz, so mag sich Machiavelli selbst beruhigen, weil er den Mann, der die Republik bedroht, für bedeutsamer hält als seine Vaterstadt, weil er spürt, daß sich so etwas wie Verrat seiner Gedanken bemächtigt hat, daß die Phantasie seine skeptische Intelligenz zu beeinflussen beginnt, stets spielt Florenz, denkt Machiavelli und weiß, daß dies nur Wunschdenken bleiben wird, in diesem gewagten Szenario die wichtigste Rolle.

Alles ist in Bewegung. Auch im Lager Cesares kommt es zu Veränderungen. Seine Condottieri, allen voran die Brüder Orsini, haben sich dazu hinreißen lassen, Politik auf eigene Faust zu machen. Verschwörungen werden inszeniert, Intrigen beherrschen unversehens die politische Szene. Man nähert sich Florenz an, buhlt um die Freundschaft der immer noch mächtigen, nach wie vor reichen Republik. Wer Italien erobern oder zumindest ein eigenes Fürstentum gewinnen will, braucht einflußreiche Verbündete. Das haben auch Cesares Hauptleute begriffen, die wohl nicht vergeblich durch dessen politische Schule gegangen sind. Und so verbünden sich plötzlich die Orsini mit den Söhnen des Condottiere Bentivoglio und diese wiederum mit den Baglioni und noch mit einigen anderen zu einer Gemeinschaft, die vorerst nur dadurch zusammengehalten wird, daß man das, was Cesare Borgia will, selber begehrt.

Cesare nennt die Verschwörer einen »Landtag von Bankrotteuren«. Er verachtet sie, die in seinem Schatten groß zu werden versuchen und denen, indem sie sich am größeren Vorbild messen, der Kamm ungebührlich schwillt. Dennoch wird die Situation für ihn schwierig. Er, der sich jetzt Cesare Borgia von Frankreich nennt, von Gottes Gnaden Herzog von Valence und Urbino, auch Fürst von Andria, Herr über Piombino sowie natürlich Bannerträger und Generalfeldhauptmann der römischen Kirche, er muß behutsam vorgehen, vorsichtig sein und umsichtig, schlau wie ein Fuchs und trotzdem furchteinflößend, damit ihn jene nicht abweisen, deren Unterstützung er nun dringender als zuvor benötigt. Das ist vor allem Florenz. Alle schielen nach Florenz. Die Republik steht im Mittelpunkt der widerstreitendsten Interessen, denen freilich die unverhüllte Begehrlichkeit aller am schauerlichen Spiel Beteiligten gemeinsam ist.

Florenz muß reagieren. Die Signoria muß sich entscheiden, welche Karte sie ausspielen, welche Verbündeten sie sich leisten kann. Man muß abwägen, sondieren, sich ein Bild machen. Bewerber gibt es genügend. Aber wessen aufgezwungene Freundschaft verspricht den größten Gewinn? Wem nennt man zuerst die Bedingungen, die ein so heikles Bündnis rechtfertigen? Beginnen wird man mit jenem Mann, der nach wie vor am wichtigsten ist. Mit Cesare Borgia.

Die Chronologie der laufenden Ereignisse sieht nun so aus, daß Niccolò Machiavelli in den ersten Oktobertagen dieses Jahres 1502 neuerlich zu Cesare Borgia unterwegs ist. Im Auftrag der Signoria natürlich. Und diesmal allein. Jener brave Bischof von Volterra, Francesco Soderini, dessen Begleiter er bei der ersten Gesandtschaft in Urbino gewesen war, hat alles darangesetzt, um die Reise in die Höhle des Löwen nicht ein zweites Mal unternehmen zu müssen. So ist Machiavelli, ohne deshalb besorgt zu sein, völlig auf sich selbst und seine Fähigkeiten angewiesen. Niemand kann ihm Befehle erteilen, was freilich auch bedeutet, daß er sich im Falle einer Niederlage auf solche Befehle nicht ausreden kann. Ein Geleitschreiben der Signoria mit dem Datum vom 5. Oktober legitimiert ihn. Das ist alles. Es wird genügen.

Die Situation hat sich inzwischen weiter verschärft. Machiavelli, ausgesandt, um dem gefährlichsten Gegner der florentinischen Republik, Cesare Borgia, möglichst weitreichende Zugeständnisse abzuringen, ohne selbst viel mehr anbieten zu können als vage

Versprechungen, muß nun gleichsam auf zwei Ebenen agieren. Einmal, zu »ebener Erde«, wo das Handfeste angesiedelt ist, die Erfahrung oftmals bewährter Diplomatie, also das, was vornehmlich zwischen den Zeilen vernehmbar wird. Und dann in jenem Bereich, wo die Phantasie bis zur Zügellosigkeit oder bis zur Gestaltung von Utopien sich entfaltet. Machiavelli ist nun endgültig davon überzeugt, im Borgia jenen Charakter gefunden zu haben, den er als Vorbild oder eigentlich als politischen Führer akzeptieren kann. Florenz, so argumentiert er mit sich selbst, würde zweifellos gewinnen, wenn es sich mit Cesare zu arrangieren verstünde. Denn alles, was der Republik fehlt – Mut, Ausdauer, Kühnheit und das Glück des Tüchtigen –, könnte der Papstsohn einbringen. Und dazu jene Armee, welche die Signoria nicht imstande oder auch nicht willens ist, aufzustellen und kriegsmäßig auszurüsten. Gemeinsam wäre man unbesiegbar. Gemeinsam wäre man fähig, das Tor aufzustoßen, dahinter der schöne Traum von einem erstmals geeinten Italien sich verbirgt.

Aber zu »ebener Erde« sehen die Dinge anders aus. In Florenz, wo Machiavellis leidenschaftliche Berichte vielleicht nur deshalb nicht ärgerliches Kopfschütteln hervorrufen, weil er voll gutgespielter Demut immer wieder um Nachsicht für seine anmaßende Sprache bittet, in Florenz wägt man die verschiedenen Möglichkeiten, aus denen sich ein Bündnis mit Cesare Borgia konstruieren ließe, sehr behutsam und ungemein zeitaufwendig ab. Welche Garantien gibt es, daß man nicht selbst ein Opfer dieses ungestümen Condottiere wird? War dessen Stern nicht schon wieder im Sinken begriffen, da sich doch seine Feldhauptleute gegen ihn verbündet hatten? War es überhaupt noch notwendig, die Verhandlungen mit ihm, der von den Verschwörern so gut wie eingekreist war, über Gebühr auszudehnen? Und die Kosten? Und die Aussichten, diese Investitionen wieder hereinzubekommen?

Machiavelli, als Beamter zum Gehorsam verpflichtet und damit auch zur Wahrung materieller Interessen zugunsten der Republik, teilt als Realist die Befürchtungen der Signoria und tritt als phantasiebegabter Politiker, der Machbares und Unmögliches genau unterscheiden kann, für den Borgia ein. »Wenn man die Verhältnisse beider Teile betrachtet«, schreibt er, »so sieht man den Herzog als einen mutigen, glücklichen Mann, voll Hoffnung, unterstützt von einem Papste und einem König, und von den Verbündeten beleidigt, nicht nur in einem Staate, den er erobern wollte, sondern in einem, den er schon erobert hatte. Die Verbündeten sieht man fürchtend für ihre Staaten, ängstlich wegen seiner Macht, ehe sie ihn beleidigt hatten, und jetzt noch viel ängstlicher, seitdem sie ihm diese Beleidigung zugefügt. Man sieht nicht, wie er die Unbill verzeihen und sie die Furcht fahren lassen sollen.«

Das ist es, was Machiavelli wieder einmal vor allen anderen erkennt. Er durchschaut das Spiel, das hier inszeniert wird. Er bringt die Handlung und die darin enthaltenen Konflikte auf den wesentlichen Punkt. Es ist richtig, daß Cesares Situation im Augenblick wenig erfreulich anmutet. Die Orsini, Bentivoglio, Baglioni und alle die anderen, die seines Glücks ehrgeizige Neider sind, haben sich nicht nur von ihm getrennt, sondern könnten Cesares Ende bedeuten, fänden sie sich in einer Allianz wieder. Aber Machiavelli kennt den Borgia und hat auch die abtrünnigen Feldhauptleute hinlänglich kennengelernt, um alle Möglichkeiten richtig einzuschätzen. Die Verschwörer sind nichts weiter als mehr oder minder tüchtige Condottieri. Cesare hingegen ist ein Politiker; mehr noch: Er ist ein Staatsmann. Ein solcher Unterschied bewirkt unendlich viel. Die Lanzenreiter des französischen Königs haben sich von ihm getrennt, Ludwigs Unterstützung wurde sozusagen über Nacht und in einem Augenblick, da Cesare jeder Hilfe dringend bedürftig war, gleichsam kommentarlos eingestellt? Machiavelli schüttelt den Kopf und notiert: »Ich sagte ihm, ich hätte ihn immer zum Sieger gemacht, und wenn er meine Meinung, die ich in den ersten Tagen niedergeschrieben, jetzt lesen würde, so würde er sie für eine Prophezeiung halten. Als ich ihm unter den anderen Gründen, die mich zu dieser Meinung bewegt hatten, auch den anführte, daß er allein sei und mit mehreren zu tun habe, und daß es für ihn leicht sei, solche Ketten zu sprengen, antwortete er, er habe sie in der Tat gesprengt ...«

Was für ein prachtvolles, erregendes Spiel das doch ist, das Machiavelli und Cesare nun betreiben und als einen Genuß betrachten, der alles andere, was das Leben einem ehrgeizigen und klugen Mann zu schenken vermag, bei weitem übertrifft! Sie sind fast so etwas wie Freunde geworden. Sie sind einander nahegekommen auf eine Weise, welche einer gewissen Zuneigung nicht entbehrt. Der eine will die Macht um jeden Preis. Dem anderen ist die Theorie von der Erlangung der Macht und deren Nutzen zugunsten einer besseren Politik wohlvertraut. Und beide empfinden das, was harte Anstrengung ist, was mit Rücksichtslosigkeit, Perfidie und Grausamkeit zu tun hat, was über das Schicksal von Menschen und Fürstentümern entscheidet, und dem unter anderem auch ein Zynismus innewohnt, der sensiblere Naturen vor aller Politik zurückschrecken läßt. Beide empfinden das auch als eine besondere Art der Unterhaltung, als Komödie vielleicht, auch als Farce mit bitterem Hintergrund, als Frivolität, welcher tragische Momente nicht fehlen.

In den Berichten Machiavellis an die Signoria ist davon allerdings nur wenig zu spüren. Oder vielleicht doch? Von unmißverständlichen Beweisen der Freundschaft ist da die Rede, welche Cesare der Republik zu geben wünsche. Von seinem aufrichtigen Wunsch, sich als treuer Verbündeter der Signoria und deren Interessen fühlen zu dürfen. Von der Sanftmut, derer Cesare durchaus fähig sei, die er auch im Umgang mit den Verschwörern beweise, denen er großmütig die Torheiten zu verzeihen beabsichtige, die sie sich ihm gegenüber hätten zuschulden kommen lassen. Und von der Notwendigkeit, sich dieser Sanftmut dann zu entledigen, wenn die politischen Interessen es erfordern.

In Florenz liest man das alles und runzelt die Stirn. Weniger aus Mißtrauen als vielmehr aus Gründen angeborener, altgewohnter Vorsicht. Was hat das alles zu bedeuten? Ist Cesare wirklich bereit, innezuhalten auf seinem blutig gekennzeichneten Weg? Ist es vorstellbar, den Papstsohn und damit wohl auch dessen Vater, den Pontifex zu Rom, für sich zu gewinnen? Und jene, die von Cesare abgefallen sind und jetzt plötzlich doch wieder für ihn kämpfen, ihm – oder vielleicht für sich selbst? – Sinigaglia erobern, diese kleine Stadt drüben an der Adria, eher unbedeutend und keiner Macht von sonderlichem Nutzen, aber nun, da sie in den Mittelpunkt des allgemeinen Interesses rückt, doch an politischer Bedeutung gewinnend. Und jene, die man eigentlich nicht aus den Augen verlieren wollte, weil sie und ihre Söldner brauchbar sein könnten für gewisse Pläne: Wie soll man das alles tatsächlich beurteilen, da die ehrgeizigen Condottieri nun wieder zu Kreuze kriechen und Cesare als ihren Führer feiern? Sind sie noch bedeutsam? Oder muß sich das Interesse wieder ausschließlich auf den Herzog konzentrieren?

Man schreibt Dezember 1502. Länger als zwei Monate schon hält sich Machiavelli bei Cesare Borgia auf, ist mit ihm unterwegs, verbringt viele Stunden der angeregtesten Diskussion mit dem Ehrgeizigen, oft Undurchsichtigen, manchmal Liebenswürdigen, den er, ohne sich über die Einschränkungen Illusionen zu machen, durchschaut wie kein anderer, dem er vertraut, ohne die eigene Position aufzugeben. Er bewundert ihn; allerdings nicht auf diese stürmische, rückhaltlose Art, mit der ein schwärmerischer Geist der Bewunderung fähig ist, sondern stets kühl beobachtend, scharf abwägend und bei allem Einverständnis mit Cesares Plänen auch immer distanziert. Machiavelli ist kein Charakter, der rasch Feuer fängt. Er ist Rationalist. Er verbietet sich selbst jede Illusion. Daß dennoch Bewunderung oder Respekt möglich ist, hängt mit den fast gleichgestimmten Idealen zusammen, die beide haben. Zwei Monate und länger beeinflußt der eine den anderen, lernt jener von diesem, was Politik in Wahrheit sein und was sie bewirken könne. Beinahe täglich sehen sie einander, tauschen sie Erfahrungen aus, diskutieren sie Mögliches und Machbares. Derlei hinterläßt Spuren. Und stellt Weichen für die Zukunft. Nun fordert Cesare den florentinischen Abgesandten sogar auf, ihn nach Sinigaglia zu begleiten, das gerade erst von den Condottieri – die sich zuerst gegen ihn gestellt hatten und nun allem Anschein nach wieder gemeinsame Sache mit ihm zu machen wünschen – belagert, eingenommen und geplündert worden ist. Was wird geschehen? Allgemein rechnet man damit, daß Cesare den Abtrünnigen zum schönen Erfolg gratulieren, sie mit Handschlag und Umarmung begrüßen und ihnen verzeihen werde. Es ist alles bloß ein Spiel. In einem Spiel rollen keine Köpfe.

Machiavelli, den Herzog gehorsam begleitend, gibt sich keiner Täuschung hin. Einen Borgia hintergeht man nicht ungestraft. Außerdem ist die Lage noch lange nicht bereinigt. Hat er nicht miterlebt, wie Cesare geduldig und besonnen selbst in den Augenblicken der scheinbaren Niederlage die Fäden gesponnen hat, daraus er nun das Netz knüpfen kann, darin sich die Opfer fangen sollen? Hat er nicht Einblick gewonnen in die intimsten Pläne des Herzogs? Und dessen Charakter, soweit das überhaupt möglich ist, kennengelernt?

Also unterwegs nach Sinigaglia. Ist es nicht so, daß Cesare die Condottieri höflich aufgefordert hat, die kleine Stadt gemeinsam mit ihm zu erobern? Und daß die Feldhauptleute zuerst zögerten, zuerst eine Falle hinter dieser plötzlichen Liebenswürdigkeit vermuteten? Aber dann siegte doch ihre Habgier. Und, wie Machiavelli, der die bittere Farce längst durchschaut, später formulierte, »und ihre Einfalt führte sie nach Sinigaglia!«

Sinigaglia also. Nur einen Bogenschuß vom Gebirge, aber deren tausend vom Meer entfernt, wie Machiavelli sich ausdrückt. Jetzt Dezemberkälte, wahrscheinlich Nebel über dem Meer und eine dünne Schneedecke in den Bergen. Der Atem dampft wolkig aus den Mündern. Untertags etwas Sonne, die nur ungenügend wärmt. Cesare ist mit beträchtlichem Aufgebot herangemarschiert; von zehntausend Söldnern und mehr als zweitausend Reitern ist die Rede. Über eine größere Streitmacht verfügen auch die Condottieri nicht, die zwischen prahlerischem Selbstbewußtsein und Unbehagen schwanken, da nun jener kommt, den sie vernichten wollten und dem sie sich doch wieder anzuschließen bereit sind, weil sie unfähig waren und sind, eine Politik zu machen, die über das bloße Reinhauen, Erobern und Plündern hinausgeht. Alles, was sie zu bewirken vermochten, war die Provokation. Die darauffolgende Tat hatten sie verabsäumt.

Jetzt, dazu aufgefordert vom natürlichen Respekt, den sie Cesare immer noch schuldeten, und wohl auch verführt von der Freude über den leicht errungenen Erfolg, reiten sie dem Herzog entgegen. So gut wie unbewaffnet und ohne jeden Schutz. Dummheit ist unausrottbar. Ihre eigenen Truppen lagern weit verstreut rund um die Stadt. Cesares Soldaten hingegen haben sich in einem Halbrund aufgestellt, was zufällig wirkt und den praktisch Eingeschlossenen doch nur mehr den Rückzug ans nahe Meer ermöglicht. Alles entwickelt sich folgerichtig. Vier der Verschwörer werden arretiert, kaum daß sie vor Cesare erscheinen. An Gegenwehr ist nicht zu denken. Zwei von ihnen werden am darauffolgenden Tag ermordet, die beiden anderen einige Wochen später. Deren Truppen werden entwaffnet. Jene, die gerade noch gewarnt worden sind, können entkommen, ohne eine Chance zu haben, in das tragische Geschehen einzugreifen. Das Spiel ist beendet. Der Vorhang fällt.

Und alles geschieht wie beiläufig. Sozusagen unter der Hand.

Lautlos. So, wie man einen gut einstudierten Plan ohne Aufhebens in die Tat umsetzt. Jeder Handgriff sitzt. Jeder Beteiligte weiß, was er zu tun hat. Moralisch aufs äußerste verwerflich, aber das Ergebnis einer bis ins kleinste Detail durchdachten Strategie. Verbündete, derer man nicht vollkommen sicher sein kann, erledigt man auf solche Weise. Diskret, unauffällig und rasch. Verrat muß durch Verrat bestraft werden. »Alle diese Unternehmungen des Herzogs wohl erwogen«, schreibt Machiavelli, »sehe ich keinerlei Anlaß, ihm irgendeinen Vorwurf zu machen. Ich glaube vielmehr, daß man ihn als Vorbild hinstellen muß allen jenen, die durch das Glück oder fremde Waffen große Staaten oder ausgedehnte Herrschaften erlangt haben. Mit seinem Wagemut und seinen hochfliegenden Plänen vermochte er nicht anders zu handeln.« Dann das unmißverständliche Fazit: »Wer immer danach strebt, sich im neuerrichteten Fürstentum seiner Freunde und Feinde zu versichern ... der kann sich kein besseres Vorbild wählen als die Taten des Herzogs.«

Einen Atemzug später wird Machiavelli freilich notieren: »Nur einen Mißgriff könnte man ihm nachweisen: Julius II. zur Papstwürde verholfen zu haben.«

Aber diesen schicksalhaften Fehler begeht Cesare erst einige Monate später. Im Augenblick triumphiert er. Seiner gefährlichen Freunde hat er sich entledigt, im Süden werden ihm Siena und Perugia zufallen, was Florenz betrifft, so wird er wieder, indem er in das Chiana-Tal einmarschiert, Drohgebärden zeigen, während Machiavelli der Signoria eine Philippika hält über das Thema »Was über die Notwendigkeit, sich Geld zu verschaffen, gesagt werden muß«, was allerdings auch nichts bewirkt, da Cesare plötzlich nach Süden abzieht, in Kampanien einfällt und Capua plündert.

Machiavelli ist längst wieder in Florenz. Er ist Augenzeuge, fast Beteiligter gewesen dieses diabolischen Meisterstücks von Sinigaglia. Er hat miterleben dürfen, wie einer, der schon am Boden schien, das Schicksal glänzend meisterte. Er hat ein Lehrbeispiel angewandter Politik gesehen. Mehr noch. Er war, weil längst eingeweiht in des Herzogs Pläne, Mitwisser der Intrige; vielleicht sogar Mitgestalter an manchem Detail.

In Florenz wird Machiavelli beglückwünscht. Er hat sich in schwieriger Mission geschickt verhalten. Jetzt, da Cesare Borgia nach Süden abgezogen ist, kann man so tun, als habe dessen

Auftritt in der Romagna und an den Grenzen der Republik nichts zu bedeuten gehabt. Machiavellis Triumph, als Diplomat und Politiker erfolgreich gewesen zu sein, wäre vollkommen, würden die Herren in der Regierung klüger, weitblickender und auch phantasievoller sein. Aber sie begreifen nicht im mindesten, was es tatsächlich bedeutet, durch Machiavelli einen Weg zu Cesare Borgia gefunden und dessen Freundschaft oder zumindest dessen Wohlwollen errungen zu haben.

Was Machiavellis Stellung angeht, so ist diese nun unbestritten. Er nimmt den Rang eines Staatssekretärs ein, ohne daß er freilich ein Dokument oder irgendeine offizielle Beglaubigung, irgendetwas, das seine Position gegenüber der Öffentlichkeit unmißverständlich festhält, in Händen hätte. Piero Soderini, der Gonfalonier, vertraut ihm. Die Signoria bedient sich seiner Berichte, ohne den darin enthaltenen Rat immer zu berücksichtigen. Aber eine Aufbesserung seines Einkommens, welche er dringend benötigen würde, findet nicht statt. Man respektiert ihn, hört ihm aufmerksam zu, studiert seine Berichte, findet immer wieder begründete Ursache, ihm jene außenpolitischen Aufgaben anzuvertrauen, die man einem anderen, auch höhergestellten Funktionär nicht zumuten würde; aber im Grunde ist er ungeachtet seines Aufstiegs ein Segretario geblieben. Kanzler nennt man ihn, was jedoch nichts mit der modernen Bedeutung dieses Begriffs zu tun hat. Als wichtigen Abgesandten, vielleicht sogar als eine Art Außenminister benützt man ihn, doch ist Machiavelli nichts weiter als ein subalterner Diener des Staates. Reichtum und entscheidender sozialer Aufstieg bleiben ihm verschlossen. Die Republik verzeiht, so scheint es, den Makel seiner Herkunft nicht. Er kommt aus beengten Verhältnissen. Er wird diese Verhältnisse nie wirklich verändern können. Bankleute haben nur wenig Verständnis für die materiellen Bedürfnisse jener, deren Tüchtigkeit sie ausnützen. Aus Rom, wo er seiner nächsten Gesandtschaft nachkommt, wird Machiavelli einen Brief an die Signoria schreiben, darin er wieder einmal – wie zuvor schon in einem Bericht aus Frankreich – auf das leidige Geld zu sprechen kommt. »Bei meiner Abreise erhielt ich 33 Dukaten; davon gab ich für die Post fast 13 aus; für ein Maultier zahlte ich 12, für ein Samtkleid 18, für einen Postwagen 11, für einen Fuhrmannskittel 10: macht zusammen 70 Dukaten. Ich wohne mit zwei Dienern und dem Maultier in der Herberge und gebe täglich 10 Carlini aus. Ich habe zwar das erbetene Salär erhalten, doch bat ich um das, was ich für zureichend hielt, ohne die hier herrschende Teuerung zu kennen. Somit schulde ich nur Dank, mir aber Vorwürfe. Ich hoffe, daß Ihr angesichts der Ausgaben vielleicht Abhilfe schaffen könnt oder, falls mein Gehalt nicht erhöht werden kann, mir wenigstens die Postspesen ersetzt ... heutzutage schuften die Menschen, um vorwärtszukommen, nicht um Rückschritte zu machen.«

Umständlicher, delikater kann man nicht um Hilfe rufen. Selbstverständlich wird Machiavellis Gehalt nicht erhöht. Man ersetzt ihm fallweise die Spesen. Manchmal muß er Kredite aufnehmen, um seinen Aufgaben gerecht zu werden. Dann übersendet die Signoria einen Beutel voll Dukaten, nachdem Machiavelli ebenso höflich wie dringend und stets mehrmals die Herren in Florenz darum ersuchen muß. Einmal, Machiavelli wird sich gerade am Hofe des Papstes Julius II. aufhalten, erwählt man einen Bildhauer, der vorübergehend in Florenz tätig ist, als Überbringer der dringend benötigten Geldsumme. Der Name dieses Künstlers ist Michelangelo. Allerdings verschiebt er die Reise, so daß es zu einer Begegnung zwischen Machiavelli und Michelangelo nicht kommt.

Geldsorgen also. Und gelegentlich das unangenehme Gefühl, sozusagen unter seinem tatsächlichen Wert gehandelt zu werden. Das wird man Machiavelli unterstellen dürfen. Andererseits hat er nun jede Ursache, mit seinem Schicksal zufrieden zu sein. Er darf sich in einer Profession üben, der er leidenschaftlich zugetan ist; sofern Leidenschaft überhaupt seine Sache ist. Er hat Erfolg. Und ist glücklich.

Ist er das wirklich? Jetzt, da er in Cesare Borgia jenes Idealbild des Fürsten gefunden hat, der die Utopie von einem geeinten Vaterland verwirklichen könnte? Oder ahnt Machiavelli auch hier schon das Kommende?

9. KAPITEL

Il Principe oder: Wirklichkeit und Phantasie

Es mag so gewesen sein, daß Machiavelli erst in Florenz wieder jener Nachdenklichkeit fähig war, welche in ihm das Bild reifen ließ, das er der Nachwelt von Cesare Borgia übermitteln sollte. In Urbino, in Sinigaglia, unterwegs in den Feldlagern, hatte es an jenen Atempausen gemangelt, die der schöpferische und analytische Geist braucht, um Erlebtes zu verarbeiten. Da war stets die Aktion gewesen, hatte die Tat den Vorrang beansprucht. Jetzt in Florenz kam die Stunde der Reflexion. Jetzt begann sich aus dem Erlebten jene Idee zu formen, der Machiavelli so beredten Ausdruck geben sollte. Das Porträt vom idealen Herrscher, vom Fürsten, wie er sein sollte, entstand während der abendlichen Spaziergängen auf der Piazza della Signoria oder entlang des Arno, bildete sich heran in Gesprächen mit Freunden, die begierig lauschten, und in Diskussionen, in denen Machiavelli gegen seine Gewohnheit die Rolle eines eifrigen Verteidigers übernahm. Denn beliebt war der Herzog, der nun in Kampanien wütete, bei den Florentinern gewiß nicht. Zu sehr hatte die hochmütige Art, mit der er sich gegen die Republik und deren Repräsentanten gestellt hatte, die Menschen beleidigt. Und zu sehr fürchtete man ihn, von dem die einen annahmen, daß er tatsächlich fähig sei, den italienischen Einheitsstaat zu gründen, und die anderen hofften, daß er scheitern, abstürzen möge bei seinem schwindelerregenden Aufstieg.

Es kann auch so gewesen sein, daß Machiavelli nun, da er dem unmittelbaren Einfluß Cesares entronnen war, sozusagen sich selbst dazu nötigte, eine Art Resümee zu ziehen; nüchtern, bedachtsam, jeden Überschwang vermeidend und auch jede falsche, gefährliche Moral. Denn dieser vermeintlichen Tugend mißtraute er ohnedies, wenn es um das Geschäft der Politik ging. Politik war etwas, das völlig wertfrei beurteilt werden mußte. Für Politiker galt das, was man unter den gängigen Moralbegriffen verstand, nicht im mindesten. Machiavelli schreibt: »Folglich darf der weise

Herrscher sein Versprechen nicht halten, wenn ihm das Schaden bringen kann und wenn die Voraussetzungen für die Verpfändung seines Wortes fortgefallen sind. Dies um so mehr, als meine Regel ungültig wäre, wenn es nur gute Menschen gäbe. Da die Menschen aber schlecht sind und Dir, Fürst, ihr Wort gewiß nicht halten würden, brauchst Du ihnen Deines auch nicht zu halten. Und nie hat es einem Fürsten an begründeten Vorwänden gefehlt, seinen Wortbruch zu beschönigen. Ich könnte hier unzählige Beispiele aus der neueren Zeit anführen: von Friedensschlüssen oder anderen Vereinbarungen, die durch wortbrüchige Fürsten für null und nichtig erklärt worden sind – wobei stets jene am besten wegkamen, die sich in der Rolle des Fuchses bewährten. Nur muß man sich darauf verstehen, seine Fuchsnatur mit meisterhafter Schlauheit zu verbergen. Denn die Menschen sind so einfältig und passen sich den Notwendigkeiten des Augenblicks so lammfromm an, daß der Betrüger immer Dumme findet, die sich betrügen lassen.«

Ein Fürst, wie ihn Machiavelli begriff und wie er ihn in der Person Cesare Borgias zu entdecken geglaubt hatte, brauchte nicht tugendhaft zu sein. Es genügte, wenn er es zu sein schien. »Ich wage sogar zu behaupten«, notierte er, »daß es ihm zum Schaden gereicht, wenn er sie (die Tugenden) alle besitzt und immer übt. Tut er aber so, als ob er sie besäße, dann sind sie ihm gewiß nützlich: er muß eben gnädig, rechtschaffen, herablassend, aufrichtig, treu und gottesfürchtig scheinen; und darf es sein, sofern er sich genug beherrscht, das Gegenteil von alledem zu können und zu tun, wenn er es nicht mehr darf. Auch muß gesagt werden, daß sich ein Fürst... nicht immer so verhalten kann, wie man es von einem rechtschaffenen Mann gemeinhin erwartet, denn das Staatserfordernis nötigt ihn oft, sein Wort zu brechen und der Nächstenliebe, der Menschlichkeit und Religion zuwiderzuhandeln. Er muß daher hellhörig sein, sich nach den Umständen richten und mit dem Winde segeln, zwar wenn irgend möglich, vom rechten Weg nicht abweichen, aber ohne Bedenken auch den bösen beschreiten, wenn es die Not erfordert.«

Ist das zynisch? Hat Machiavelli, »hingerissen von dem abenteuerlichen Glanz, der von Cesare ausgeht« (R. König), sich blenden lassen von einem Charakter, der zwar ungewöhnlich, mutig, in vielem bewundernswert, letztlich jedoch auch nur dem Gemeinen verpflichtet war? Überschätzt er nicht nur, was Cesare erreicht, sondern auch, auf welche Weise er es erreicht hat?

Es kann so gewesen sein, daß er in manchem, was er später notierte, jetzt bestärkt wurde; auf der Piazza; durch seine Freunde, von denen ihm mancher nach dem Mund geredet haben mag; durch die Lektüre jener römischen Autoren, die er so sehr bewunderte. Und daß er, der es gewohnt war, der es sich zur Pflicht gemacht hatte, immer abwartend, abwägend und distanziert sich zu verhalten, hier gleichsam Hals über Kopf sich in die Ausnahme stürzte, welche die Regel bestätigt?

Manches übersah Machiavelli. Oder schätzte es falsch ein, unterlag einer Kalkulation, die menschliches Fehlverhalten und Katastrophen nicht berücksichtigte. Er sah ein Idealbild, weil er eines zu sehen wünschte. Er, der stets so distanziert zu beobachten und so kühl zu urteilen wußte, unterlag in diesem einen Fall der eigenen Phantasie. Jeden Mord, jede Charakterlosigkeit, jede Intrige verzieh er seinem Idol und fand dafür noch Rechtfertigungen, deren Zynismus ihn nicht im mindesten erschreckte. Daß Cesare Borgia auch töricht handeln und in selbstverschuldete Niederlagen verstrickt sein würde, schien Machiavelli nicht wahrhaben zu wollen. Er hatte sich von dem Manne, den er mehr als jeden anderen Sterblichen bewunderte, ein Porträt geschaffen, das in manchen Details mit der Wirklichkeit nicht übereinstimmte. Aber das interessierte Machiavelli nicht. Er glaubte an das, was er geformt hatte. Er glaubte daran, weil es seiner eigenen Sehnsucht entsprach. Politik, wie sie Machiavelli verstand, hatte mit herkömmlichen menschlichen Regungen nichts zu tun. Begriffe wie Gut und Böse hatten darin keinen Platz. Und daß jemand, der Machiavellis Idealvorstellung von Politik erfüllte, auch gut und böse sein konnte, auch niedriger Instinkte fähig und Irrtümern zugänglich war, kam in diesem Porträt nicht vor.

Machiavelli, dessen Blick den im Süden Italiens handelnden Borgia aufmerksam verfolgte... ahnt er, daß sein eigenes Handeln in den nächsten Monaten von jenem Cesares abhängig sein wird?

Im August des Jahres 1503 stirbt Papst Alexander, der Vater Cesares. Die Legende hat sich seines Todes bemächtigt und spricht von Gift, das den großen alten Mann zerstört haben soll. Von zwei Krügen Wein ist in diesem Zusammenhang immer die Rede, in deren einem das tödliche Gift enthalten war, gedacht für vermögende Kardinäle, die der Papst bei einem Gastmahl zu beseitigen beabsichtigte, um deren Reichtum für sich beanspruchen zu können. Und daß dann durch die Unachtsamkeit eines Bediensteten die Krüge vertauscht worden wären, so daß Alexander VI. und sein Sohn Cesare, der bei dieser heimtückischen Geselligkeit anwesend war, unwissentlich, versehentlich den schlimmen Wein tranken, indessen jene, denen der Mordanschlag galt, sich lachend vergnügten. Während Cesare, jung und kräftig, erst nach Monaten des schrecklichen Dahinsiechens zugrunde geht, stirbt der Papst schon nach wenigen Tagen.

Aber dieser Legende muß man mißtrauen. Natürlich spielte Gift bei den Borgia immer eine wichtige Rolle, war das Attentat auf Leben und Vermögen von Rivalen ein legitimes Mittel ihrer Politik. In diesem besonderen Fall freilich wird es wohl eher das Fieber gewesen sein, das Augustfieber der römischen Campagna, das alle fürchteten und das durch die Jahrhunderte zahllose Menschen hinweggerafft hatte, das Alexander zu Fall brachte. Unbestritten ist, daß auch Cesare ernsthaft erkrankt war. Und so in einer ganz bestimmten Situation, die sich als bedeutsam erweisen sollte für sein weiteres Schicksal, handlungsunfähig blieb.

Der Papst also tot. Sechs Tage lang haben die Ärzte angeblich um das Leben des Pontifex gekämpft, »mit den groben Methoden, die ihnen damals zur Verfügung standen« (Sarah Bradford). Der Sterbenskranke, dem Aderlässe nicht mehr helfen können, wird in riesige Ölkrüge voll Eiswasser getaucht, was Abkühlung bringen und das hohe Fieber senken soll. Aber alles, was man dabei erreicht, ist, daß sich die Haut des Bedauernswerten vom Körper schält. Am 18. August schließlich stirbt Alexander, ungeachtet aller fragwürdigen ärztlichen Kunst. Cesare, davon sogleich unterrichtet, sorgt, obschon fiebernd und außerstande, selbst tätig zu sein, für ein Schurkenstück, das die andere Seite seines Charakters enthüllt. Einigen seiner Soldaten gibt er den Befehl, die Räume des Papstes – wo der rasch verwesende Leichnam aufgebahrt liegt – gründlich zu durchsuchen. Es kommt zu Handgreiflichkeiten. Cesares Männer setzen sich durch. Sie finden Juwelen und eine Summe baren Geldes in der Höhe von 100 000 Dukaten. Insgesamt fallen ihnen – und damit Cesare – Wertgegenstände und Bargeld im Gegenwert von annähernd 300000 Dukaten in die Hände. Dann erst durften, wie es übler Brauch war, die Diener des Papstes dessen Eigentum plündern. Sie »ließen nur die Throne und einige Kissen und Vorhänge zurück. Um vier Uhr nachmittags öffneten sie die Türen der ausgeraubten Räume und verkündeten, daß der Papst gestorben war« (S. Bradford).

Der Papst tot. Cesare auf den Tod krank. Und die Ereignisse verselbständigen sich. In Florenz beobachtet Machiavelli das, was nun geschieht, schon wieder distanziert, schon wieder darauf vorbereitet, daß er als diplomatischer Beobachter der Signoria demnächst nach Rom wird reiten müssen, schon wieder damit rechnend, es in naher Zukunft mit anderen Figuren, mit neuen Partnern zu tun zu haben. Denn daß auch bei Cesare Borgia Veränderungen möglich, Abstiege vorstellbar sind, weiß Machiavelli. Wird er nun, da sein Idol möglicherweise den Schauplatz der großen Politik verlassen muß, dem Borgia mit Gleichgültigkeit begegnen? Wird er ihn, der ihm als Idol so wichtig geworden ist, in dem Augenblick vergessen, da er nicht mehr wie ein Vorbild handelt?

Vorerst einmal wartet ganz Italien darauf, wie Cesare reagieren wird. Aber der Herzog ist handlungsunfähig. Das Gift der Borgia, sofern man der Legende doch Glauben schenken will, oder das Fieber der römischen Campagna hat ihn geschwächt, beinahe zerstört. Entscheidungen werden ohne sein Zutun getroffen. Am 22. September 1503 wird in einem Konklave, das eher beiläufig inszeniert wirkt, der Kardinal von Siena, ein Piccolomini, zum neuen Papst gewählt. Dieser, ein alter, hinfälliger Mann, dem der nahe Tod schon ins Antlitz gezeichnet ist, nimmt den Namen Pius III. an und ist freilich, als er im Petersdom sein Dankgebet sprechen will, schon zu schwach, um auf eigenen Füßen zum Hochaltar zu gelangen. Diener müssen ihn tragen. Die Gicht quälte seit Jahren den neuen Pontifex, der ein gebildeter, feinsinniger Charakter war, über dessen Lebenswandel nichts Nachteiliges zu sagen wäre, was immerhin schon ungewöhnlich anmutet in einer Zeit, da der Klerus, der niedere wie der hohe, des Lebens Sinnlichkeit in vollen Zügen zu genießen gewohnt war.

Cesare, auf seinem Krankenlager mit der Nachricht von dieser Wahl konfrontiert, ist der Meinung, daß ihm Schlimmeres hätte widerfahren können. Er hält Pius für einen unfähigen Greis, von dem er, wie er glaubt, nichts zu befürchten haben würde. Was er nicht weiß, sich vielleicht auch nicht vorzustellen vermag in seinem fiebrigen Zustand und in seiner Schwäche, ist der Umstand, daß Pius durchaus gewillt scheint, dem Einfluß der Borgia Grenzen zu setzen. Jenem Herzog von Urbino namens Guidobaldo, der von Cesare so schmählich hintergangen und um sein Fürstentum betrogen worden war, teilte der greise Piccolomini auf dessen Bitte um eine Wiedergutmachung mit, daß er, der Hirte, zwar gegen den Wolf Borgia nichts unternehmen könne; daß es ihm „aber schon recht sei, wenn Guidobaldo unternehme, was dieser wünsche«.

Am 17. Oktober 1503, nach einer Herrschaft von sechsundzwanzig Tagen, stirbt Pius. Und Cesares Stern, dessen Glanz schon ermattet und der deutlich im Sinken war, stürzt nun vollends ab. Denn der Nachfolger des gichtgeplagten Greises Pius war Giuliano della Rovere, eine, wie man allgemein feststellte, machtvolle Persönlichkeit, zum Zeitpunkt seiner Wahl – nach welcher er den Namen Julius II. annehmen würde – sechzig Jahre alt und seinem Temperament, seinem Ehrgeiz, seinen Plänen zufolge weit mehr ein weltlicher denn ein geistlicher Fürst. Venedigs Botschafter am Vatikan beschrieben ihn als ungemein scharfsinnig, fügten aber hinzu, daß der neue Papst nicht die Geduld aufbringe, ruhig anzuhören, was man ihm sage; auch fehle es ihm an der Begabung, die Menschen richtig zu behandeln. »Niemand hat Einfluß auf ihn, und er befragt nur wenige oder niemanden. Man kann sich nicht auf ihn verlassen, denn er ändert seine Vorsätze von Stunde zu Stunde. Alles, was er sich über Nacht ausgedacht hat, muß am nächsten Morgen sofort ausgeführt werden, und er besteht darauf, alles selbst zu tun. Es ist beinahe unmöglich, zu beschreiben, wie stark und heftig er ist; und wie schwer es ist, mit ihm umzugehen. Er hat an Körper und Seele die Natur eines Giganten.«

So urteilen Venedigs erfahrene und im Umgang mit den Mächtigen der Zeit wohlvertraute Diplomaten. Wird ein solches Temperament, das die Zeitgenossen als vulkanisch bezeichnen, einen ähnlich gestimmten Charakter wie jenen Cesares neben sich dulden?

Und Machiavelli? Er ist schon in Rom. Solche Veränderungen, wie sie jetzt geschehen, werden in Florenz nicht nur genau notiert, sondern verursachen naturgemäß auch Unruhe. Die Wahl des Kardinals von Siena hat man fast achselzuckend registriert. Doch der Tod des greisen Papstes hat für Aufregung gesorgt. »Wieder entsendet die Signoria Machiavelli als den hellsichtigsten Beobachter und treuesten Berichterstatter« (E. Barincou). Das Konklave, aus dem Giuliano della Rovere als Sieger hervorgeht, ist gerade der rechte Anlaß für die Tätigkeit Machiavellis, der sich übrigens nicht im mindesten überrascht zeigt über das Ergebnis dieser Wahl. Denn es siegt jener, der am besten gezahlt und am meisten versprochen hat. Einen anderen Ausgang des Konklave hat Machiavelli nicht erwartet. Er macht sich keine Illusionen über die Mechanismen eines Konklave. Im übrigen interessiert ihn der neue Papst. Ein beifälliger Ton mischt sich in die Berichte an die Signoria.

In Rom begegnet Machiavelli noch einmal seinem Idol. Eigentlich ist es keine Begegnung im gebräuchlichen Sinn des Wortes. Der florentinische Abgesandte erblickt den Herzog lediglich flüchtig in einer vorbeifahrenden Kutsche, »müde, sein Gesicht ist ausgemergelt und angstverzerrt, und seine großen, träumerischen Augen haben jetzt einen fast irren Ausdruck, der sie unbeschreiblich entstellt«. So zumindest stellt es Marcel Brion dar. Man hat kaum Anlaß, dieser recht phantasievollen Schilderung zu mißtrauen. Denn Cesare ist tatsächlich »nicht mehr er selbst, er hat sich aus der Gewalt verloren… Nur mehr ein Schatten ist er, den die Unsicherheit zerfetzt, er kann nicht mehr handeln, er kann nur mehr zaudern und taumeln« (M. Brion).

Machiavelli beobachtet, notiert, schickt Berichte ab, ist unterwegs, prüft die Situation, wägt ab, was für Florenz nützlich, was bedenkenswert sein kann. An Cesare verschwendet er kein Wort, kaum noch einen Gedanken. Cesare Borgia ist aufgegangen im Principe, ist schon zur Chimäre geworden. Er war ein Anlaß für Bewunderung. Jetzt, da dieser Anlaß wegfällt, wird Machiavelli einem anderen Großen seine Bewunderung schenken; Julius II., dem er nunmehr jene stete Aufmerksamkeit zuwenden wird, die er bisher Cesare Borgia geschenkt hat.

Was den kranken Herzog angeht, so gibt es für ihn kaum noch Hoffnung. Er flüchtet vor der eifersüchtigen Wut des Papstes nach Ostia, wird festgenommen, nach Rom zurückgebracht. »Was künftig mit ihm geschieht, wird sich noch erweisen«, schreibt Machiavelli an die Signoria in Florenz. Und dann der vernichtende, alles auslöschende Satz: »Ihr habt Euch jedoch nicht mehr um seine

Pläne oder Hoffnungen zu sorgen.« Einer, den des Papstes Gardisten in Gewahrsam nehmen, interessiert Machiavelli nicht mehr. Mag geschehen mit ihm, was will. Er hat seine Schuldigkeit getan. Er war dem Florentiner Stoff für ein Lehrbeispiel über Politik und Fürstentum. Jetzt geht strahlend ein anderer Stern auf, dem man sich zuwenden muß.

Und Cesare? Sein Leben ist praktisch vernichtet. Er, einstmaliger Bannerträger der Kirche, Generalfeldhauptmann des Papstes – der ihn jetzt nicht mehr benötigt, nicht neben sich duldet als möglichen Rivalen –, Herzog von Frankreichs Gnaden und von Urbino und der Romagana, Fürst außerdem von Andria und noch mit einigen anderen ehrenvollen Titeln versehen, verdingt sich, nachdem ihn Julius hat laufen lassen, als gewöhnlicher Söldner: »Soll er zum Teufel gehen, und je schneller, desto besser«, wird in diesem Zusammenhang dem Papst in den Mund gelegt. Er wird verraten, wie er selbst sein kurzes Leben lang stets zum Verrat bereit gewesen ist. In Spanien wirft man ihn in ein Gefängnis. Er entkommt und tritt unter angenommenem Namen in ein spanisches Regiment ein. Sein Leben, das so glanzvoll begonnen hat, endet schließlich ruhmlos unter den Mauern irgendeiner belagerten Stadt.

Cesare Borgia ist tot. Wer überlebt, ist »Il principe«. Aber das ist im Grunde schon wieder eine andere Figur als jene, die Modell dafür gestanden ist. Niemand weiß das besser als Niccolò Machiavelli.

10. KAPITEL

Papst Julius II.

Im August des Jahres 1506 langt Machiavelli, wieder einmal von der Signoria auf den Weg geschickt, im Feldlager des Papstes Julius II. ein. Das steht in Città Castellana, einer gut geschützten und strategisch ungemein günstig gelegenen Stadt im Norden Roms, wo der Papst eine letzte Heerschau hält über seine Truppen, die sich aus Schweizern, französischen Lanzenreitern, Neapolitanern und Söldnern aus halb Europa zusammensetzen. Der Feldzug, zu welchem Julius noch im August aufbrechen wird, zielt in Richtung Perugia, Montefeltro und Romagna, ist auch gegen Venedig und Bologna geplant und soll dem einen, großen Ziel des Papstes dienen, Italiens aufgesplitterte Fürstentümer und Republiken unter der Oberherrschaft der römischen Kirche zu vereinen. Was Cesare Borgia für sich geplant hatte, will nun Julius für den Stuhl Petri erreichen.

Es dauert einige Tage, bis Machiavelli vom Papst empfangen wird. Der Anlaß seiner diesmaligen Mission ist ein merkwürdiger, aber ein dem politischen Stil jenes Jahrhunderts durchaus entsprechender. In Florenz ist man hellhörig, mißtrauisch seit jenem Augenblick, da sich Julius des päpstlichen Thrones bemächtigte. Man ahnt dessen imperatorische Pläne, ohne Einzelheiten zu kennen. Man weiß um seine unbändige Lust am Kriegsspiel. Schon als Kardinal hatte Giuliano della Rovere als hinterlistig, habgierig und maßlos ehrgeizig gegolten. Jetzt spricht man in ganz Italien von nichts anderem als von seinem gefährlichen Charakter. Gegenüber einem solchen Mann, wenn er erst einmal Macht erlangt, ist Vorsicht angebracht. Von den scharfsinnigen Venezianern, die gleichfalls allen Grund haben, Julius zu fürchten, hat man in Florenz deren Urteil übernommen. »Klug und rücksichtslos ist dieser Papst«, schreiben die Beobachter aus Venedig, »und ein alter Praktikus; er hat von früher her ein Leiden und die Gicht dazu, dennoch sieht er gut aus und packt unglaublich fest an. Einfluß auf ihn hat niemand; er hört allen zu, tut aber nur, was ihm selber richtig dünkt... Dieser Papst will die Welt in seine Hand bekommen und ihr Herr sein.« Auch Machiavelli wird später, nachdem er Julius lange genug und genau studieren konnte, sein Urteil fällen: »Jähzornig von Natur, schüttete er zunächst seine Wut über alle jene aus, die sich der in seinem Herrschaftsbereich gelegenen Städte bemächtigt hatten.«

Das ist ein Kernsatz, der alles Nachfolgende erklärt. Denn tatsächlich denkt Julius nicht im mindesten daran, die durch Cesare Borgia im Kirchenstaat entstandene Unordnung auf sich beruhen zu lassen. Fremde Unabhängigkeit in seinem Bereich duldet er nicht. Daher setzt er nun alles daran, den Einfluß der römischen Kirche – den politischen, militärischen Einfluß – nach Kräften auszudehnen. Er macht sozusagen Ordnung im eigenen Haus, versöhnt die mächtigen Geschlechter der Orsini und Colonna, indem er sich einer geschickten Heiratspolitik bedient und mit beiden Häusern eine Verschwägerung eingeht. Und er organisiert die Streitkräfte der Kirche, wozu er berühmte Condottieri engagiert; darunter den Markgrafen Gonzaga von Mantua und einen angeheirateten Neffen namens Marcantonio Colonna.

Dieser ist es auch, welcher den unmittelbaren Anlaß liefert für eine gewisse Unruhe in Florenz und für Machiavellis neuerliche diplomatische Mission. Denn Marcantonio Colonna steht an sich in Diensten der florentinischen Republik. Und in Florenz will man sich keinesfalls damit einverstanden zeigen, dem Papst bei dessen Feldzügen gegen Italiens Fürstentümer dadurch behilflich zu sein, daß man ihm einen erfahrenen Condottiere zur Verfügung stellt. Daraus, so folgert man in der Signoria, könnte ein Präzedenzfall entstehen, könnten sich Konsequenzen ergeben, welche die Regierung – wie immer behutsam in ihren politischen Überlegungen und Entscheidungen – unter allen Umständen vermeiden will.

Die Situation ist also schwierig. Einem Mann wie Julius II. verweigert man nicht ohne triftigen Grund einen geäußerten Wunsch, der sich überdies beinahe wie ein Befehl anhört. Den triftigen Grund für die Verweigerung gibt es zwar, aber man kann ihn nicht nennen. Denn wer garantiert Florenz, daß der Papst, wenn er erst einmal Perugia, Urbino, die Romagna, Bologna erobert hat, nicht auch Begehrlichkeit empfindet für die florentinische Republik? Würde man für einen solchen schlimmen Fall nicht selbst die

Dienste eines Mannes wie Marcantonio Colonna dringend benötigen? Das wiederum kann und darf man Julius nicht erklären, wenn man ihn nicht beleidigen, nicht seinen Zorn herausfordern will. Alles, was man im Augenblick braucht, ist ein Aufschub. Man würde beobachten, wie die Dinge sich entwickelten. Man würde getreu der florentinischen Art vorsichtig abwarten. Man würde Ausreden gebrauchen, sich in Neutralität üben und jede Entscheidung hinausschieben.

Also macht sich Machiavelli, ohne daß man ihm mehr als den üblichen mündlichen Auftrag und eine knapp gehaltene schriftliche Legitimation anvertraut, auf den Weg nach Città Castellana. In Rom, anläßlich des Konklave, aus welchem Julius als neuer Pontifex hervorgegangen ist, hat er bereits den Papst beobachten, studieren, einschätzen können; und hat damals schon mögliche Rückwirkungen dieser Wahl auch auf die Situation seiner Vaterstadt angedeutet. Immerhin ist das Interesse, »das unser klug berechnender Kopf diesem Choleriker entgegenbringt, dem er allerlei Mut zutraut, gedämpft durch sein tiefverwurzeltes Mißtrauen gegen alle Kirchenmänner«, wie das Edmond Barincou ausdrückte.

Aber die Verhältnisse haben sich geändert. Julius II. verfügt jetzt, wie sich Machiavelli unmittelbar nach seiner Ankunft in Città Castellana überzeugen kann, über eine Armee von beeindruckender Stärke. Aus dem polternden, unberechenbaren Kirchenmann ist ein Kriegsherr geworden. Einer, der zwar über großen Kunstverstand verfügt, Raffael für sich entdeckt, Michelangelo und Bramante fördert und dem Neuen, Zukunftweisenden auch und vor allem in der Architektur zugetan ist, der aber – indem er sich an keine der gewohnten Spielregeln hält und auf völlig unorthodoxe Art Politik betreibt – doppelt gefährlich ist. Machiavelli wird erstmals am 28. August 1506 von Julius empfangen, was nicht wie eine Audienz, sondern wie das eher zufällige Zusammentreffen zweier Herren von unterschiedlichem Rang und gegensätzlichem Charakter wirkt: Der Papst beendet gerade sein Mittagsmahl, während Machiavelli sich inmitten halbleerer Teller, Krüge und einiger nervöser Bediensteten zurechtzufinden sucht. Gleichzeitig lärmt vor der Tür das aufbruchbereite Kriegsvolk, ertönen Kommandorufe und ist das Schnauben und Scharren der Pferde zu hören… Als Machiavelli an diesem Augusttag von Julius empfangen wird, erinnert der florentinische Abgesandte den Papst an den Schimpf, den die Venezianer dem Pontifex antun. Er müsse Zeit gewinnen, haben ihm die Herren in der Signoria eingeschärft und ihm allerdings freie Hand gelassen bei der Anwendung seiner Mittel. Er kitzelt dessen Eitelkeit, schürt seinen Zorn gegen die Serenissima, gegen die aufsässigen Herren in Perugia, Urbino, Rimini, Bologna, um dann wie beiläufig auf Marcantonio Colonna zu sprechen zu kommen. Diesen Mann benötige die Republik im Feldlager vor Pisa, sagt Machiavelli und beobachtet sorgfältig das Gesicht des Papstes. »Wir können Colonnas Dienste zur Zeit nicht entbehren«, sagt Machiavelli, »denn wir würden sonst Gefahr laufen, daß unser Feldlager vor Pisa sich auflöste.«

Der Florentiner rechnet insgeheim mit dem Verständnis des Papstes. In Angelegenheiten des Krieges gibt es gewisse Regeln und Verpflichtungen, denen man unter allen Umständen gehorchen, nachkommen muß. Ein Condottiere gehört zu seiner Truppe. Verläßt er diese, so löst sich die Truppe auf. Ein solches Argument muß gerade Julius akzeptieren.

Aber der Papst akzeptiert nichts. Er ist aufbrausend, jähzornig, erregt. Und wirft den Florentinern im allgemeinen und Machiavelli im besonderen Doppelzüngigkeit vor, droht mit der Macht seiner Armee. Die erste Audienz wird zum Mißerfolg. Machiavelli wird ungnädig entlassen.

Doch er gibt nicht auf. Er hat einiges entdeckt, was ihn nachdenklich macht. Auch der Papst hat Schwächen. Später wird er an die Signoria den beherzigenswerten Rat richten, Julius mit Geschenken zu verwöhnen. Erlesener Wein sei gewiß willkommen, schreibt er; und Wild aus den Maremmen, frischer Aal aus dem Bolsenasee und natürlich weiße Trüffeln, wie sie in den Wäldern an den Abhängen des Apennin gefunden werden.

Am Abend des gleichen Tages trifft er mit Julius zum zweiten Gespräch zusammen. Wieder sitzt der Papst beim Mahl, wieder muß sich Machiavelli zwischen Geschirr und Dienern zurechtfinden; und wieder ist Julius vollkommen uneinsichtig, was die leidige Affäre des Condottiere Colonna angeht. Er ist ein Starrkopf. Und mag er als Soldat von bewundernswerter Kühnheit sein: Machiavelli sieht keinen Anlaß, den Diplomaten und Politiker Julius zu bewundern. Mit dem Papst, schreibt er in seinem Bericht an die

Signoria, sei nicht zu reden. Überhaupt sei die Situation mehr als mißlich. »Ich kann hier lediglich anhören, was jeder meint, und dann jedem sagen, daß er recht hat.«

Machiavelli hat manchen Grund, unzufrieden zu sein. Da ist einmal die Abwesenheit von seiner Familie. Er hängt ungeachtet der Leidenschaft, mit welcher er seinem politischen Geschäft nacheilt, an seiner Frau und auch an seinen Kindern. Gelegentlich sendet er Briefe an Marietta, die leider verlorengegangen oder von den Erben Machiavellis vernichtet worden sind. Einiges von dem, was Marietta an ihn schreibt, hat sich hingegen erhalten. Einmal schreibt sie von einem neugeborenen Knäblein, dem es vortrefflich ergehe und das dem Vater, so die glückliche, stolze Mutter, wie aus dem Gesicht gerissen scheint. »Er hat eine schöne weiße Haut, und sein Haar sieht aus wie ein Stück schwarzer Sammet auf seinem Köpfchen. Seine Ähnlichkeit mit Euch läßt mich ihn schön finden.« Welcher Vater ist nicht gerührt, wenn er, entfernt von den Seinen, solche Zeilen liest? Ein Freund namens Biagio wird ihm überdies mitteilen, daß der Kleine »schwarz wie ein Räblein« sei. Außerdem ist in manchem Brief Mariettas ein zärtlicher Ton zu vernehmen oder sogar etwas Drängendes, Heftiges festzustellen, welches die körperliche Sehnsucht der Frau nach dem Manne verdeutlicht. Machiavelli, der ein gesunder Mann ist, wird davon nicht gänzlich unbeeindruckt geblieben sein.

Aber das ist, muß man wohl hinzufügen, der Alltag eines Abgesandten, daß er auf die Annehmlichkeiten eines behaglichen Zuhauses verzichten muß. Zu diesem Alltag gehören bei Machiavelli auch die ständig wiederkehrenden Geldsorgen. Die Signoria ist ein strenger, jedoch ungemein sparsamer Brotherr, wie man des öfteren erstaunt feststellen muß. Wiederholt muß Machiavelli sich auf Zusagen berufen, die in finanzieller Hinsicht gemacht wurden, muß er Vorschüsse einmahnen, deren Erhalt er dringend benötigt, um nicht als Bettler zu wirken.

Dazu kommt Papst Julius II., mit dem diplomatisch umzugehen ungemein schwierig ist. Machiavelli ist in diesem Sommer, im beginnenden Herbst viel unterwegs. Er reitet im päpstlichen Gefolge von Città Castellana nach Perugia, wo der aufsässige Condottiere Gianpaolo Baglioni plötzlich lammfromm wird und eine einmalige Gelegenheit aus der Hand gibt, dem Papst eine

Lektion zu erteilen, was Machiavelli sogleich und dann noch einmal Jahre später Gelegenheit gibt, über das Rätselhafte im menschlichen Wesen zu meditieren. Denn tatsächlich begibt sich Julius völlig unbeschwert in die Gewalt Baglionis, ohne daß dieser auch nur einen Finger rührt, um die Situation für sich auszunützen. Der Papst handle des öfteren reichlich unüberlegt, werden die Biographen Julius' bekümmert feststellen, denn er »rechnet nicht, sondern rennt mit geschlossenen Augen und gesträubtem Barte auf sein Ziel oder Hindernis los, völlig sicher, daß die bloße Gewalt seines Anpralls genügen wird, die Schranken einzureißen« (M. Brion).

Machiavelli schüttelt unmerklich den Kopf. In Perugia, ist er überzeugt, geht der Papst um Haaresbreite an einer Katastrophe vorbei. Nur Glück ist es, was ihn rettet. Oder die Unfähigkeit seines Gegners, eine günstige Situation rücksichtslos auszunützen. »Obwohl die Truppen der Kirche um die Tore einquartiert sind, die des Gianpaolo Baglioni aber etwas weiter weg, sind doch der Papst und das Heilige Kollegium in seiner Gewalt und nicht umgekehrt«, schreibt der Segretario stirnrunzelnd nieder. Wie soll er mit einem Manne verhandeln, der so unbekümmert vorgeht?

Und Machiavelli galoppiert weiter. Immer im Sog des Papstes. Nach Perugia ist Urbino an der Reihe. Dann Cesena. Dann quer durch die Romagna in Richtung Bologna. »Ich bin in den Krieg gezogen, um die italienischen Stadtstaaten von ihren Tyrannen zu befreien und sie unter die Schirmherrschaft der Kirche zu stellen«, sagt Julius II. und handelt dementsprechend. Selbstverständlich benötigt er nach wie vor Marcantonio Colonna. Selbstverständlich wird Florenz es zu büßen haben, daß es sich dem päpstlichen Wunsch so hartnäckig widersetzt. Die Drohungen, die der Papst ausstößt, werden immer konkreter. Und Machiavelli weiß, wann man nachzugeben, sich einem Stärkeren zu beugen hat. Florenz ist nicht im mindesten in der Lage, diesem Papst, der bald auch das mächtige Bologna in seine Gewalt bringen wird, militärisch die Stirn zu bieten. Machiavelli gibt sich keinen Illusionen hin. Gegen wen wird Julius ziehen, wenn er Bologna erobert haben wird? Gegen Venedig? Oder gegen Florenz?

Als der Papst ihn wieder einmal an einer Truppenparade teilhaben läßt und Machiavelli – den alles Militärische nicht nur aus beruflichen Gründen, sondern auch aus privater Neigung interessiert und der über einen scharfen Blick verfügt für die Schlagkraft einer Truppe – nicht mehr länger unbeeindruckt bleiben kann von dem, was er seit Wochen schon miterlebt, da revidiert er sozusagen im Handumdrehen seine Meinung. Er ändert seine Haltung und vermittelt an die Signoria den dringenden Rat, in der Causa Colonna nicht länger störrisch zu sein. Alle Diplomatie hört dann auf, brauchbar zu sein, wenn das Militär erst einmal seinen Fuß in die Tür stellt. Das weiß auch Machiavelli. Und gegen diesen Papst, bei welchem alles, was er tat, den Stempel der Größe und Macht trägt, auf einen eitlen Justamentsstandpunkt sich zu stellen, wäre nicht nur töricht, sondern auch gefährlich. Auch das weiß Machiavelli. »Hier ist jeder überzeugt, daß der Papst, wenn ihm das Unternehmen gegen Bologna gelingt, ohne Zögern an größere Dinge herangehen wird«, schreibt er aus dem Feldlager an die Signoria. Und er läßt keinen Zweifel daran, was man unter diesen größeren Dingen verstehen muß. »Man hofft, daß Italien jetzt oder nie von denen befreit wird, die entschlossen sind, es aufzufressen«, schreibt er.

Das ist ein kühner Tonfall, eine verwegene Aussage für einen, dessen Rang nur wenig aussagt über seine tatsächliche Leistung und dessen nichtvorhandenes Vermögen ihn eigentlich nötigen sollte, geduckt, demütig im Hintergrund zu verharren. Weiß Machiavelli nicht, daß seine Anwesenheit im Feldlager des Papstes nichts anderes ist als eine höfliche Geste der Republik? Daß er selbst in den Augen der Mächtigen eher unbedeutend erscheint? In Florenz wartet man so lange zu, bis die Frage Colonna endgültig geklärt sein wird. Erst nach der Entscheidung, die so ausfallen mag oder anders, wird man einen Gesandten zu Julius entsenden, einen Mann, der etwas darzustellen versteht und auch über den notwendigen materiellen Hintergrund verfügt, um einem Vertragsabschluß den schönen Rahmen zu geben. Machiavelli ist ein Handlanger der Politik. Er hat die Vorarbeiten zu leisten. Mehr nicht.

Aber man hört auf seinen Rat. Vorstellbar ist zwar, daß man in Florenz ein wenig verwundert und vielleicht sogar entrüstet – Machiavelli besitzt im Palazzo Vecchio nicht nur Gönner und Freunde – den Inhalt der Berichte studiert, die eintreffen. Und daß manchem Herrn der bissige oder zweideutige und doch stets unmißverständliche Tonfall nicht sonderlich schmeckt, dessen sich Machiavelli mitunter befleißigt. Aber man gehorcht den Vorschlägen, die in diesen Berichten vorkommen. Francesco Guicciardini zum Beispiel, der große Advokat und Rechtslehrer, der in späteren Jahren die erste »Geschichte Italiens« schreiben sollte und der jetzt, als Politiker für Florenz an verantwortlicher Stelle tätig, sich für seinen Freund Machiavelli häufig einsetzt, er, Guicciardini also, sorgt für die Entsendung jener Köstlichkeiten an Julius, welche Machiavelli dringend angefordert hat. Vom besten Wein füllt man einige kleine Fässer; delikates Obst und zartes Wildbret wird an den Papst adressiert; und natürlich die berühmten weißen Trüffeln, die allein schon ein kleines Vermögen wert sind.

Guicciardinis Stimme wird es wohl auch gewesen sein, welche schließlich den Ausschlag gibt, daß man Machiavellis dringenden Rat befolgt. Jedenfalls stellt die Signoria nach langwierigen Beratungen schließlich offiziell fest, daß man auf die Anwesenheit des Condottiere Marcantonio Colonna im Feldlager vor Pisa doch nicht so großen Wert zu legen brauche. Ein Befehl ergeht an ihn, sich unverzüglich dem Papste anzuschließen. Das, was über anstrengende Monate hinweg ein Anlaß war für Verstimmung und diplomatisches Gezänk, erledigt sich nun plötzlich im Handumdrehen. Der Anlaß war geringfügig. Die Wirkung, die er verursachte, groß. Machiavelli kann endlich aufatmen. Da ist es nicht mehr wichtig, daß nun, da alle Vorbereitungen abgeschlossen sind und der dringende Wunsch des Papstes in Erfüllung geht, ein anderer, Höhergestellter ihn ersetzen wird. Ein Herr namens Francesco Pepi. Einflußreich und natürlich vermögend. Er würde die passende Figur abgeben für eine prunkvolle Gesandtschaft nach Rom, wo man feierlich die Verträge unterzeichnen und die Versöhnung inszenieren wird, also alles das, was Machiavelli mühsam genug vorbereitet hat.

Er selbst zieht sich wieder zurück. Seine Arbeit ist getan. Und wenn im März des darauffolgenden Jahres Julius II. als Triumphator in Rom pompösen Einzug hält – und Florenz verschont haben wird –, dann wird nicht er, Niccolò Machiavelli, an den Festlichkeiten teilnehmen, sondern jener Francesco Pepi, der ihn nun, da aufs köstlichste geerntet wird, was andere gesät haben, selbstverständlich ersetzt. Was Machiavellis Meinung über den Papst angeht, so ist sie eine geteilte. Julius II. ist für Machiavelli eine Ausnahmeerscheinung. »Männer wie diesen kann man bewundern, aber der Nachwelt als Beispiel hinstellen darf man sie nicht« (M. Brion). Eines Umstandes allerdings wird er sich jetzt auch bewußt. Daß die Probleme, denen er auf seinen Gesandtschaften begegnet, immer größer werden. Und daß die eher unscharfe oder eigentlich schwankende Politik, welcher sich die Signoria befleißigt, ihm nicht gerade behilflich sein wird, diese Probleme zu lösen. Dazu kommen Intrigen, die gegen ihn gerichtet sind. Sein Erfolg weckt die Neider. Sein schärferer, kompromißloserer Stil, in welchem er seine Berichte an die Signoria abfaßt, läßt Machiavelli in den Augen jener, die ihm sein Talent neiden, überheblich erscheinen. Die Verhältnisse werden komplizierter; die Zeiten härter.

Der Segretario lächelt mit dünnem Mund. Er sitzt wieder am Schreibpult in seiner Kanzlei im Palazzo Vecchio und macht sich Gedanken.

11. KAPITEL

Ein Liebhaber der Kriegskunst

Im Dezember 1506 erfährt Machiavellis Tätigkeit zugunsten der Republik eine Würdigung: Ihm wird eine Rangerhöhung zuteil, die es ihm erlaubt, künftig den Titel »Herrlichkeit« zu führen. Eine Aufbesserung seiner materiellen Situation ist dadurch, soweit wir informiert sind, nicht gegeben. Aber er kann einen anderen Erfolg verbuchen. Man stimmt über seine Vorschläge, eine florentinische Miliz aufzustellen, ab. Und eine gediegene Mehrheit sowohl im »Rat der Zehn« als auch in der Signoria und zuletzt im Volk selbst spricht sich für diese Vorschläge aus. Machiavelli kann zufrieden sein, auch wenn er nun knapp zwei Jahre lang, vom November 1506 bis zum September 1508, keiner diplomatischen Mission nachgehen kann. Aber das bekümmert ihn im Augenblick nicht sonderlich, weil er im Leben wie in der Arbeit einem Rhythmus gehorchen darf, der ihm ungemein behagt. Er ist, wie wir annehmen dürfen, sogar glücklich. Er kommt seinen anstrengenden Pflichten als Staatssekretär nach, beschäftigt sich mit der alltäglich anfallenden Arbeit im Palazzo Vecchio, fühlt sich, soweit uns das Zeitgenossen und Freunde übermittelt haben, im Kreis seiner Familie wohl, ist anwesend bei der Taufe seines vierten Kindes, verschmäht nicht Gespräche im vertrauten Kreis mit Freunden und verläßt Florenz in dieser Zeit immer nur für kurze Zeit, wenn er für die von ihm erdachte Miliz auf sogenannte Anwerbungsreisen geht. Das florentinische Staatsgebiet verläßt er in diesem Zusammenhang nicht. Mißgunst und Geringschätzung gewisser Patrizier, die ihm entweder seine Erfolge neiden oder ihn gering achten seiner nach wie vor bescheidenen materiellen Situation wegen, brauchen ihn vorerst noch nicht sonderlich zu bekümmern. Einer seiner Gegner namens Alamanno Salviati demütigt ihn öffentlich. Machiavelli tut das mit einem Achselzucken ab.

Er hat gelernt, mit Erfolg und Mißerfolg auszukommen, sein Temperament zu zügeln und seinen Enthusiasmus einzuschränken,

dem er gelegentlich zu erliegen drohte. Oder er geht mit diesem
Enthusiasmus nun vorsichtiger, gleichsam privater um als in den
Jahren seines Aufstiegs zum begehrten und vielbeschäftigten
Gesandten der Republik. Machiavelli konzentriert sich immer
mehr auf das, was ihm wesentlich erscheint. Und wesentlich ist ihm
die Erstarkung der eigenen Wehrhaftigkeit, wie er anläßlich der
florentinischen Niederlagen vor Pisa, im Schatten Cesare Borgias
und als nachdenklicher Beobachter der militärischen Erfolge Julius' II. auf eindrucksvolle Weise begriffen hat. Außerdem hat er in
den Schriften der antiken Autoren genug gelernt, um zu wissen,
welche Fehler die florentinische Republik gerade in dieser Hinsicht
beging. »Ich kann nicht oft genug wiederholen«, schreibt er in einer
seiner Denkschriften, »daß die Alten doch alles viel klüger und
besser anfingen als wir; und mögen wir in anderen Dingen des
Lebens nur dann und wann fehlgehen: In der Kriegführung machen
wir fortwährend alles vollkommen falsch.«

Das ist der springende Punkt in seinen Überlegungen, das
beschäftigt ihn seit jenen Tagen, da er als Novize in diplomatischem
Auftrag, als politischer Lehrling sozusagen die wenig ermutigenden
Anstrengungen florentinischer Söldner unter den Mauern von Pisa
mitansehen und dabei erleben mußte, daß die Bürger der belagerten
Stadt tapferer kämpften und sich strategisch geschickter anstellten
als jene Schweizer und Franzosen, die nur daran dachten, wie sie
ihre Bäuche vollschlagen und ihre Geldbeutel füllen konnten. Auch
später hat er immer wieder das Mißverhältnis zwischen Aufwand
und tatsächlich erbrachter Leistung studiert, wenn es darum gegangen ist, einen Feldzug und dessen Ergebnisse zu analysieren. Venedig war ihm in dieser Hinsicht ein vortreffliches Lehrbeispiel.
»Verfolgt man die Entwicklung der venezianischen Angelegenheiten genau«, schreibt er, »wird man erkennen, daß die Venezianer in
Kriegen mit größerer Sicherheit und ehrenvoller abschnitten,
solange sie selbst die Waffen führten, das heißt, solange sie mit
ihren eigenen Edelleuten und ihrem gut ausgerüsteten, tapfer
kämpfenden Volk zur See fochten. Als sie aber mit ihren Unternehmungen aufs Festland gingen und Landkriege anfingen, nahmen sie
italienische Gewohnheiten an... und bald wich alles Glück von
ihnen.«

Die italienischen Gewohnheiten! Das war es, was er früh schon als die Ursache allen Unglücks erkannt hatte. Diese italienischen Gewohnheiten bestanden, vereinfachend gesagt, in der Hauptsache darin, daß man es nach Tunlichkeit vermied, sich in einem der zahllosen Kriege, die man unaufhörlich gegeneinander führte, selbst die Finger schmutzig zu machen. Dafür gab es das Gewerbe der Söldner, gab es die Condottieri. Man hielt sich eine Truppe von mehr oder minder gut ausgebildeten Männern, die man gegen verhältnismäßig geringes Entgelt in einem benachbarten Fürstentum oder in entfernten Ländern angeworben hatte, und verstärkte diese Truppe im Kriegsfall durch den Einkauf eines kostspieligen Condottiere, der dafür seine vermeintliche Erfahrung und ein weiteres Kontingent an nicht immer brauchbaren Söldnern einbrachte. Selbst lehnte man es ab, in den Krieg zu ziehen. Man hätte auch nicht einzusehen vermocht, aus welchem Grund man sein Leben hätte riskieren sollen. Patriotismus war etwas, das man nicht kannte.

Außerdem verstand man nichts vom soldatischen Handwerk. Dafür gab es die Söldner. Wen es gelüstete oder wer durch soziales Elend genötigt wurde, den Soldatenberuf zu ergreifen, konnte sein Glück versuchen. Eine besondere Begabung war nicht notwendig. Es gehört kein außerordentliches Talent dazu, einem Menschen ein Stück Eisen in den Leib zu stoßen. Im übrigen war die Tätigkeit eines Söldners nicht unbedingt lebensgefährlich. Man wußte sich, sofern man über einen geschickten Condottiere verfügte, häufig recht zufriedenstellend durch die Feldzüge und Belagerungen zu schwindeln. Vor Pisa hatte Machiavelli erlebt, was von solchen Soldaten zu halten war, die nur dann zur Waffe griffen, wenn ihre häufig maßlosen Forderungen zufriedenstellend erfüllt wurden; und die den Kampf häufig als eine Art Ritual betrachteten, bei welchem man einander nach Tunlichkeit schonte. In seinem Traktat über die »Kriegskunst« schrieb er jedenfalls: »Diese Leute können in Friedenszeiten nur verpflegt werden, wenn sie die Kriegshandlungen fortführen; es sei denn, daß sie vorher genug Fett angesetzt haben.« Und dann der Satz: »Der Krieg macht Diebe, der Friede hängt sie.«

Machiavelli macht sich als Patriot und Politiker Gedanken über das, was man in jenem Zeitalter etwas vollmundig »Die Kunst des Krieges« nennt. Er entsinnt sich jetzt des öfteren seiner Mission bei

Caterina Sforza, als er mit dieser Frau, die ihn beeindruckt hatte, über Kriegsmaterial, Nachschubprobleme, Truppenstärke und tägliche Marschleistungen einer Söldnertruppe diskutiert hat. Er erinnert sich an die tüchtigen Männer aus der Romagna, die stets als gute Soldaten gegolten haben. Oder es fällt ihm jene Szene anläßlich der Belagerung von Pisa ein, als florentinische Patrioten eine Bresche in der Stadtmauer stürmten und, den Sieg schon vor Augen, von den faulen und feigen Söldnern im Stich gelassen wurden. Er hat viele solcher Eindrücke, die ihm nun nützlich sind. Er hat aus jeder Begegnung gelernt, hat nicht umsonst Erfahrungen gemacht, die er jetzt zugunsten seiner Vaterstadt verwirklichen will.

Natürlich begreift Machiavelli den Krieg als Ergänzung oder sogar Vervollkommnung der Politik. Krieg ist für ihn ein selbstverständlicher Bestandteil aller Politik, ein durchaus legitimes Mittel, politische Forderungen einzutreiben. Der Krieg ist eine brauchbare Methode, um sich in der Welt zu behaupten. Mit Diplomatie allein ist das nicht erreichbar.

Was Machiavelli irritiert, sind die äußeren Umstände eines solchen Krieges. Klug geworden aus eigener Anschauung, ist er allmählich zum Gegner des herrschenden Söldnerwesens geworden. Gewiß wird man eine Spur Vaterlandsliebe in seinen Überlegungen für die Aufstellung einer Miliz finden. Aber mit Idealismus hat das dennoch nichts zu tun. Machiavelli ist Rationalist. Er hat miterlebt, daß angeworbene Söldner im Kampf ein Risiko bedeuten können. Und er hat den Eifer florentinischer Bürger gesehen, der diese jungen, im soldatischen Handwerk eher unerfahrenen Männer beinahe zu Helden gemacht hat. Solcher Eifer, sagt sich Machiavelli, muß brauchbar eingesetzt werden. Außerdem kalkuliert er kühl und, darin ein echter Florentiner, auch preisbewußt. Ein Volksheer kommt in jedem Fall billiger als jede Söldnertruppe.

Machiavelli hat sich über Jahre hinweg mit diesem Thema beschäftigt. Ihn, der als Gesandter in diplomatischer Mission unterwegs ist, hat immer schon die augenscheinliche Schwäche der Republik gerade auf diesem Gebiet gestört. Er sieht ein, daß eine Regierung, die sich selbst zur Sparsamkeit verpflichtet, außerstande ist, ein stehendes Heer von beachtlicher Stärke zu finanzieren. Söldner sind hungrige Leute, die es unentwegt zu füttern gilt. Das kostet Geld, das die Signoria auszugeben nicht bereit ist.

Dem steht die Erpreßbarkeit der florentinischen Regierung und ihrer behutsamen oder auch labilen Politik gegenüber. Gerade Machiavelli weiß, wie dünn der Boden ist, auf dem er sich bewegt. Er hat es in Forlì, in Frankreich, in Urbino, Sinigaglia und zuletzt in des Papstes eindrucksvollen Feldlagern erlebt, was es bedeutet, wenn die Politik einer Regierung nicht durch ein beachtliches militärisches Aufgebot abgesichert ist. Florenz aber verfügt über ein solches Aufgebot nicht.

Dazu kommt der ständige Ärger mit den Condottieri. Auch sie kosten Geld. Unverhältnismäßig viel Geld sogar. Auch sie sorgen für Unruhe innerhalb der eigenen Reihen. Sie sind unzuverlässig wie ihre Soldaten. Die Affäre rund um Marcantonio Colonna war ihm ein letzter Beweis für die Unbrauchbarkeit dieses Systems, das im Grunde gar nichts anderem dient als der Heranzüchtung fremder Vorherrschaft. Ein römischer, lombardischer, neapolitanischer, venezianischer Condottiere, den man sich vorübergehend einkauft, muß naturgemäß jenes Patriotismus entbehren, den es braucht, wenn man die eigenen Interessen wahren will. Einem auf Zeit eingekauften Condottiere sind diese Interessen gleichgültig.

Machiavelli verweist immer wieder auf das Beispiel der Antike. »Alexander, Caesar und all die Großen jener Zeit«, schreibt er, »haben stets in vorderster Phalanx gekämpft, sind unter der Last ihrer Waffen weite Strecken zu Fuß gelaufen und haben ihr Reich erst verlassen, als der Tod sie berief. Sie lebten und starben in Ehren. Einigen vielleicht könnte man allzu heißes Machtstreben vorwerfen, keinem aber Lauheit und Schwäche, nichts von allem, was den Menschen entkräftet oder erniedrigt. Wollten unsere Fürsten solche Lehren und Vorbilder sich zu eigen machen, so würde ohne Zweifel ihr Leben und damit auch das Schicksal ihrer Länder sich wandeln.«

Das ist eine unmißverständliche Ermahnung an die Signoria. Aber ist es vorstellbar, einen der Bankleute oder Tuchhändler, welche in der Signoria sitzen und für die Politik der Republik verantwortlich sind, an die Spitze eines florentinischen Volksheeres zu berufen?

Machiavelli weiß, daß er behutsam vorgehen muß, wenn er seine Idee verwirklichen will. Und daß das, was er plant, nicht nur für Florenz, sondern für ganz Italien so neuartig und kühn anmutet, wie das jeder Schritt aus dem Altgewohnten heraus tut. Eigentlich hat er nur eine einzige echte Chance, seine Vorstellung von einer Miliz zu realisieren. Er muß eine Nutzen-Kosten-Rechnung aufstellen, die überzeugt. Er muß mit dem notorischen Geiz der florentinischen Politiker spekulieren.

Dürfen wir uns vorstellen, daß Niccolò Machiavelli in dieser Zeit zwischen November 1506 und September 1508, in der sich keine diplomatische Mission, keine Erledigung diffiziler außenpolitischer Fragen anbietet, praktisch Tag und Nacht tätig ist? Abgesehen von jenen Pausen natürlich, in denen er sich jedoch gleichfalls, mit seinen Freunden diskutierend, nicht von seiner schwierigen Aufgabe entfernt. Selbst seine Exkursionen in das Staatsgebiet der florentinischen Republik erlauben kein Atemholen. Schritt für Schritt muß genau bedacht sein. Fehler darf er sich keinen erlauben. Und die Schwierigkeiten, mit denen er fertig werden muß, sind manchmal größer, als er gedacht, befürchtet hat.

In der Signoria ist man vorerst einmal damit einverstanden, anstelle kostspielig anzuwerbender Söldner die eigenen Bürger zu gewinnen und auszubilden. Die kluge Nutzen-Kosten-Rechnung Machiavellis hat ihren Eindruck nicht verfehlt. Man gewährt ihm in dieser Hinsicht freie Hand. Er darf mit den Bürgermeistern draußen auf dem Land verhandeln, darf berechnen, wieviele Männer jede Gemeinde stellt, was diese Männer kosten, wie man sie einkleidet, für ihre Verpflegung sorgt, sie unterbringt, welche Art der Bewaffnung ihnen – und der sparsamen Republik – zumutbar ist und von welchen erfahrenen Hauptleuten sie in der Kunst des Krieges unterwiesen werden sollen.

Machiavelli hat plötzlich eine Verantwortung zu tragen, welche die Möglichkeiten eines einzelnen Beamten fast übersteigt: »Seine Kanzlei ist das reinste Rekrutierungsamt geworden, wo Stammrollen, Lieferscheine, Auftragsbestätigungen und Rechnungen sich stapeln. Denn nicht nur um die neuen Leute kümmert sich Machiavelli, sondern auch um Kriegsmaterial und Heeresverwaltung. Er ist Schatzmeister und Zeugamtsvorsteher, Rechnungsführer, Quartiermeister und Waffenhändler zugleich. Und erschöpft von all dem Papierkrieg macht er sich manchmal davon, um irgendeinen Ausreißer durchzuprügeln oder säumige Urlauber mit Gewalt zum Dienst zu holen« (M. Brion).

Die Schwierigkeiten häufen sich, denn die italienischen Gewohnheiten sind nicht von einem Tag auf den anderen zu vergessen. Machiavelli kümmert sich um alles und jedes. Eine Art Besessenheit hat sich seiner bemächtigt, die man diesem kühlen, ironischen, stets auf Distanz bedachten Charakter kaum zugemutet hätte. Er sorgt dafür, daß die angeworbenen Milizionäre einer sinnvollen Beschäftigung zugeführt werden. Und sinnvoll ist es, sie mit der Praxis ihres Handwerks vertraut zu machen. Das bedeutet, daß die Rekruten nach kurzer Ausbildung in das Feldlager vor Pisa – gegen das man immer noch Krieg führt, das man in eine lähmende, beide Seiten frustrierende Belagerung gezwungen hat, die eher einer widerwilligen Umarmung gleicht – und damit in eine Wirklichkeit gebracht werden, welche ihnen den Nutzen ihrer Ausbildung deutlich vor Augen führen soll.

Aber allein diese Maßnahme bürdet Machiavelli zusätzliche Arbeit auf. Wie soll man die Rekruten unterbringen? Er sorgt dafür, daß hölzerne Baracken errichtet werden. Wie bringt man den begabteren unter den Rekruten bei, daß sie zu Pferde nützlicher sind? Machiavelli beschreibt den Vorzug von Sattelbaum und Steigbügel. Wie macht man die Rekruten mit den technischen Besonderheiten dieser Festungsanlagen vertraut, die sie irgendwann einmal werden erstürmen müssen? Machiavelli beschreibt jede technische Einzelheit der Fallgatter an den Festungstoren, kümmert sich um die Anlegung von Laufgräben oder um die unterschiedliche Form französischer und italienischer Geschützlafetten. Er unterweist sich selbst in einer Kunst, in welcher er ein Anfänger ist. Aber er lernt begierig und rasch. Und er ist imstande, sein Wissen zu vermitteln. Allein die Akribie seiner Beschreibung etwa der französischen Geschützlafetten und deren Räder macht betroffen. »Es wäre irrig zu glauben, daß die Franzosen mit dieser Neuerung – gekrümmte Radspeichen anstatt der gewohnten geraden Speichen – ihre Räder nur hätten verschönern wollen. Schönes Aussehen ist Nebensache«, schreibt er, »wo es um Brauchbarkeit und Haltbarkeit geht.« Und dann erläutert er in aller Ausführlichkeit Fragen des Gleichgewichts bei wechselnder Belastung, was wiederum mit der Treffsicherheit zu tun hat. Das geht über viele Absätze, läßt kein Detail aus, macht die Frage über die Form der Speichen an den Rädern der Kanonen zu einer lebenswichtigen... was sie in Wahrheit wahrscheinlich auch ist.

Ein Besessener hat das Thema gefunden, das seiner Obsession immer neue Nahrung liefert. Was ist wichtiger: die Haltung des Schützen beim Anlegen der Armbrust oder die Frage der geregelten Verpflegung? Das Schuhwerk der Milizionäre oder ihr Umgang mit den Waffen? Die Ladezeit bei den verschiedenen Sorten von Kanonen, über die man verfügt, oder die Treffsicherheit? Machiavelli weiß auf alles eine Antwort. »Zweifellos die meisten Kanonenschüsse gehen ins Leere. Das Fußvolk liegt so nah am Boden und diese Geschütze sind so schwer zu handhaben, daß der Schuß, wenn man die Kanone auch nur ein wenig hebt, über dem Kopf vorbeigeht. Senkt man das Geschütz, so schießt man in die Erde und trifft ebenfalls nicht. Dazu kommt noch, daß schon die geringste Bodenerhebung, der kleinste Busch und ein noch so schwaches, zwischen Geschütz und Ziel den Erdboden überragendes Hindernis den Schuß abschirmen könnten.«

Ein Diplomat auf Abwegen? Einer, der sich über Gebühr für eine Sache ereifert, von deren Nützlichkeit er zwar überzeugt ist, von der er aber nicht viel versteht, wenn es um die Praxis geht?

Es existiert eine Anekdote, die Machiavellis eher kläglichen Umgang mit dieser Praxis beschreibt. Ein Mann namens Bandello hat sie erzählt. Demnach hat der berühmte Condottiere Giovanni delle Bande Nere, ein Sohn der Caterina Sforza und ihres letzten Gemahls, der ein Medici war, eines Tages im Lager vor Pisa dem Segretario Machiavelli das Kommando über einen großen Haufen Söldner übertragen. Des Segretarios unermüdlicher Eifer habe den Condottiere nämlich zuerst belustigt und dann verärgert, als Machiavelli seine Nase auch in Dinge steckte, für die sich Giovanni delle Bande Nere allein verantwortlich glaubte, so daß dieser dem Beamten eine Lektion zu erteilen wünschte. Tatsächlich soll Machiavelli innerhalb weniger Augenblicke ein heilloses Durcheinander angerichtet haben, nachdem er als provisorischer Kommandant vor den Söldnern stand und mit diesen nach eigenem Gutdünken verfahren durfte. Machiavelli, so der Berichterstatter Bandello, habe sich zwei Stunden lang »im Schweiße seines Angesichts um Ordnung bemüht«; aber das Ergebnis war ein vernichtendes. Und der Condottiere, die Feldhauptleute, die Feldwebel und schließlich die Söldner selbst hätten ihn aus vollem Hals verlacht.

Diese Anekdote mag wahr sein. Sie ändert nichts an Machiavellis vernünftigem Wunsch, die italienischen Gewohnheiten abzuschaffen. Und durch die Errichtung einer Miliz, eines Volksheeres – das sich eher durch Vaterlandsliebe als durch reichlichen Sold und die Gelegenheit zum Plündern der Fahne, auf die es seinen Eid geleistet hat, verpflichtet fühlt – das grassierende Söldnerwesen zumindest einzuschränken. Anzunehmen ist, daß Machiavellis Absichten noch weiter gingen. Daß er, ermutigt durch seine Erfahrungen bei Cesare Borgia und auch bei Julius II., tatsächlich davon träumte, in den Florentinern mehr als nur den damals üblichen Lokalpatriotismus zu erwecken. Daß ihn, der sich lange schon ein geeintes Italien vorzustellen vermochte, die Hoffnung bewegte, den Politikern, den Bürgern, den Männern der Kirche endlich beizubringen, daß die Notwendigkeit unendlich groß sei, Italien mit einem Heer auszustatten, welches nicht mehr von fremder Hilfe abhängig war.

War er ein Träumer? Einer, der seiner Obsession lediglich in der Theorie nachkommen konnte? War er nichts weiter als ein Beamter, der eine ihm übertragene Aufgabe mit Hartnäckigkeit und Arbeitseifer zu erledigen gedachte? Oder war er wirklich davon überzeugt, daß mit der Einrichtung einer Miliz ein erster und wichtiger Schritt getan war zur Befreiung von fremder Vorherrschaft?

Hätte Machiavelli ohne die Unterstützung des Gonfalonier Piero Soderini überhaupt eine Chance gehabt, seine Vorstellungen von einer florentinischen Miliz zu verwirklichen?

Selbstverständlich war das Ansinnen Machiavellis, aus Zivilisten gut gedrillte Soldaten machen zu wollen, fast eine Zumutung, völlig ungewohnt und unerhört. Gerade in Florenz – aber auch anderswo in Italien – hatte man sich längst daran gewöhnt, mit »unzuverlässigen und untüchtigen Söldnertruppen, die in den Florentinern nur ihre Zahlmeister sahen und sich jederzeit bestechen ließen« (James Cleugh), mehr oder minder zufriedenstellend zurechtzukommen. Außerdem war man im Zeitalter der Renaissance anderen Künsten als jenen des Krieges zugetan. An den Krieg hatte man sich gewöhnt. Das war wie gutes oder schlechtes Wetter, gottgewollt, gottgesandt und daher unabänderlich. Die Abenteuer des Geistes hingegen, die man jetzt entdeckte, waren neu und erregend. »Die Humanisten sprachen und schrieben viel, das war für sie Gewohnheit und Lebensbedürfnis«, schreibt Casimir von Chledowski. »Akademiegründungen, Zusammenkünfte bei Freunden und Protektoren waren das Ergebnis eines leidenschaftlichen Verlangens zu streiten, zu disputieren, selbst mit boshaften Worten und Beleidigungen zu kämpfen.« Die Zeit war also das, was man von Streitsucht erfüllt nennen könnte. Aber sie war es auf eine eher spitzfindige, intellektuelle, auch kokette Weise, die mit dem, was einen Krieg, einen Feldzug, eine Belagerung ausmachte, nichts im Sinne hatte. »In Zeiten, wo Beredsamkeit das selbstverständliche Erfordernis guter Erziehung war, war die Schwerfälligkeit in dieser Beziehung ein großer Fehler« (C. v. Chledowski).

Krieg man in Florenz schwerfällig? Gewiß nicht im Umgang mit schönen Phrasen. Obgleich man den Florentinern nachsagt, daß sie eher sarkastisch, kurz angebunden und in ihrem Spott sogar bösartig zu sein vermögen. Dieser Spott drückte sich auch in der Meinung Machiavellis über gewisse Fähigkeiten italienischer Politik aus. »Unsere italienischen Herrscher glaubten«, schrieb er, »es genüge, wenn ein Fürst schöne Briefe zu schreiben versteht, eine kunstvoll gedrechselte Antwort zu geben weiß, spitzfindige oder tiefgründige Reden halten und einen Verrat geschickt einfädeln kann. Mit Gold und Edelsteinen bedeckt, wollten sie alle Sterblichen durch die Üppigkeit von Tafel und Bett übertrumpfen. Sie gaben sich Ausschweifungen und schändlichem Müßiggang hin, herrschten voll Hochmut und Habgier über ihre Untertanen, vergaben die Stellen im Heer nur nach Gunst, verschmähten den heilsamen Rat aufrechter Männer und erwarteten, daß auch flüchtig hingeworfene Bemerkungen wie Orakelsprüche aufgenommen wurden. Die Unseligen merkten nicht, daß sie sich damit selbst reif machten für den nächstbesten Eroberer, der auf Beute auszog.«

Machiavelli hatte manchen Grund, über die Unseligen zu klagen, die in Florenz die politische Macht in Händen hielten. Allein die Unfähigkeit oder Umständlichkeit, mit welcher man die leidige Angelegenheit Pisa behandelte, war ihm ein ständiges Ärgernis. Und da war es Piero Soderini, der nach einigem Zögern Machiavellis Vorschlag akzeptierte, ein Volksheer aufzustellen und die kostspieligen und unzuverlässigen Söldner zu entlassen. Er war es freilich auch, der, weil er den Charakter seiner Florentiner nur zu gut kannte, die Rekrutierung für die neue Miliz zuerst einmal auf die Landbevölkerung beschränkt sehen wollte. Denn die Bauern litten in der Republik wie in ganz Italien am meisten unter den einander rasch folgenden Feldzügen. Sie würden, so folgerte Soderini, noch am ehesten bereit sein, sich selbst des Waffenhandwerks zu bedienen, um sich auf diese Art aus ihrer mißlichen Lage zu befreien. Außerdem hatten die Bauern kaum eine Möglichkeit, sich gegen eine Rekrutierung zu wehren, die notfalls zwangsweise vorgenommen werden konnte. Und für den Krieg gegen Pisa war ein Bauernheer immer noch besser – und billiger – als die bisher eingesetzten Söldner.

Soderini also war es, dem Machiavelli – und nicht nur in dieser einen Frage – viel zu danken hatte. Er würde es ihm später schlecht lohnen. Er würde zwar Soderinis Geduld und Güte beschreiben, ihm zugleich aber Entschlußlosigkeit vorwerfen. »Er hoffte«, so Machiavelli Jahre nach diesen Ereignissen über seinen ehemaligen Gönner und Freund, »durch Geduld und Güte mit gewissen Feindseligkeiten fertigzuwerden und sich manch einen durch Wohltaten zu versöhnen.« Dann der Satz, der, nach Meinung Machiavellis, den Hauptfehler oder die politische Todsünde Soderinis beschreibt: »Zudem war er laut wiederholten Äußerungen Freunden gegenüber der Meinung, daß er ohne Überschreitung seiner Machtbefugnisse und Bruch der Verfassung der Opposition nie entgegentreten und seine Widersacher niederwerfen könnte; das würde das Volk derart verschrecken, daß es nach seinem Tode nicht mehr zu bewegen wäre, einen Gonfalonier auf Lebenszeit zu wählen.« Und das Fazit daraus lautete bei Machiavelli: »Soderinis Bedenken waren die eines ehrenhaften, gutgesinnten Mannes. Gleichwohl darf man ein Übel niemals überhandnehmen lassen, wenn es imstande ist, das Gute zu schädigen, das gerettet werden soll. Soderini hätte dies bedenken müssen.«

Was Machiavelli hier zum Ausdruck brachte, entsprach seiner nüchternen Auffassung von Politik. Kein einziges Wort des Dankes ist dafür notwendig, daß Soderini ihm ermöglicht hatte, einen Traum zu verwirklichen. Soderini erfüllte nach Meinung Machiavellis lediglich seine Pflicht. Und schmälerte diese Pflichterfüllung durch übergroße Ängstlichkeit und unnotwendiges Zögern. Wer die Macht erobern oder sich bewahren will und dem Volk ein strenger, jedoch erfolgreicher Führer sein muß, darf sich keine Skrupel leisten. Mit der unverbrüchlichen Treue auf die Verfassung erreicht man wichtige politische Ziele entweder gar nicht oder nur auf mühsamem Umweg. Das war Machiavellis feste Meinung, die nichts mit Moral zu tun hatte, sondern eine pragmatische war. Wer dieser Meinung nicht entsprach, geriet unter das Trommelfeuer seines Spottes, auch wenn es sich dabei um einen Freund handelte.

Ein übler Lohn für erwiesene Gunst? Das gewiß. Dankbarkeit war etwas, das Machiavelli kaum kannte. Und das überdies in der Politik nichts zu suchen hatte. Die Aufstellung einer Miliz war eine Pflicht, die getan werden mußte. Diese Pflicht zu ermöglichen, war die Aufgabe eines Politikers. Es bestand also kein Anlaß, für den Gonfalonier, der sich allerdings stets und nachhaltig für Machiavelli einsetzte, irgendein Gefühl der Dankbarkeit oder Zuneigung zu erübrigen.

Von allen Seiten wird Machiavelli Anerkennung und Ermutigung zuteil, heißt es in den Berichten über jene knapp zwei Jahre, die er in Florenz verbringt, beschäftigt mit zahllosen Aufgaben – die Frage der Miliz war nur eine, die bewältigt werden mußte – und eingebunden in einen Tagesablauf, der mehr als anstrengend gewesen sein muß. Anerkennung und Ermutigung also. Aber derlei zieht auch Neid nach sich. Und Machiavelli hatte nicht nur Freunde, erlebte nicht nur die Meinung der Gutgesinnten, sondern mußte auch Niederlagen akzeptieren, die ihn völlig unvorbereitet trafen. Eine Gesandtschaft an den Hof des Herrschers über das mächtige Persien, an welcher er als Sekretär und damit natürlich als Hauptbeteiligter vorgesehen war, wurde auf diese Weise hintertrieben. Und seine Ernennung als florentinischer Legat für Deutschland, der Piero Soderini seine ganze Unterstützung hatte zuteil werden lassen, scheiterte gleichfalls an den kunstvollen Intrigen der Opposition, die Soderini treffen wollte und auf diesem Umweg dann auch Machiavelli traf.

Er kompensierte solche Niederlagen durch Arbeit. Und konzentrierte sich auf die Lösung einer Frage, die ihn seit langem schon beschäftigte. Es ging um den Oberbefehl über die Miliz. Und »mit Staunen vernimmt man, daß Florenz, diese Stadt mit ihrem noblen Trachten danach, keinem gehorchen zu müssen denn sich selbst und ihren Söhnen... daß diese Stadt den Oberbefehl über ihr Heer in die Hand eines Fremdlings legt« (M. Brion).

Noch dazu ist dieser »Fremdling« ein Spanier mit einem solchen Ruf, daß es an Verleumdung gegrenzt haben würde, ihn als Ehrenmann zu bezeichnen. Er wurde übrigens Michelotto genannt. Berüchtigt war er seit den Tagen Cesare Borgias, dem er nicht nur als Soldat, sondern auch als Henker gedient hatte. Die Ereignisse von Sinigaglia beispielsweise hatten seinem unersättlichen Blutdurst reichlich Nahrung gegeben. Nach dem Untergang des Borgia war er durch Italien vagabundiert, ein Schakal auf den Schlachtfeldern, gefürchtet, gehaßt, selber freilich unempfänglich für jedes Gefühl.

Machiavelli und die Florentiner mögen sich etwas gedacht haben bei solcher Wahl. Da war zuerst die Tradition zu berücksichtigen, welche forderte, daß ein Florentiner nicht Feldhauptmann werden dürfe. Eine nützliche Tradition. Zuviel Macht würde sich in einer Hand versammeln. Der gefährlichen Neigung, sich nicht bloß persönlich zu bereichern, sondern auch politischen Nutzen aus einer solchen Stellung zu ziehen, würde – so dachten die Florentiner, so mag wohl auch Machiavelli argumentiert haben – ein ehrgeiziger Charakter früher oder später erliegen. Und welcher Florentiner war nicht ehrgeizig?

Anderes kam hinzu. Michelotto besaß den Ruf, grausam zu sein. Er hatte Entsprechendes geleistet, um sich eine solche Nachrede zu erwerben. Das aber kann den Initiatoren der Miliz, also Soderini und Machiavelli, nur recht sein. Denn wer der Grausamkeit fähig ist, sorgt auch für Disziplin. Und Disziplin benötigten die Bauern und Kleinbürger aus der Toskana, die jetzt plötzlich als Soldaten die Ehre und das Vermögen der Republik zu verteidigen hatten. Jemand wie Michelotto, der hart durchgreift, brutal ist und unbekümmert zu bleiben vermag, wenn es um Gesundheit und Leben seiner Untergebenen geht, weil ihn nichts, was nach einem Gefühl aussieht, mit seinem Auftraggeber – der Republik – verbündet, erscheint besser geeignet als jeder Patriot. Patriotismus ist für die Masse nützlich. Vaterlandsliebe soll die Soldaten bewegen, wenn sie sich in die Schlacht stürzen. Der Kommandant braucht andere Qualitäten. »Machiavelli weiß sehr wohl, Patriotismus allein genügt nicht, daß ein Heer einheitlich und stark, lenksam und flink wird und vor allem blindlings gehorcht«, schreibt Marcel Brion. »Da vermag ein Michelotto mit seinem harten Blick, seinem bösen Mund, seinen kastilischen Flüchen und seinem allzeit lockeren Dolch wahrscheinlich mehr, als alle Qualitäten eines Giacomini vermocht hätten.« Giacomini? Antonio Tebalducci Giacomini ist Florentiner, ausgebildet im Kriegshandwerk, ein guter Soldat, wie allgemein festgestellt wird, ein Haudegen, dem auf manchem Schlachtfeld schon schöne Erfolge gelungen sind; und der gleichfalls zur Wahl gestanden hat für das neugeschaffene Amt eines Kommandanten der Miliz. Ursprünglich war sogar die Mehrheit der Signoria für ihn eingetreten. Aber Machiavelli verhinderte dann durch hinhaltenden Widerstand dessen Ernennung. Giacomini war Florentiner. Die innenpolitische Situation war nicht so friedlich, daß man einem florentinischen Bürger, der immer auch Parteigänger sein würde, ein so weitreichendes Amt zur Verfügung stellen durfte. Was dann, wenn Giacomini sich mit den oppositionellen Gegnern Soderinis verbündete? Und ihnen die Miliz zuführte, die ein Instrument zugunsten Soderinis sein sollte?

Es war ein hartes Ringen um die Position des Feldhauptmanns. Mehrerer Abstimmungen bedurfte es, bis man sich zögernd auf Michelotto einigte. Soderinis politische Konkurrenten streuten das Gerücht aus, daß dieser sich wie einst Cesare Borgia einen Bravo, einen berufsmäßigen Mörder zu halten wünsche, um sich der uneingeschränkten Macht über Florenz zu versichern. Machiavelli hatte Mühe, dieser gefährlichen Meinung zu widersprechen; gänzlich zerstreuen konnte er sie ohnedies nicht. Dabei wußte er besser als die meisten florentinischen Politiker, daß seinem Freund Soderini so gut wie alles fehlte, um ein zweiter Cesare Borgia zu werden.

Dann, als Michelotto endlich gewählt war, schob ihn Machiavelli sogleich nach Pisa ab. Der Sekretär hatte einen Sieg errungen. Aber er durfte ihn nicht auskosten.

Dennoch kann Machiavelli sich nunmehr einigen Augenblicken aufatmender Zufriedenheit hingeben. Er hat in diesen Monaten, da ihn kein Auftrag für eine diplomatische Mission ereilte oder solche Möglichkeiten durch seine Gegner und Neider hintertrieben wurden, sehr viel erreicht. Fast hat es den Anschein, als ob der Unruhige, Nervöse, auf Abwechslung beinahe Versessene Gefallen an dieser ruhigen Art des Lebens und Wirkens gewinnt. Er hat, so lange er in Florenz verweilen und im Palazzo Vecchio tätig sein kann, kaum Sorgen. Materielle Angelegenheiten bekümmern ihn jetzt so gut wie gar nicht. Denn es sind keine kostspieligen Reisevorbereitungen zu treffen, keine Diener anzustellen, keine Reitpferde und Maultiere einzukaufen, keine teuren Quartiere in fremden Städten auszusuchen. Und keine drängenden Briefe an die Signoria zu schreiben, in welchen der Sekretär auf seine pekuniären Fatalitäten verweisen muß. Er braucht nicht als lästiger Bittsteller in Erscheinung zu treten. Und er befindet sich im Zentrum der Macht oder doch nahe diesem Zentrum, wenn es darum geht, seine Vorstellungen zur Sprache zu bringen und sie nach Möglichkeit auch durchzusetzen. Die Sache mit der Miliz, die ihn seit langem beschäftigt hatte, war tatsächlich erst spruchreif geworden, als er in Florenz weilte. Aus der Entfernung wäre ein solches Vorhaben gewiß nicht zu realisieren gewesen.

Fraglich bleibt dennoch, ob man in Florenz tatsächlich begriff, was diese Aufstellung einer Miliz bedeutete. Jener bemerkenswerte Satz, den Machiavelli in einem anderen Zusammenhang notierte und darin er vor den plötzlich auftretenden Rückschlägen warnte, die man durch den Einsatz von Söldnern stets zu befürchten habe, ist den Politikern in Florenz ebenso gleichgültig geblieben wie alle anderen Hinweise auf die Nachteile einer eingekauften oder gemieteten Armee. Alles woran sie interessiert sind, hat mit der möglichen Einsparung von Unterhaltskosten für ein stehendes Heer zu tun. Vaterlandsliebe, Nationalbewußtsein, Streben nach Unabhängigkeit: Das sind ihnen, sofern sie überhaupt darauf achten, unnütze Illusion. Hingegen leuchtet ihnen ein, daß Bauernsöhne und verarmte Kleinbürger billiger kommen als Berufssoldaten. Und das gibt schließlich den Ausschlag.

Darf sich Machiavelli jetzt in seinem Erfolg sonnen? Wird ihm – der innerhalb weniger Monate mehr für die Republik geleistet hat als alle politischen Repräsentanten und ehrgeizigen Intriganten – dieser Erfolg nun eine Verbesserung seiner beruflichen und materiellen Situation einbringen? Kann er sich Pläne erlauben, die mit einer Karriere im Palazzo Vecchio zu tun haben?

Wir wissen zu wenig von ihm, als daß wir seine private Meinung oder gar seine Gedanken zu rekonstruieren vermöchten. Die Behaglichkeit, die ihm seine Familie, seine Frau Marietta schenkten, wird er gewiß geschätzt haben. Und natürlich auch den Umgang mit seinen wenigen Freunden. Über seinen Ehrgeiz können wir nichts aussagen. War er überhaupt ehrgeizig? Daß er sich Hoffnungen machte auf einen raschen und steilen beruflichen Aufstieg, darf angenommen werden. Illusionen gab er sich allerdings keinen hin. Dazu war er zu wachsam, zu selbstkritisch, auch zu realistisch. Er wußte, daß er Gegner hatte. Und daß Soderinis politische Feinde auch die seinen waren. Jene angestrengten Bemühungen des Gonfalonier, ihn nach Persien oder nach Deutschland zu entsenden, waren kläglich gescheitert. In der Signoria hatte man gegen Soderini und damit auch gegen Machiavelli gestimmt. Das waren Alarmzeichen, die man nicht übersehen durfte. Dabei war niemand in Florenz imstande, die politische Situation in Europa knapper und auch treffender darzustellen als Machiavelli. »Wer heute regiert, das sind Fürsten, die entweder von Natur oder auf Grund der Umstände folgende Eigenschaften haben: ein Papst, der klug, ernsthaft und geachtet ist; ein leichtlebiger Kaiser, temperamentvoll und launenhaft; ein reizbarer und nicht sehr mutiger französischer König; ein spanischer Monarch, der ein Hitzkopf und Geizkragen ist; ein reicher König in England, kühn aber ruhmsüchtig; dann Schweizer, die brutal, unverschämt und dabei siegreich sind; und wir Italiener sind arm, ehrgeizig und werfen uns trotzdem weg. Was andere Fürsten angeht und wie es um sie stehen mag – ich kenne sie nicht.«

Würde man wirklich auf die Dienste eines Mannes verzichten können, der fähig war, die Großen jener Zeit so genau zu charakterisieren? Wenige Wochen, nachdem die Signoria offiziell abgelehnt hat, Machiavelli als florentinischen Legaten nach Deutschland zu entsenden, greift Piero Soderini ein und delegiert den Sekretär an den Hof des Kaisers. Dieser, »ein leichtlebiger Kaiser, temperamentvoll und launenhaft«, Maximilian I., residiert zu diesem Zeitpunkt in Innsbruck.

Und Machiavelli, nicht ganz glücklich über diesen Auftrag, macht sich wieder einmal unverzüglich auf den Weg.

12. KAPITEL

Maximilian I.

Maximilian, den sie den letzten Ritter nennen, ist ein Mann des ständigen Widerspruchs. Er wolle ein Heiliger werden, schreibt er einmal an seine Tochter. Seine romantischen Neigungen machen es schwer, ihn als Geschöpf der Renaissance zu begreifen. Eher ist er dem Mittelalter verpflichtet. Kreuzzüge und Ritterturniere entsprechen seinen Neigungen. In Rom will er sich die Kaiserkrone, vielleicht sogar die päpstliche Tiara holen, wie ein unglaubliches Gerücht behauptet. Den Titel des Pontifex Maximus hat er ohnedies schon angenommen; daß er ihn nicht auch auf die kaiserlichen Münzen prägen läßt, habe, wie Spötter behaupten, bloß damit zu tun, daß er zu arm sei, um sich solchen politischen Luxus leisten zu können. Wankelmut, mangelnde Logik und krankhafter Ehrgeiz werden ihm nachgesagt. Wohlmeinende Autoren wie der Historiker Hugo Hantsch beschreiben ihn als kühnen, jedoch häufig irrenden Ritter, »das Herz voll tapferer Wünsche, unbeschwert von Ahnungen kommenden Unheils«. Etwas nüchterner und auch mit politisch geschärftem Blick sieht ihn Erich Zöllner, wenn er schreibt, daß Maximilian vor allem an der Mehrung der habsburgischen Hausmacht interessiert gewesen sei. Überdies habe er sich »dem deutschen Volk, an dessen Führungsschicht er wiederholt in pathetisch-nationalen Tönen appellierte«, persönlich verbunden gefühlt.

Einem solchen Charakter muß beinahe zwangsläufig das Mißtrauen aller Italiener begegnen. Als leichtlebig, temperamentvoll und launenhaft hat ihn Machiavelli dargestellt. Denn in seinem ganzen Tun, so urteilt man in den romanischen Ländern, fehle die Logik. »Und da seine unstillbare Ruhmsucht«, schreibt Marcel Brion, »sein Eroberungshunger, dem alles nur irgend Erreichbare mit Sicherheit anheimfällt, bekannt sind, ist guter Grund zur Besorgnis, wenn nun der Herrscher über das Heilige Römische Reich Deutscher Nation zu seinem Läuferzug ansetzt, von dem niemand weiß, wohin er ihn tragen wird.«

Dieser »Läuferzug« zielt zuerst einmal nach Italien. Maximilian will durch die Hand des Papstes gekrönt werden. Das ist zumindest der offizielle Grund für die Vorbereitungen, die nördlich der Alpen getroffen werden. Warum freilich ein gewaltiger Heerbann aufgestellt werden soll, wenn ein Deutscher sich zum Kaiser krönen lassen will, weiß vorerst niemand. Und daß er nur der Reisespesen wegen, die ihm der Weg nach Rom abfordern könnte, bald bei den Landes- und Kirchenfürsten sowie bei den freien Reichsstädten um Kredite nachkommt, die ihm dann freilich nur auf unzulängliche Weise gewährt werden, wird in Italien als Ausrede durchschaut und ist Anlaß zu weiterer Besorgnis. Kredite nimmt man auf, wenn man ein Heer ausrüsten will. Und ein Heer stellt man auf, wenn man Eroberungen im Sinn hat. Venedigs Spione bei Maximilian berichten jedenfalls in aufgeregtem Tonfall, daß drei Armeen, versehen mit mauerbrechendem Geschützwerk, demnächst schon bereitstünden. Zwei dieser Heeresgruppen würden nach Italien ziehen, angeblich in zwei Stoßrichtungen, nämlich über Trient und Verona einerseits und durch Kärnten in das venezianische Friaul einfallend andererseits. Der dritten Armee sei der Auftrag mitgeteilt, Frankreich zu bedrohen und das Burgund einzunehmen, auf das Maximilian alten Anspruch erhebt.

Was will Maximilian wirklich? Weiß er es selbst? »Der Kaiser Maximilian kommt nach Italien«, schreibt Hans Freyer, »wie immer umstrahlt von dem unruhigen romantischen Glanz, den seine ritterliche Gestalt aussendet, und wie immer in Geldnöten.«

Ein solcher Mann ist doppelt gefährlich, das wissen die Italiener aus bitterer Erfahrung. Ruhmsucht gepaart mit Geldverlegenheit ergibt eine Ausgangsposition für Schlimmes. Würde er sich auf seinen Konflikt mit Frankreich beschränken, würde Maximilian nur des Burgunds wegen Krieg führen, könnte man in den italienischen Stadtstaaten und am Hofe des Papstes achselzuckend die Hände in den Schoß legen. Die Barbaren konnten einander bekämpfen, so lange sie wollten, wenn bloß Italien davon nicht berührt würde. Selbst die manchenorts verbreitete Meinung, Maximilian rüste lediglich zu dem einen Zweck, um Genua zu Hilfe zu eilen, das von den Franzosen besetzt und unterdrückt war, selbst diese Meinung war nicht wirklich alarmierend.

Aber Maximilians Vorbereitungen waren zu umfangreich, zu

aufwendig, um nur die burgundische Angelegenheit oder eine eher nebensächliche Affäre wie die Befreiung Genuas zu betreffen. Immerhin war ihm auf einem Reichstag in Konstanz zuletzt doch noch ein Heer von 8000 Reitern und mehr als 20000 Mann Fußvolk zugebilligt worden. Eine solche Streitkraft benötigt man nicht, wenn man sich in Rom bloß krönen lassen oder auf Nebenkriegsschauplätzen Scharmützel veranstalten will.

Allerdings wußte man in Italien auch, daß Maximilian für die Ausrüstung und den Unterhalt dieser Armee nur 120000 Dukaten zugewiesen erhalten hatte. Das war reichlich wenig. Überdies standen ihm die Soldaten nur für die Dauer eines halben Jahres zur Verfügung. Nach Ablauf dieser Frist würde er dringend Geld benötigen, um das Heer nicht zu verlieren.

Und genau das war der Punkt, welcher Florenz betraf. Hier war man im Gegensatz etwa zu Venedig oder zu Rom eher ratlos, wie man sich in dieser undurchsichtigen und bedrohlichen Angelegenheit verhalten sollte. In Venedig, das zuerst und unmittelbar bedroht schien, traf man inzwischen gezielte Gegenmaßnahmen. Die Feldhauptleute der Serenissima wurden in die Gegend von Verona und ins Friaul entsandt, um Stellungen zu beziehen, die ein Vorrücken der Kaiserlichen erschweren sollten. Außerdem verbündete man sich sogleich mit Frankreichs König Ludwig XII., der den Venezianern einen General und 5000 Soldaten überließ. In Rom wiederum wartete man noch ab, weil Julius II. sich nicht vorstellen mochte, daß des Kaisers politische Unvernunft so weit gehen könnte, die Hand nach der päpstlichen Tiara auszustrecken. Außerdem lag zwischen Rom und der kaiserlichen Armee Venedig, türmten sich aber auch des Kaisers Geldschwierigkeiten auf, die, so hoffte man in Rom, schwieriger zu bezwingen sein würden als die Söldner der Serenissima und die mit ihr verbündeten Franzosen.

In Florenz berief die Signoria Sondersitzungen ein. Hier war die Situation ungleich schwieriger. Denn Maximilian hatte von den Florentinern nicht mehr und nicht weniger als die Überweisung von 500000 Dukaten gefordert. Dies als Anzahlung für die Finanzierung eines Feldzuges gegen Frankreich, wie der kaiserlichen Aufforderung zu entnehmen war, die sich im übrigen auf ein altes, längst in Vergessenheit geratenes Gesetz stützte, demnach Florenz – wie andere italienische Städte – dem Kaiser tributpflichtig wäre.

Das war viel auf einmal. Denn zuerst einmal wußte man nichts von einer historisch begründeten Schuld gegenüber einem Oberlehensherrn, der jetzt zufällig Maximilian hieß. Zum anderen war man sich dessen bewußt, daß man, würde man zugunsten Maximilians Partei ergreifen, den Franzosen ein Ärgernis bereiten mußte. Und das war unter allen Umständen zu vermeiden. Denn mit Frankreich stand man in vorzüglicher Geschäftsverbindung; in französische Vorhaben hatte man beträchtliche Investitionen getätigt; sich gegen Frankreich zu stellen, und sei es bloß durch Geldüberweisungen an dessen Gegner, wäre wider alle politische Vernunft gewesen; Bankleute haben eine andere Vorstellung von Politik als Militärs. Den Florentiner Bankleuten war die halsbrecherische Kühnheit eines Maximilian allein schon deshalb unsympathisch, weil dieser Kaiser – sofern man ihm tatsächlich Geld überweisen mußte – als Schuldner seine Gläubiger wahrscheinlich bitter enttäuschen würde. Einem leeren Sack kann man keine Zinsen abverlangen.

Aber Maximilian forderte keine Darlehen, sondern die Bezahlung einer alten Schuld. Und das in einer Höhe, die einem den Atem verschlug.

Man kann sich unschwer vorstellen, welche erbitterte Erregung im Palazzo Vecchio herrschte, nachdem des Kaisers Wünsche eingelangt waren, die in den Ohren der Florentiner wie barsche Befehle geklungen haben mögen. Die Summe war zu groß, ihr rechtlicher Anspruch zumindest fragwürdig. Die politischen Konsequenzen, die man im Falle einer Bezahlung befürchten mußte, waren außerdem unabsehbar. Denn gegen Frankreich würde man gewiß nicht Partei ergreifen; und auch nicht als Finanzier eines Feldzugs gegen Ludwig XII. in Erscheinung treten. Andererseits mußte man befürchten, dieses launenhaften und unberechenbaren Deutschen Zorn zu wecken, wenn man sich seiner Forderung zu ungestüm widersetzte. Und eine kaiserliche Armee vor den Toren der Stadt war das letzte, was man sich wünschte.

Also aufgeregte Beratungen. Prognosen werden angestellt, wie ernst es Maximilian sein könnte mit seinen Plänen, von denen man nicht mehr weiß, nicht mehr in Erfahrung hat bringen können, als daß sie eine Bedrohung der gegenwärtigen Situation sind. Nachrichten laufen ein, die einander widersprechen. Aber das ist immer so, wenn man auf Neuigkeiten aus zweiter Hand angewiesen ist. Venedig hat seine zuverlässigen Spione in Deutschland. Des Papstes Legaten sorgen selbstverständlich für detaillierte Berichte. Nur Florenz ist bei Maximilian entweder gar nicht oder bloß unzulänglich vertreten. Und das in einem Augenblick, da man sich mit den politischen Absichten Maximilians wirklich ernsthaft beschäftigen muß. Die Summe, die er fordert, ist so bedeutend, der moralische Unterton seines Wunsches so gravierend, daß die übliche florentinische Politik des Lavierens, des geschickten Hinauszögerns einer unmißverständlichen Antwort kaum noch möglich scheint.

Also aufgeregte Beratungen. Man wird sich nicht festlegen, soviel darf vorausgesetzt werden. Jede Reaktion auf die Forderung Maximilians, die dieser als Zustimmung auffassen könnte, wäre eine Herausforderung an die Adresse seiner Gegner. Frankreich kann und darf man sich nicht zum Feind machen. Und Venedig? Da müßte man vorher wissen, welche Absichten die Deutschen mit Venedig tatsächlich haben. Wird Maximilian, wie man inzwischen allgemein vermutet, venezianisches Gebiet für sich beanspruchen? Oder braucht er die »terra ferma« des venezianischen Festlandes nur als Aufmarschgebiet für ganz andere Ziele?

Man ist ungenügend informiert, das begreift man jetzt in Florenz. Also muß man – auch darauf einigt man sich in der Signoria allmählich – einen Gesandten nach Deutschland entsenden. Aber würde das nicht als Anerkennung der Absichten Maximilians mißverstanden werden, wenn man einen florentinischen Diplomaten an dessen Hof etablierte? In der Signoria redet man sich buchstäblich die Köpfe heiß, verstrickt man sich fast hoffnungslos in eigene und fremde Spitzfindigkeit, weil man im Grunde nichts weiß und also auch nicht weiß, wie man auf das reagieren soll, das man nicht kennt. Was auf dem Tisch liegt, sind die Forderungen Maximilians. Alles andere stützt sich auf Verdacht und Gerücht.

Da schlägt Soderini vor, Machiavelli zum päpstlichen Nuntius in Deutschland zu entsenden. Dieser Vorschlag ist durchaus vernünftig. Des Papstes Mann bei Maximilian ist, wie man annehmen darf, besser als jeder andere Italiener über die Absichten der Deutschen informiert. Und wenn man einen Spion auf ihn und nicht auf Maximilian ansetzt, kann das in den Augen Frankreichs und Venedigs nicht im mindesten als irgendeine Form der Anerkennung

Maximilians durch Florenz begriffen werden. Außerdem gewinnt man durch solches Vorgehen etwas Zeit. Und ein kluger Beobachter weiß auch im geschickten Umgang mit dem Nuntius das in Erfahrung zu bringen, was die Florentiner an Maximilian interessiert. Machiavelli ist klug und geschickt. Er hat das mehrfach bewiesen. Einen brauchbareren und erfahreneren Mann als ihn hat Florenz nicht.

Also wieder einmal Machiavelli. Überraschend kommt das nicht. Und auch in der Signoria ist man über diesen Vorschlag Soderinis nicht überrascht. Aber aus ganz anderen Gründen. Denn Machiavelli gilt als Parteigänger, sogar als persönlicher Freund des Gonfalonier. Soderini hat Machiavelli des öfteren schon auf eine Weise bevorzugt, die zu denken gibt. Und will Soderini nicht die ganze Macht über Florenz? Muß man ihn nicht im begründeten Verdacht haben, auf raffiniert eingeschlagenem Umweg eine Tyrannei zu errichten? War nicht schon die Sache mit der Miliz, die Soderini seinem Günstling Machiavelli übertragen hat, ein Indiz dafür, daß der Gonfalonier – ohnedies auf Lebenszeit gewählt – nach einer Ausweitung seiner persönlichen Macht strebt? Mißtrauisch erinnert man sich in der Signoria an den Sieg Machiavellis – und damit Soderinis – in der Frage des Oberbefehls über die Miliz, als nicht der Florentiner Giacomini, sondern der Spanier Michelotto, der dadurch dem Gonfalonier verpflichtet ist, zum Kommandanten der Miliz ernannt wurde. Soll sich jetzt das wiederholen?

Es ist nicht einfach, in Florenz Politik zu machen. Denn »die florentinische Demokratie in ihrem Wahn, Soderini strebe eine Diktatur an, bekämpfte den Gonfalonier noch in dem kleinsten seiner Beamten« (M. Brion).

Dazu kommen notorisches Mißtrauen und jene Geschäftsinteressen, die zwar eine Voraussetzung dieser florentinischen Demokratie sind, diese aber zugleich auch immer wieder in Frage stellen. Man muß sich überhaupt die ungemein schwierige Situation in Erinnerung rufen, in welcher sich Piero Soderini befindet. »Er stammte aus einer alten Familie, die immer gegen die extremen Demokraten gewesen war. Aber er persönlich hatte stets an der Idee einer freien Regierung festgehalten, den ›Großen Rat‹ respektiert und sich für die Verfassung eingesetzt. Sein Privatleben war ohne Tadel. Er war das Idealbild des besonnenen, ehrbaren Mannes mit etwas Vermögen oder einem soliden Geschäft, eines Bürgers, wie er zu allen Zeiten das Rückgrat blühender und selbstbewußter Staatswesen gebildet hat« (James Cleugh).

Aber das Florenz des beginnenden 16. Jahrhunderts war weder blühend noch sonderlich selbstbewußt. Die Feinde der Republik waren zahlreich, die Gefahr einer Rückkehr der Medici schien noch immer nicht gebannt. Und in der Stadt selbst gab es zu viele gegeneinander auftretende Gruppen, verfolgte man einander widersprechende Interessen und waren Eifersucht und gegenseitiges Mißtrauen die beherrschenden Gefühle einer Regierung, die sich schon längst nicht mehr einbilden durfte, eine starke zu sein. »In einer verzweifelten finanziellen Lage und durch Invasion von außen bedroht, durfte die Stadt nicht länger dem Ratschluß ihrer achtbaren, aber doch ziemlich engstirnigen Mittelklasse überlassen bleiben, selbst wenn der Mann an der Spitze sich auf hervorragende politische Fähigkeiten seiner Familie berufen konnte. Bald trieb die Oberschicht, mehr noch als die kleinen Geschäftsleute, mit Piero Soderini ihren Spott« (J. Cleugh).

Es ist also fast unmöglich, in Florenz eine vernünftige Politik zu machen. Das, was der Republik nützlich sein könnte, ist mindestens einer Gruppe von Politikern stets verdächtig. Es wäre beispielsweise nur logisch, Niccolò Machiavelli nach Deutschland zu entsenden, ihm die schwierige und wichtige Aufgabe zu übertragen, die tatsächlichen Absichten Maximilians zu erkunden, und das auf Umwegen, welche der Signoria keinerlei Verpflichtungen aufdrängen.

Aber das Logische darf nicht auch das Selbstverständliche sein. Da dieser Vorschlag von Soderini kommt, lehnt man ihn ab. Und betraut Francesco Vettori damit, der ein harmloser Mann und alles andere als ein Diplomat ist. Das Ergebnis ist, wie nicht anders zu erwarten war, dementsprechend ernüchternd.

Francesco Vettori geht nach Deutschland, verhandelt mit Maximilian, wird von diesem teils bezaubert, teils eingeschüchtert und läßt mit sich geschehen, was immer die Deutschen wollen. Seine Berichte an die Signoria klingen wie Hilferufe. Man wird sich den Forderungen Maximilians zu beugen haben. Man wird zahlen müssen, unverzüglich, weil jeder weitere Aufschub verhängnisvoll sei.

In Florenz ist man bestürzt. Schon hört man das Klirren der Waffen, erkennt man den Spott in den Augen der Gegner, vernimmt man die Vorwürfe, die Frankreich machen wird. Und schon addiert man die Verluste, die aus einer solchen Situation entstehen können.

Soderini triumphiert. Man hat gegen seinen Rat gehandelt und einen Mann, der vorzüglich auftreten, jedoch nicht verhandeln kann, in die Höhle des Löwen geschickt. Wieder kommt es zu aufgeregten Beratungen. Man plant, Vettori mit präzisen Instruktionen zu versehen, ihm eine Art Leitfaden zukommen zu lassen, nach welchem er in seinen Gesprächen mit Maximilian und dessen Ratgebern vorzugehen habe. Man will sozusagen ein Drehbuch schreiben lassen, an welchem sich Vettori orientieren könne. Aber Soderini verhindert die Durchführung dieser eher phantastischen Idee. Nichts Schriftliches, warnt er. Nichts, was später einmal eine kompromittierende Belastung sein könnte. Denn was dann, wenn dieses Dokument in falsche Hände gerät?

Das leuchtet ein. Aber was tun? Vettori braucht neue Instruktionen. Die Republik noch eine letzte Atempause. Wieder fällt, von Soderini geschickt ins Spiel gebracht, der Name Machiavellis. Er soll dem unglücklichen Gesandten jenseits der Alpen als Dolmetscher der Absichten der Signoria dienen. Er soll der Bote sein, der Vettori mit neuen Instruktionen beliefert.

Also doch Machiavelli? Ja, er. Aber, wie schon so oft zuvor, nur in untergeordneter Funktion. Gleichsam als »Briefträger« eingesetzt. Jedes selbständige Handeln ist ihm untersagt. Auf seine Berichte, die man längst zu schätzen gelernt hat, will man allerdings nicht verzichten. Er wird Vettori bei deren Abfassung behilflich sein. Er wird überhaupt nichts anderes sein als das, was man in ihm zu sehen wünscht. Ein Beamter, der die ihm aufgetragene Pflicht gehorsam erfüllt. Ein Gehilfe, der sich nützlich macht.

Im Sommer 1507 verläßt Machiavelli Florenz. Ein Geleitschreiben, ein schriftliches Dokument hat er diesmal nicht bei sich. Das erweist sich schon in der Lombardei als nützlich, wo er von den Franzosen peinlich genau kontrolliert wird. Man findet natürlich nichts bei ihm. Seinen Auftrag hat er im Kopf. Die Forderungen Maximilians sind nicht rundweg abzuschlagen. Aber man muß Zeit gewinnen. Und die Summe, die er von den Florentinern verlangt, ist herabzudrücken. Vielleicht 50000 Dukaten. Oder auch bloß 30000. In jedem Fall Ratenzahlung. Darauf vor allem kommt es an. Daß man Maximilian dazu überreden kann, sich mit mehreren, über einen längeren Zeitraum sich hinstreckenden Überweisungen einverstanden zu erklären. Und das alles natürlich erst für den Fall, daß er mit seinen Soldaten tatsächlich auf italienischem Gebiet stehen wird.

Alles hat Machiavelli im Kopf. Daß er Francesco Vettori, den eigentlichen Abgesandten der Republik am Hofe Maximilians, mit den notwendigen Instruktionen unterweisen soll. Daß er nach Möglichkeit mit Maximilians Beratern ins Gespräch zu kommen hat. Daß er Augen und Ohren offenzuhalten hat. Daß er weniger als Diplomat denn als geschickter Spion auftreten muß, um die wahren Absichten Maximilians zu erfahren. Wie viele Soldaten er tatsächlich aufzubringen vermag. Und über welche Summe er verfügt. Und welche er noch benötigen wird. Und was sein erstes Ziel sein wird, Venedig oder doch Rom oder vielleicht auch nur Mailand oder Genua, wo er die Franzosen angreifen könnte.

Weihnachten 1507 ist Machiavelli in Genf. Dann braucht er vier Tage, um die Schweiz zu durchqueren. Den Auftrag der Signoria erfüllt er stets aufs genaueste. Ihm muß man nicht mehr beibringen, wie man zu Informationen kommt. Er beherrscht sein Handwerk, kennt die Tricks, die man anwenden muß, um das in Erfahrung zu bringen, was das Bild abzurunden hilft, das man sich von der Welt machen muß. Ein »wohlinformierter Herr in Freiburg« berichtet ihm Wissenswertes über diesen römischen König aus Deutschland, den man nicht unterschätzen dürfe, weil er unberechenbar sei. In Schaffhausen horcht Machiavelli zwei Genuesen aus, die sich auf der Rückkehr in ihre Heimat befinden und sich lange genug in der Nähe Maximilians aufgehalten haben, um einiges über dessen Absichten zu wissen. Sicher ist, daß die Fugger, die reichen Kaufleute aus Augsburg, Maximilian mit 100000 Talern finanziert haben. Und daß er »mit den Schweizern Abschlüsse dahin getroffen hat, daß er sie nicht gegen Frankreich einsetzen werde, sondern an anderer Stelle«, wie Machiavelli gewissenhaft an die Signoria berichtet.

Später sind es Mailänder, mit denen er zusammentrifft. Auch der damals wohlbekannte Musiker Airège liefert ihm wertvolle Informationen. Und ein 66jähriger Mann, »der allenthalben als klug und vorsichtig gilt«, wie Machiavelli in seinem Bericht hinzufügt.

Auf solche Weise entsteht ein Mosaik. Man fügt Steinchen zu Steinchen, sammelt Meinungen und Nachrichten, verschmäht auch das scheinbar Nebensächliche nicht, horcht ins Volk und hat das Ohr am Mund jener, die sich einbilden, Geheimnisträger zu sein. Die Menschen sind mitteilsam; manche sogar geschwätzig. Man muß ihnen nur Gelegenheit geben, sich aussprechen zu können. Machiavelli ist ein unendlich geduldiger Zuhörer. Man muß unauffällig sein. Er ist es bis zur Vollendung.

Als er mit Vettori zusammentrifft, der nach wie vor nichts erreicht und nichts bewirkt hat, schlüpft er sogleich wieder in die Rolle des untergeordneten Sekretärs, dem man unangenehmen Botendienst und lästige Schreibarbeiten zubilligt. Aber jemand, der unauffällig ist, höflich zu sein vermag und gut zuhören kann, erfährt mehr als die anderen. Machiavelli erhält bestätigt, was man in Florenz bereits befürchtet hat. Die Vorbereitungen, die überall getroffen werden, gelten einem größeren Unternehmen. Überall werden Soldaten zusammengezogen. Überall spricht man davon, daß der Krieg unausbleiblich sei. Aber noch weiß niemand, in welchem Land dieser Krieg stattfinden wird.

Auch mit dem römischen König der Deutschen trifft er zusammen, das heißt, er darf im Hintergrund ein stummer Beobachter sein, während Vettori mit Maximilian konferiert. Machiavelli ist es zufrieden. Er hat so Gelegenheit, diesen Menschen, der Italien in Unruhe versetzt, eindringlich zu studieren. Später wird er das Porträt Maximilians mit erbarmungsloser und allerdings auch objektiver Direktheit beschreiben. »Ich glaube, es hat noch nie einen verschwendungssüchtigeren Monarchen gegeben, als Maximilian es ist. Daher hat er ständig an irgendetwas Mangel und in keiner Lebenslage genügend Geld. Er ist sehr unbeständig; was er heute erstrebt, ist morgen vergessen. Von niemandem mag er sich raten lassen, und doch hört er auf jedermann. Was erreichbar ist, will er unbedingt haben, und was er nicht bekommen kann, schmäht er. Daher die stets einander widersprechenden Beschlüsse, die er von Stunde zu Stunde trifft. Andererseits hat er als Kriegsherr seine Qualitäten. Er versteht ein Heer zu führen und es unter rechter Ordnung und Disziplin zu halten; auch steht er, wie kaum einer, die ärgsten Strapazen durch. Er ist mutig in der Gefahr. Und als Feldherr bleibt er keinem etwas schuldig.«

Ist Maximilian jemals genauer und zutreffender charakterisiert worden? Als er endlich in Innsbruck aufbricht, um mit großem Heerbann über den Brenner südwärts zu ziehen – die florentinischen Abgesandten bleiben zurück –, da ist man allgemein davon überzeugt, daß er nun die Länder jenseits der Alpen mit Krieg überziehen werde. Aber wie urteilte doch Machiavelli? Maximilian sei unbeständig; und vergesse anderntags, was er gerade erst erstrebt habe... In Trient läßt Maximilian, als habe ihm der Papst die Kaiserkrone schon überantwortet, ein entblößtes Schwert vor sich hertragen; und sein Kanzler, ein wackerer Mann namens Matthias Lang, Bischof von Gurk in Kärnten, predigt im Dom auf eine Weise, als habe sein Herr und König die Welt bereits in der Tasche. Und noch im südlichen Vicenza, das den Venezianern gehört, führen sich die Deutschen auf, als sei die Neuordnung Italiens unter ihrer Oberhoheit nur noch eine Frage von nebensächlicher Bedeutung.

Aber tatsächlich geschieht nichts. Oder alles geschieht auf eine Weise, wie es Machiavelli mit wenigen Worten angedeutet hat. Maximilian weiß nicht, was er will. Seine Soldaten, denen der militärische Erfolg durchaus treu zu sein scheint, ziehen eher ratlos durch die Provinzen des venezianischen Bereiches, belagern einmal unter dem Markgrafen von Brandenburg die Stadt Rovereto, erobern sie fast und ziehen plötzlich, wie sie gekommen sind, wieder ab. Niemand kennt den Grund. Im nördlichen Cadore stürmen 12 000 Mann die venezianischen Stellungen und geben über Nacht das Gewonnene wieder auf. Niemand weiß um die Ursachen dieses sonderbaren Verhaltens. Dann plötzlich geht Maximilian auch noch das Geld aus. Schweizer Söldner sind die ersten, die abziehen, als ihnen ausständiger Sold nicht sogleich in die Hand ausbezahlt werden kann. Unzufriedenheit wird auch bei anderen angeworbenen Soldaten spürbar. Es ist das alte Lied. Einen Krieg kann man nur führen, wenn man eine wohlgefüllte Kriegskassa mit sich führt. Da macht es keinen Unterschied aus, ob die sparsamen Florentiner Pisa zu erobern wünschen oder ein deutscher König nach Rom zu marschieren wünscht.

Maximilian muß jedenfalls zurück nach Deutschland. Nach Ulm

beruft er dringend einen weiteren Reichstag ein, auf welchem ihm von den Fürsten und Bischöfen die Mittel bewilligt werden sollen, die er braucht, um seine Pläne durchzuführen. Nur weiß noch immer niemand wirklich genau, von welcher Art diese Pläne sind. Weiß es Maximilian?

Machiavelli ist als des florentinischen Gesandten gehorsamer Diener in Innsbruck zurückgeblieben. Er langweilt sich. Außerdem ist Vettori erkrankt und bedarf mehr der Unterstützung durch die Ärzte als Machiavellis klugen Rates. Dieser, besorgt um das Gelingen dieser diplomatischen Mission, hat einiges inszeniert, was daran erinnert, daß er auch des Umgangs mit der Komödie mächtig ist. Aber ist nicht ohnedies alles, was Menschen tun, dem vergleichbar, was die Komödianten zum besten geben?

Machiavelli bedient sich der Hand seines Vorgesetzten, also Vettoris, um der Signoria begreiflich zu machen, wie unentbehrlich er sei. Er schreibt, was nicht nur durch den Stil dieser Berichte erwiesen ist, praktisch alle Briefe an die Regierung in Florenz, auch jene, die Vettoris Unterschrift tragen, die dieser ohne weiteres gibt, wahrscheinlich ohne das Vorgelegte immer aufmerksam zu lesen. Und das nützt Machiavelli weidlich aus. »Ich meine, Ihr dürftet ihn um keinen Preis zurückrufen, und ich bitte Euer Gnaden, daß er mir zur Seite bleibe, bis diese ganze Sache endgültig abgeschlossen sein wird. Seine Anwesenheit hier ist unbedingt erforderlich.« So läßt Machiavelli den ahnungslosen Vettori formulieren, so verwendet er ihn, um sich selbst in ein günstiges Licht zu rücken. »Was auch geschehe«, schreibt Machiavellis Hand im Namen Vettoris über den Segretario, »ich bin davon überzeugt, daß er weder Gefahr noch Ungemach scheuen wird, wenn er der Republik dienen kann«.

Daß er einen solchen Tonfall anschlägt, hat seinen gewichtigen Grund nicht nur in persönlicher Eitelkeit, sondern auch darin, daß es ihn nach Ulm drängt, wo der Reichstag tagt. Innsbruck ist, seit Maximilian die Stadt zwischen den Bergen verlassen hat, bedeutungslos geworden. Die Entscheidungen fallen in Ulm. Dort wird man, wenn überhaupt, endlich erfahren, was des deutschen Königs unberechenbarer Charakter als nächste Überraschung produzieren wird und in welchem Ausmaß die Fürsten, die Vertreter der Reichsstädte und des Klerus diese Überraschung zu finanzieren bereit und fähig sein werden. Aber Vettori liegt krank und unbrauchbar darnieder. Er ist nicht einmal imstande, seinem Mitarbeiter die Reise nach Ulm zu befehlen oder zu verbieten. Er taugt gar nichts mehr. Also wendet sich Machiavelli, der für einen solchen Ausflug das Geld und die Erlaubnis der Signoria benötigt, wieder einmal an diese, die er zuvor schon mit günstigen Berichten über sich selbst – mitgeteilt durch Vettori, der von alledem nicht die mindeste Ahnung hat – überrascht hat, und der kleine Schurkenstreich, die vergnügliche Intrige scheint einen günstigen Ausgang zu nehmen. Florenz bewilligt den Aufbruch nach Ulm. Florenz entsendet sogar das nötige Reisegeld. Allerdings scheint man im Palazzo Vecchio anzunehmen, daß Francesco Vettori, der offizielle Gesandte, sich nach Ulm aufmachen werde, begleitet von seinem Schatten Machiavelli.

Aber es kommt alles ganz anders. Machiavelli, der über Maximilian unter anderem auch urteilen sollte, daß dieser durchaus leutselig sei, »wenn er Audienzen erteilt, er will sie aber erteilen, wann es ihm beliebt, und er will von den Gesandten nur dann aufgewartet haben, wenn er nach ihnen schickt«, hat einmal mehr das Richtige begriffen und wird nun selbst zum Opfer seiner klugen Beobachtung. Maximilian hat kein Verlangen nach den Florentinern. Den Deutschen ist die Anwesenheit der Florentiner in Ulm schlichtweg unangenehm. Man verbietet ihnen kurzerhand die Reise nach Ulm. Sie hätten sich in Innsbruck einzurichten, bis neue Order einträfe, wird ihnen mitgeteilt.

Vettori, ohnedies bar jeder Information und durch seine Krankheit mehr noch als durch seine Unwissenheit gleichgültig gegenüber aller Politik, mag bloß die Achseln gezuckt haben. Machiavelli hingegen ist verärgert. Er verabscheut es, untätig sein zu müssen, während anderswo Entscheidendes, auch das Schicksal seiner Vaterstadt Betreffendes, vorbereitet wird. Außerdem ist er selbst nicht ganz gesund. Ein Steinleiden plagt ihn. Es sei die Niere gewesen, meinen manche Biographen. Andere verweisen auf die Galle. Was immer es auch gewesen sein mag: Machiavelli hat Schmerzen. Die aufgezwungene Langeweile läßt ihn sogar sentimental werden. Betrübt liest er Mariettas liebevolle Briefe, beantwortet sie, wie man wohl annehmen darf, in einem ähnlichen Tonfall. Denn wenn eine Gattin von Sehnsucht nach des Ehemannes Zärtlichkeiten schreibt, so wird dieser, sofern er sich der Frau nicht ganz und gar entfremdet hat, auf eine entsprechende Weise reagieren. Dazu kommt, daß Machiavelli, von dessen Zuneigung für Marietta wir ungeachtet seiner gelegentlichen amourösen Abenteuer überzeugt sein dürfen, ein durchaus leidenschaftlicher Mann ist. Das Glatte, Schmallippige, Ironische, das man von seinem Porträt ablesen kann, sagt gar nichts aus über seine Fähigkeit, ein echtes Gefühl zu empfinden.

Untätigkeit also. Und Langeweile. Und Anfälle von Frustration. Die hohen Berge rund um Innsbruck würden ihn erdrücken, meint Machiavelli. Das Steinleiden macht ihm zu schaffen. Und in Ulm, wohin man ihn nicht läßt, fällt schließlich eine Entscheidung.

Die Nachrichten, die ihn schließlich aus Ulm erreichen, hören sich so überraschend an, daß Machiavelli zuerst zögert, darüber unverzüglich einen Bericht an die Signoria abzufassen. Maximilian, der in Ulm wohl jene Einsicht empfunden haben mag, die er für gewöhnlich zu meiden sucht, hat, so scheint es, zumindest vorübergehend begriffen, daß seine finanzielle Situation einen langanhaltenden Krieg gar nicht zuläßt; und zwar weder gegen die Franzosen noch gegen die Venezianer, die ihm beide bei weitem überlegen sind, was die materiellen Voraussetzungen angeht. Auch muß er erkennen, daß man sich in Deutschland seinen Plänen, die übertrieben kostspielig sind, hartnäckig verschließt. Andererseits ist er klug genug, um zu sehen, daß auch die Venezianer, gegen die sein erster Stoß gerichtet war, der Schuh dort drückt, wo sie sozusagen aus französischem Material gemacht sind. Denn in Venedig beginnt man zu befürchten, daß man von den Franzosen, mit denen man gegen Maximilian ein Bündnis eingegangen ist, nur ausgenützt, nur als eine Art preiswerter Schutzwall mißbraucht wird. Und die Franzosen wiederum müssen sich glücklich schätzen, daß sie nicht direkt Betroffene sind, daß ihnen Maximilian nur drohende Absichtserklärungen, jedoch kein Söldnerheer über die Grenzen schickt, denn so gut gerüstet, so vortrefflich auf einen drohenden Krieg vorbereitet, wie man allgemein glaubt, sind sie bei weitem nicht.

Naheliegend wäre also ein Einlenken. Das sehen alle ein. Auch Maximilian. Das soll nicht heißen, daß man sich auf den Frieden besinnt. Dieser, ohne daß Maximilian einen überzeugenden Sieg erfochten hätte, käme einer Demütigung gleich. Aber man kann einen Waffenstillstand schließen. Und diesen Waffenstillstand kann man so festlegen, daß er einem Friedensschluß gleichkommt. Das bedeutet immerhin, daß niemand über den Schatten seiner Eitelkeit zu springen braucht und dennoch nicht gezwungen wird, sich in weitere kostspielige Abenteuer mit ungewissem Ausgang zu stürzen.

Ein Waffenstillstand also, abgeschlossen auf drei Jahre. Daß er dann nicht einmal sechs Monate lang halten wird, ist eine andere Geschichte. Für den Augenblick sind alle zufrieden. In Innsbruck schreibt Machiavelli, nachdem er sich von der ersten Überraschung erholt hat, seinen Bericht an die Signoria. »Ich habe mit der Absendung dieses Briefes einen Tag länger gewartet«, formuliert er sein Schreiben, dessen Inhalt auf bloßes Hörensagen angewiesen und dementsprechend vorsichtig angelegt ist. Er verwendet diesmal Begriffe wie »angeblich« und flüchtet gegen seine Gewohnheit in die Möglichkeitsform. Der Waffenstillstand sei »im Deutschenlager kundgemacht worden«, heißt es da, und »es wird fest behauptet, er bestehe nur zwischen dem Kaiser und Venedig nebst Bundesgenossen, und von Frankreich sei darin gar nicht die Rede«.

Aber Machiavelli berichtet durchaus die Wahrheit, wie er wenig später feststellen kann. Mit Frankreich hat man erst gar nicht verhandelt. Das ändert nichts daran, daß alle Waffengänge eingestellt werden. Vorerst zumindest.

Was Florenz angeht, so kann man dort wieder einmal aufatmen. Man hat nicht nur Zeit gewonnen, sondern Maximilians lästige Forderung gleichsam auf die lange Bank geschoben. Und man hat das alles erreicht, ohne der übertriebenen Sympathie für irgendeinen der an diesem Schauspiel beteiligten Akteure verdächtigt zu werden. Soderinis Politik, den Franzosen gegenüber freundschaftliche Neutralität zu wahren, ohne sich die Deutschen zum Feind zu machen, hatte diese Belastungsprobe vortrefflich bestanden. Was die Venezianer anging, denen man ohnedies stets mißtraute, so hatte man ihnen dennoch keinen Anlaß geboten, nunmehr auf Rache zu sinnen. Und die Dukaten blieben in der eigenen Kasse. Das vor allem war den Florentinern bedeutsam. Daß der Waffenstillstand, der offiziell am 6. Juni 1508 verkündet wurde, den Frieden für Italien auf Dauer keinesfalls garantiert, kümmerte die Herren in der Signoria im Augenblick nur wenig. Sie hatten sich aufs Taktieren und Lavieren verlegt und gewonnen. Was danach kam, war jetzt nicht wichtig.

Und Machiavelli ? Er hatte seine Pflicht getan, sich dabei mancher Finte bedient, ohne für sich selbst alles das zu erreichen, was er angestrebt hatte. Dennoch durfte er einmal mehr zufrieden sein. Und er hatte die Augen offen gehalten. Später wird er einen Bericht über Deutschland abfassen, »Ritratti delle cose dell' Almagna«, der noch für nachfolgende Generationen italienischer Diplomaten informativ und bedenkenswert sein sollte.

Übrigens kann er auch in diesem Bericht seine Neigung nicht unterdrücken, den militärischen Dingen ein besonderes Augenmerk zu schenken. In einer anderen Arbeit – nämlich in seiner »Arte della Guerra« – wird er noch einmal auf die in Deutschland gewonnenen Erfahrungen zurückkommen. Und sich beeindruckt zeigen von der guten Ausrüstung und den vortrefflichen Pferden, über welche die Reiterei der Deutschen verfügt. Und weil er ein Fanatiker des Details ist, weil ihm keine Nebensächlichkeit entgeht oder er Nebensächliches dort, wo es um militärische Ausrüstung und Ausbildung geht, nicht gelten läßt, schildert er auch die Voraussetzungen dafür, daß die deutschen Reiter den italienischen und französischen stets überlegen sind. Es sei der Sattel bei diesen zu klein, wird er feststellen; und die Fesseln der Pferde seien im Gegensatz zu den Gäulen der Deutschen zu wenig gestützt. Machiavellis scharfem Blick, geschärft für technische Details, entgeht nichts. Und er zieht die richtigen Schlüsse daraus. Nicht der Mensch ist in erster Linie für den Erfolg in der Schlacht bedeutsam, sondern das Material, das ihm anvertraut wird.

Machiavelli wird übrigens sehr bald Gelegenheit haben, seine theoretischen Erfahrungen und Überlegungen in der Praxis zu beweisen. Denn als er am 16. Juni 1508 nach Florenz zurückkehrt, wo er der Signoria einen ausführlichen mündlichen Bericht über die vergangenen sechs Monate liefert, zeichnet sich bereits eine Entwicklung ab, die seinen neuerlichen Einsatz als notwendig erscheinen läßt. Diesmal allerdings nicht in diplomatischer Mission, sondern als Soldat. Pisa, das für Florenz zu einem neuen Troja zu werden droht, muß endlich fallen. Auf Machiavelli warten in diesem Zusammenhang neue Pflichten, denen er diesmal, wie man vermuten darf, mit besonderem Vergnügen nachkommen wird.

13. KAPITEL

Die Eroberung von Pisa

Unter den sogenannten »Amtlichen Briefen« der Republik findet sich einer, der auf den 16. August 1508 datiert und von einem Nicolaus Maclavelus unterzeichnet ist. Dieser Brief ist ein hochoffizielles Dokument, ein Patent, welches seinem Inhaber nicht bloß den Befehl über die Miliz der Florentiner überträgt, sondern neben dem Recht auch die schwerwiegende Pflicht zuerkennt, alle Operationen gegen Pisa zu leiten. Wörtlich heißt es in diesem Dokument, daß sein Inhaber »jedermann, den vorschriftsmäßig Angeworbenen, Vorstehern, Offizieren und Untertanen, als der löbliche und erleuchtete Niccolò, Sohn des Bernardo Machiavelli, vorgestellt« sei; und die darauf folgende Anordnung lautet kurz und bündig, daß »dem genannten Machiavelli ebenso Gehorsam zu leisten« sei »wie unserer Obrigkeit«.

Natürlich ist dieser Nicolaus Maclavelus eine weitere Eskapade Machiavellis. Denn besitzt er nicht längst schon den Oberbefehl über die Miliz, die er erdacht, aufgestellt, organisiert, diszipliniert hat? Drei Kommissare dirigieren jetzt die Truppen vor der abtrünnigen Stadt am Arno, die sich schon zehn Jahre lang Florenz hartnäckig und erfolgreich widersetzt, so daß man in ganz Italien bereits über die Republik lächelt, die nicht imstande scheint, das, was ihr Eigentum ist, zurückzugewinnen. Diesen Kommissaren soll Machiavelli nun eine Art Verbindungsoffizier sein, ein Stratege, der die Tätigkeit dieser Männer koordiniert und ihnen, sofern die Situation es notwendig macht, auch Weisung erteilt für gemeinsamen Angriff oder vereinzelt vorgetragene Attacke. Inoffiziell soll er sie freilich auch überwachen, welchem Befehl Machiavelli mit besonderem Vergnügen nachgekommen sein wird, da doch einer der Komissare jener Alamanno Salviati ist, der berüchtigte Parteigänger der Medici und Gegner Soderinis und damit auch Machiavellis, gegen den Salviati in der Vergangenheit schon mehrfach mit Erfolg intrigiert hat.

Auch jetzt kommt es wieder zu Auseinandersetzungen. Aus einem Brief seines Freundes Biagio wissen wir, daß Salviati selbst im Feldlager vor Pisa nicht aufhören kann, dem Segretario übel zu wollen, daß er ihn, weil Machiavelli ihm mit despektierlicher Ironie begegnet, im Palazzo Vecchio denunziert, was wiederum Machiavelli dazu veranlaßt, unverzüglich bei der Signoria um seine Rückberufung einzukommen. Das wird selbstverständlich abgelehnt. Und Salviati wird dazu angehalten, an Machiavelli eine schriftliche Erklärung zu diktieren, in der es heißt: »Die Soldaten mögen Euch anerkennen, doch wißt Ihr wohl, daß Ihr nicht allerorten sein könnt, um sie zu befehligen. Dagegen will ich es gutheißen, daß sie Euch lieben und schätzen. Da Ihr stets in ihrer Mitte seid, werden sie Euch um so gehorsamer sein und wissen, was zu tun ist.« Und in Florenz forderte Biagio, der treue und wohlmeinende Freund, daß Machiavelli dem Salviati Briefe in versöhnlicher Tonart schreibe. Das wäre diplomatisch und daher nützlich, denn daß der reiche und einflußreiche Salviati ein unangenehmer Gegner sein könne, liege auf der Hand.

Das freilich weiß auch Machiavelli. Einen Versöhnungsbrief schreibt er dennoch nicht. Er verachtet den Mann, der gegen ihn intrigiert. Und wo er aufrichtig verachtet, ist er außerstande, unaufrichtig zu sein.

Im übrigen läßt ihm seine Aufgabe vor Pisa kaum Zeit, viel über Intriganten und Denunzianten nachzudenken. Hier war im Verlauf der vielen Monate und sogar Jahre, die man beim bisher stets mißlungenen Versuch, die Stadt zu erstürmen, zugebracht hatte, eine allgemeine Lethargie entstanden. Man betrachtete sich als im Manöver befindlich und nahm kaum noch wahr, daß dies ein ernsthafter Feldzug sein sollte. Den Rekruten der Miliz brachte man militärischen Drill bei; sich selbst trösteten die Offiziere mit dem Wissen, daß sie bald abgelöst würden. Aus der Belagerung war eine dauerhafte Übung geworden, die freilich niemand mehr wirklich als Vorbereitung auf einen Ernstfall betrachtete.

Machiavelli, befreit von allen diplomatischen Aufgaben, des Umgangs mit dem Erfolg inzwischen gewohnt, auch wenn er immer wieder bescheiden ins zweite Glied zurücktreten muß, wenn vermögende Patrizier in jener offiziellen Mission auftreten, welche günstigen Vertragsabschlüssen gewidmet wird, die der Segretario in mühevoller Tätigkeit vorbereitet und ermöglicht hatte, Machiavelli fühlt sich jetzt auf der Höhe seiner Fähigkeiten. Pisa ist etwas, das er fast als eine persönliche Affäre betrachten kann. Hier hat er seine Feuertaufe erhalten und erste Beweise seiner politischen Begabung liefern dürfen. Und hier ist seiner Neigung, die er für alles Militärische empfand, stets Genüge getan worden.

Daß er, den einst ein Söldnerführer unter den Mauern Pisas vor versammelter Mannschaft dadurch lächerlich gemacht hat, daß er ihm das Kommando über die Soldaten plötzlich anvertraute, daß er in militärischer Hinsicht dazugelernt, an persönlichem Ungestüm und an Mut jedoch nichts eingebüßt hat, beweist ein Vorfall im März oder im April 1509, als er sich in einem Gefecht gefährlich weit vorwagt. Aus Florenz kommt darauf die dringende Ermahnung, welche übrigens auch der Gonfalonier unterschreibt, »sich nicht an Orten aufzuhalten, wo er von seiten dieser Leute (also der Pisaner) Gefahr laufen könnte«. Machiavelli geht darauf in einem Antwortschreiben, das er am 16. April 1509 abfaßt und absendet, ausführlich ein: »Ich glaube dem Brief entnehmen zu sollen«, erwiedert er auf die Sorge der Signoria, »daß Eure Herrlichkeit wünschen, ich solle mein Hauptquartier in Cascina aufschlagen, was meines Erachtens durchaus unzweckmäßig wäre, denn da kann mich der Erstbeste ersetzen. Wollte ich da verweilen, könnte ich weder das Fußvolk noch sonstwas im Auge behalten. Gewiß wäre ich da weniger gefährdet und hätte mehr Ruhe, doch hätte ich Gefahren und Mühe gescheut, wäre ich in Florenz geblieben. Mögen mich also Eure Herrlichkeiten im Feldlager die Mühsale und Wechselfälle des Krieges mit den Kommissaren teilen lassen. Dann bin ich wenigstens zu etwas nütze, wogegen ich in Cascina zu nichts gut wäre und vor Verzweiflung umkäme. Demnach bitte ich Euch erneut, jemand anderen als mich zu bestimmen...«

Machiavelli ist ehrgeizig. Die Sache vor Pisa bereitet ihm Freude. Die Lust am Planen, Organisieren und Kommandieren hat ihn erfaßt. Auch auf die Kunst der Intrige – an die er sich als Diplomat und Politiker längst gewöhnt und die wohl auch seinem Temperament entspricht und für die er zweifellos genügend Begabung mitbringt – braucht er nicht zu verzichten, solange ein Salviati als Kommissar Dienst tut. Also stellt Machiavelli, der sonst stets schweigend gehorcht, nun Forderungen. Und kokettiert mit seiner

Ablösung für den Fall, daß man ihn wieder ins zweite Glied verbannen oder seinem Ehrgeiz Schranken auferlegen will. Diesmal glaubt er zu wissen, daß er unersetzlich sei. Er selbst tut alles, um sich unentbehrlich zu machen.

Rückschläge, die seine Eitelkeit gewiß empfindlich treffen, gibt es dennoch. In Piombino etwa, als der Krieg von den Florentinern endlich gewonnen und Pisa eingenommen wird und die in einem solchen Fall unvermeidlichen Siegesfeiern veranstaltet werden, in Piombino vergißt man vollkommen den Segretario. Das ist schändlich. Denn in Piombino, wie noch zu erzählen sein wird, hat Machiavelli mit den pisanischen Parlamentären verhandelt, war er es, der den Frieden sicherstellte und den militärischen Erfolg über Pisa durch politische Klugheit krönte. Und dann diese Erniedrigung! Die Namen der drei Kommissare werden in den Mauern der unterworfenen Stadt verewigt. Seiner nicht, obgleich man ihm aus Florenz schriftlich das schönste Lob zukommen läßt: »Ihr wart nicht der geringste Urheber dieses Sieges. Ihr habt mit Euren Bataillonen eine großartige Tat vollbracht.« Dieser Zustimmung folgt dann freilich der hintersinnige Satz, über den Machiavelli gewiß länger als einen Augenblick die Stirn gerunzelt haben mag: »Nicht durch Winkelzüge, sondern durch energisches Durchgreifen.«

Solches muß sich einer wohl sagen lassen, der durch Winkelzüge berühmt geworden ist. Die Mächtigen lieben den Erfolg ihrer Diplomaten, nicht aber die Art und Weise, wie dieser Erfolg gelegentlich erzielt werden muß.

Vor Pisa gelten andere Gesetze. Hier »teilt, vervielfacht er sich«, schreibt Brion, »ist hier und dort gleichzeitig, holt Pulver und Furage zusammen, beaufsichtigt die Pflege der Waffen, rechnet aus, was an Nachschub und Verstärkung gebraucht wird. Bald ist er vorn an der Kampffront, wo er die Operationen leitet, bald hinten, wo er die Schreibarbeit macht. Er dirigiert den Bau der Befestigungsanlagen, kontrolliert die Einstellung der Geschütze, gibt den Offizieren Anweisung.« Und vergißt dabei, wie man hinzufügen muß, auch nicht seine Arbeit als Diplomat, als welcher er nach wie vor eingesetzt wird. Vor allem die Korrespondenz Frankreichs wegen darf er nicht vernachlässigen, denn in Frankreich beobachtet man mit besorgter Aufmerksamkeit die erneuten Anstrengungen der Florentiner, Pisa endlich zu Fall zu bringen.

Überhaupt ist, wenn man den Blick für einen Augenblick von Pisa abwendet, die politische Situation alles andere als erfreulich. Düsteres braut sich am Himmel zusammen, ohne daß man der Gewitterwolken schon ansichtig sein könnte. Julius II., dieser kriegsfreudige Papst auf dem Stuhl Petri, hat seinen Traum von einer Einigung Italiens unter seiner Vorherrschaft noch nicht aufgegeben. Ihm war jener Waffenstillstand, den Maximilian mit den Venezianern und damit indirekt auch mit den Franzosen abgeschlossen hatte, lästig gewesen, weil er seine Absichten durchkreuzte. Denn würden, so spekulierte Julius, die Deutschen und Franzosen auf dem Schlachtfeld einander erschöpfen, so wäre ein Feldzug gegen Venedig, dessen Macht und Hochmut er heftig verabscheute, durchaus vorstellbar. Allerdings würde Rom allein gegen die Serenissima nichts ausrichten. Also mußte man sich um Verbündete kümmern. Oder sich solche gleichsam künstlich erzeugen, indem man allenthalben Feindschaft gegen Venedig schürte. Zu diesem Zweck gab Julius, der ein gewiegter Taktiker war, sogar den hochfahrenden Wünschen Maximilians nach, versprach er den Franzosen, als ein Krieg zwischen diesen und den Deutschen vorerst ausgeschlossen schien, das Herzogtum Mailand, dazu auch noch Bergamo, Brescia und Cremona, während er den Spaniern, die das Königreich Neapel beherrschten, weite Küstenstriche am Adriatischen Meer zusicherte für den Fall, daß auch sie sich einfänden im Lager jener, die zu einem neuen Kreuzzug aufbrechen würden.

Denn offiziell war alles, was sich aus einem anfänglich recht undurchsichtigen diplomatischen Intrigenspiel entwickelte und aus Gegnern nunmehr Partner machte, gegen die Türken gerichtet. Die Liga von Cambrai, wie man diese Versammlung ehemaliger Widersacher jetzt nannte, aus denen der schlaue, listenreiche Papst einander stürmisch umarmende Freunde geformt hatte, war ein frommes Unternehmen mit höchst unfrommem Ziel. Es ging um die Vernichtung Venedigs, das Julius als erstes großes Hindernis auf seinem Weg zur Herrschaft über Italien betrachtete. Daß Venedig dann zwar militärisch besiegt, jedoch nicht gänzlich in die Knie gezwungen werden konnte, lag unter anderem wohl auch an jenen alten Rivalitäten, welche ungeachtet aller freundschaftlichen Gesten die verschiedenen Mitglieder dieser Liga von Cambrai bewegten. Jeder wollte den fettesten Bissen, keiner gönnte dem Partner den mindesten Vorteil, und auch Julius verachtete jene, die er als Verbündete nach Italien geholt hatte.

Für Florenz, das sich jetzt, 1508 und 1509, gänzlich auf Pisa konzentrierte, war die Situation in jeder Hinsicht unangenehm, ohne daß sie für den Augenblick dramatisch gewesen wäre. Hätte die Republik über fähigere, vorausblickendere Politiker verfügt, als sie ihr derzeit zur Verfügung standen, würde man wohl erkannt haben, was da an Bedrohung und Gefahr sich entwickelte. Und daß Julius auf Dauer kaum tatenlos mitansehen würde, wie man zwischen allen Fronten und Gefechten lavierte; oder daß die Liga etwas war, das im nächsten Augenblick auf zerstörerische Weise auch gegen jene wirksam werden könnte, die sich einbildeten, klug genug zu sein, um sich allen Bündnissen und Verpflichtungen zu entziehen; und daß aus den Feinden von gestern und den Verbündeten von heute morgen schon wieder Gegnerschaften entstehen könnten, die Florenz doch noch zwingen würden, entweder Partei zu ergreifen oder gegen alle ums nackte Überleben kämpfen zu müssen.

Florenz verschlief in diesen beiden Jahren buchstäblich seine nahe Zukunft und wiegte sich, während es unverdrossen gegen Pisa anrannte, in Sicherheit. Lediglich von Machiavelli könnte man sich vorstellen, daß er etwas ahnte, daß ihm eine Witterung zukam von dem, was möglich war, was einem, der politisch phantasiebegabt war und sich Zusammenhänge vorstellen konnte, durchaus vorstellbar sein sollte. Doch außer einigen Briefen, die sich mit französischen Angelegenheiten befaßten, leistete auch er nichts wirklich Entscheidendes für die Zukunft seiner Vaterstadt.

Mit ganzer Kraft half er, Pisa niederzuzwingen. Daß es schließlich fiel, hatte freilich auch damit zu tun, daß die Venezianer jetzt nicht mehr fähig waren, der eingeschlossenen Stadt wirksam zu helfen. Die unvermeidliche Niederlage versuchte man dann noch dadurch hinauszuzögern, daß man mit den Florentinern, also mit Machiavelli, aufs unverschämteste verhandelte und für den Fall eines Waffenstillstandes Forderungen stellte, die angesichts der realen militärischen Lage schlichtweg töricht waren. Man würde an Florenz das umliegende Land abtreten, die Stadt selbst jedoch dem florentinischen Einfluß entziehen, deutete man an.

Machiavelli antwortete unmißverständlich. Er brach die Verhandlungen ab und verstärkte den Druck auf die ohnedies sturmreif geschossene Stadt, in welcher der Hunger wütete und Hoffnungslosigkeit sich festgesetzt hatte. Noch einmal versuchten es die Pisaner mit den Mitteln der Diplomatie. Sie hätten wissen müssen, daß sie auf diesem Gebiet einem Machiavelli hoffnungslos unterlegen waren. Dreißig Tage lang, in denen das schwere Geschütz der Florentiner die brennende Stadt bombardierte, zögerten sie das Unvermeidliche hinaus. Dann ergaben sie sich ins Unvermeidliche. Am 24. Mai 1509 kamen ihre Parlamentäre ein letztes Mal zu Machiavelli. Sieben Tage später wurde in Florenz der Friedensvertrag unterzeichnet, dessen erster und wichtigster Artikel besagte, daß Pisa wieder florentinisch wurde.

Nebensächliches sollte in diesem Zusammenhang auch erzählt werden, weil es eine Vorstellung gibt vom Geist jener Zeit. Und weil Machiavelli, von dem so wenig Privates bekannt ist, sich dadurch etwas deutlicher abhebt vom Hintergrund dieser Zeit.

Die Truppen der Sieger ziehen beispielsweise erst an jenem Tag und zu jener Stunde in Pisa ein, welche von den Astrologen als günstig berechnet wurde, am 8. Juni, um 2 Uhr nachmittags. Machiavelli gehorcht dieser abergläubischen Meinung. Die halbverhungerten Pisaner haben da freilich längst schon ihre verwüstete Stadt verlassen und betteln verzweifelt um Brot. Machiavelli, vorübergehend aus Florenz in das Feldlager zurückgekehrt, läßt sogleich Lebensmittel verteilen. Und als einige seiner Milizionäre nach altem Söldnerrecht zu plündern beginnen, untersagt er sogleich jeden Übertritt, bestraft die Schuldigen und sorgt dafür, daß den geschädigten Bürgern ihr Eigentum wieder zurückgegeben wird. Zuvor hat er bereits, als er noch mit den pisanischen Parlamentären verhandelte, diesen eine gewisse Freiheit bei ihren verbrieften Handelsvorrechten belassen. Auch die Zollfreiheit der Pisaner tastet er nicht an. Er weiß, daß man aus Besiegten, wenn man sie in ihrer Niederlage auch noch demütigt, unversöhnliche Feinde macht. Ihm, der einem Cesare Borgia und jetzt dem Papst bewundernd unterstellt, daß sie die Einheit Italiens planen, würde niemals einfallen, Italiener wie Barbaren zu behandeln. Außerdem ist er zu vernünftig und zu vorsichtig, um sich einem Siegesrausch zu ergeben, in welchem er gegen jene wütete, die er demnächst schon als Verbündete benötigen würde.

Jubel also um Machiavelli. In Florenz notiert man die erfolgreiche Emsigkeit des Segretario mit zustimmender Aufmerksamkeit. Ein Freund schreibt ihm am 8. Juni ins Feldlager einen jener ermunternden Briefe, von denen Machiavelli gewiß zahlreiche erhält. Darin heißt es unter anderem: »Hier sind alle ohne Ausnahme außer sich vor Begeisterung. Überall in der Stadt brennen Freudenfeuer, obwohl es erst Nachmittag ist. Stellt Euch vor, wie das erst in der Nacht sein wird. Wenn ich nicht befürchten würde, Euch eitel zu machen, würde ich sagen, daß Ihr die Dinge so gut geregelt habt, daß Ihr allein das Glück des florentinischen Staates wiederhergestellt habt.«

Solche Worte schmeicheln auch einem introvertierten Charakter, befähigen selbst einen so vorsichtigen, das Leben und die Menschen mißtrauisch beobachtenden Mann — der sich Träume nur erlaubt, wenn er nachts und in völliger Einsamkeit über den Schriften antiker Autoren sitzt — zu spontan geäußerter Freude. Selbstverständlich ist auch Machiavelli nicht frei von Eitelkeit. Natürlich schmeichelt es ihm, der bisher stets im Hintergrund sich bewegen, gleichsam in den Kulissen und nie auf offener Bühne sein Spiel inszenieren mußte, wenn er nun in den Mittelpunkt der Aufmerksamkeit rückt. Genugtuung überkommt ihn, der so oft hat zurücktreten müssen. Und Stolz erfüllt ihn, auch wenn jene Demütigung von Piombino wie ein Stachel in ihm sitzt, als man durchaus absichtsvoll auf die Verewigung seines Namens in den Mauern der Stadt vergessen hat.

Dennoch hat Machiavelli allen Grund, jetzt und die folgenden drei Jahre als wahrer Herr aufzutreten. An Zukünftiges denkt er in diesen berauschenden Augenblicken nicht. Daß Pisa, sein erster öffentlicher Triumph, den niemand schmälern kann, zugleich auch schon so etwas wie einen Wendepunkt in seinem Schicksal darstellt, ahnt er nicht. Wie könnte er auch! Muß er nicht annehmen, daß alles so verläuft, wie es Florenz und damit ihm zugute kommt? In der Lombardei befinden sich die Franzosen in siegreichem Vormarsch. Julius II. hat die Romagna, das Land Cesare Borgias, den Venezianern wieder abgenommen. Selbst Maximilian, der ewig Zaudernde und Unberechenbare, hat sich Veronas und Vicenzas bemächtigt und sogar Padua vorübergehend besetzt. Venedig, dieser lästige Konkurrent der florentinischen Republik, ist so empfindlich getroffen, daß von dieser Seite keine Gefahr mehr droht. Die Franzosen, die Deutschen und sogar der Papst haben das erreicht, was sie wollten. Was also konnte, sollte noch passieren?

Es ist vorstellbar, daß auch Machiavelli so dachte, daß auch er sich in Sicherheit wähnte wie alle florentinischen Politiker, die sich nicht einbilden mochten, daß nach solchen Entscheidungen, wie sie die Liga von Cambrai herbeigeführt hatte, im Grunde noch gar nichts entschieden war.

Muß man Machiavelli vorhalten, daß er, abgelenkt durch die pisanischen Angelegenheiten, zu wenig oder zu wenig sorgfältig des Papstes Vorgehen studierte? Und sich keine Gedanken machte über den Charakter dieses Mannes, den er doch lange genug aus intimer Nähe hat studieren können? Hat Machiavelli ausgerechnet jetzt auf erbarmungswürdige Weise versagt, da es tatsächlich um die Existenz seiner Vaterstadt und damit um sein eigenes Wohlergehen gehen sollte?

Das, was die Wende herbeiführt, ist jedenfalls rasch aufgezählt. Julius II., der sein erstes Ziel, den Sieg über das mächtige Venedig, erreicht hat, geht einen Schritt weiter. Er entzweit, was keiner großen Überredungskunst bedarf, die beiden notdürftig Verbündeten, den Deutschen Maximilian und den Franzosen Ludwig, die er als Eindringlinge in Italien begreift, derer er sich nun, da sie für ihn die Markusrepublik geschlagen haben, zu entledigen wünscht. Die beiden Erbfeinde, aufgehetzt durch des Papstes Intrigen, stolpern fast blindlings in den Krieg.

Das bedeutet neue Unruhe. Das heißt aber auch, daß Maximilian jetzt das Geld sogleich benötigt, das Florenz ihm schuldet.

Das Konzil von Pisa

Vor jedem Feldzug steht das Geld, das man benötigt, um Soldaten einzukaufen und auszurüsten. Maximilian, vom Papst endgültig in den Krieg gegen Frankreich gedrängt – wobei auch Ludwig XII. von den gehässigen Einflüsterungen aus Rom nicht verschont geblieben ist und ihnen letztlich gehorchte –, Maximilian erinnert die Florentiner nun unmißverständlich daran, was ihre Pflicht ihm gegenüber sei. In Innsbruck war die Summe festgesetzt worden; ohnedies von Machiavelli herabgehandelt auf ein lächerliches Minimum, gemessen an den ursprünglich geforderten 500 000 Dukaten. Jetzt fordert der Deutsche jene 50 000 ein, die man ihm zugesichert hat.

Florenz, wo man sich naturgemäß nicht sonderlich glücklich zeigt über die neueste Entwicklung der Dinge, entsendet zwei Herren aus vornehmen Familien, einen aus dem Geschlecht der Soderini und einen aus jenem der Guicciardini, an des deutschen Königs Hof. Beiden eignet nicht im mindesten die Begabung eines Machiavelli. Sie sagen Maximilian Summen und Zahlungsmodalitäten zu, welche in der Signoria bloß noch Kopfschütteln erregen. Also wendet man sich wieder einmal an Machiavelli, den man offiziell als Überbringer der zweiten Rate des an Maximilian zu zahlenden Geldes ausweist und von dem man inoffiziell erwartet, daß er sich umsieht und umhört bei den Deutschen. Denn was an Sonderbarem und Unberechenbarem nun geschieht auf der politischen Bühne, behagt den Florentinern keinesfalls. In Rom schürt der Papst das Feuer des Hasses, in Frankreich und Deutschland wird gerüstet, Konflikte zeichnen sich ab und niemand weiß genau, wann und wo das nächste Unwetter losbrechen wird. Sicher ist nur, daß man nun doch gezwungen sein wird, Partei zu ergreifen. Auch wenn das lediglich in Form von Geldüberweisungen geschieht, die man gleichsam zähneknirschend erledigt.

Machiavelli benötigt gerade zwei Monate, um sich der Mission bei den Deutschen mit einigem Anstand zu entledigen. Beeinflussen kann er diesmal gar nichts. Die Würfel sind längst gefallen. In Mantua und Verona, wohin er im Auftrag der Signoria in aller Eile geritten ist, übergibt er 20000 Dukaten dem Beauftragten Maximilians, einem »Mann von kleiner Statur, dreißig oder zweiunddreißig Jahre alt, ein wenig beleibt, mit rotem Bart und gleichem Haar«, wie Machiavelli sorgfältig notiert. Der Empfänger heißt Wolfgang Hemesle und gibt vor, nicht zu wissen, was die nahe Zukunft bringt, was die Absichten Maximilians sind oder wie sich der alte Konflikt zwischen Deutschland und Frankreich entwickeln wird. »Hier am Ort wachsen, ja regnen die Lügen«, schreibt Machiavelli aus Mantua nach Florenz. Dann, schärfer die Szene beobachtend, macht er die erstaunliche Entdeckung, daß sich die Italiener – die hier von Franzosen und Deutschen, welche als Besatzung auftreten, unterdrückt werden – eines längst vergessen geglaubten Patriotismus entsinnen. In aller Offenheit bekennen sie sich zu Venedig, achten der Gefahren und Strafen gering, die ihnen dadurch drohen, und zeigen den Fremden unverhohlen ihre Verachtung. Machiavelli sieht das, macht sich Notizen, denkt nach, ist sich jedoch nicht schlüssig, ob die Idee eines vereinten Italien verwirklichbar sei oder ein Traum bleiben muß.

Dann, nach Florenz zurückgekehrt, muß er sich mit Niedertracht und Verleumdung befassen. Es wird plötzlich behauptet, sein Vater Bernardo sei von unehelicher Geburt gewesen. Derlei kann genügen, ihn um alle bürgerlichen Rechte, Titel und Positionen zu bringen. Freunde raten ihm, sich zu verbergen, bis die Affäre, so oder so, geklärt sei. Er aber stellt sich den Verleumdern und bringt sie zum Schweigen. Ist ihm bewußt, daß derlei Infamie nicht nur eine Sache des Neides, sondern mehr noch der politischen Spekulation ist? Daß seine und des Gonfalonier Soderini Gegner versuchen, ihn und damit Soderini zu Fall zu bringen? Und daß ihnen kein Vorwand zu gemein ist, um ihr Ziel zu erreichen?

Wir wissen nicht viel von dieser unangenehmen Affäre. Aber man darf sich einbilden, daß sie ihn getroffen hat. Spürt er, auf wie dünnem Eis er sich schon bewegt, jetzt, da sein Rang endlich unbestreitbar scheint und seine Erfolge ihm ein Ansehen eingetragen haben, das ihn zu einer wichtigen Persönlichkeit der florentinischen Innenpolitik macht?

Seine nächste politische Aufgabe hat Machiavelli in Frankreich zu erfüllen, am Hofe Ludwigs XII., dem er beibringen soll, daß Florenz ungeachtet der an Maximilian geleisteten Zahlungen ein treuer oder zumindest korrekter Verbündeter der Franzosen sei.

Die Lage hat sich inzwischen gefährlich zugespitzt. Julius II. scheint sich nicht länger damit begnügen zu wollen, Deutschen und Franzosen durch die Kunst der diplomatischen Einflüsterung die Lust am Krieg einzureden, scheint selbst eingreifen zu wollen. An den Grenzen der florentinischen Republik, die der Papst als den Franzosen verbündet betrachtet, konzentriert er seine Truppen. Und ausgerechnet jener Condottiere Marcantonio Colonna befehligt nun des Papstes Soldaten, die allem Anschein nach jetzt gegen die in Italien stationierten Franzosen ins Feld geschickt werden sollen. Er ist zuvor noch in den Diensten von Florenz gestanden; und um dessen Wechsel in das Lager des Papstes gab es ausführliche diplomatische Auseinandersetzungen, bei denen Machiavelli den Standpunkt der Republik vertreten mußte, der de jure immer noch ein florentinischer Condottiere ist.

Machiavellis dritte Gesandtschaft an den französischen Hof, die an die drei Monate und zwanzig Tage andauert, soll dem französischen König alles Merkwürdige und Widerspruchsvolle der florentinischen Politik erklären. Daß Florenz nichts anderes wünsche als die Fortführung der vortrefflichen Geschäftsverbindung mit Frankreich. Daß allein schon dadurch die freundschaftlichen Gefühle der Florentiner Bankherren und Politiker für Ludwig XII. als selbstverständlich zu betrachten wären. Daß die materiellen Zuwendungen an Maximilian, ohnedies auf eine verhältnismäßig bescheidene Summe reduziert, nicht zu verhindern sind. Daß Marcantonio Colonna zwar tatsächlich ein den Florentinern verpflichteter Condottiere sei, diese aber jede Verantwortung für sein militärisches Tun von sich weisen müßten, da er gegen den Willen der Signoria ins Lager des Papstes übergewechselt und de facto nunmehr Julius untergeordnet sei.

Machiavelli überreicht Ludwig auch ein Sendschreiben Soderinis, darin dieser verbindlich versichert, daß »Florenz der französischen Freundschaft die Treue halten wird«. Und daß die Signoria glücklich wäre, wollte sich Frankreichs König mit dem

Papst nicht überwerfen, denn »wer den Papst zum Feind hat, ist verloren«.

Ludwigs Antwort ist unmißverständlich und für Machiavelli, für die Politiker im Palazzo Vecchio wenig erfreulich. Er wünsche eindeutig zu erfahren, wen er als Partner, wen als Gegner zu betrachten habe. Er fordert von Florenz das, was von den Florentinern nie erwartet werden darf. Nämlich eine eindeutige Haltung. Im übrigen ordnet auch er einen Vormarsch seiner Truppen an.

Ludwig geht aber noch einen Schritt weiter. Denn nachdem der Papst den Streit auch auf das religiöse Gebiet übertragen und Anstrengungen unternommen hat, den französischen Klerus dem König abspenstig zu machen, reagiert Frankreichs König mit einer geschickten Gegenmaßnahme, die Julius unangenehm sein muß. Ludwig XII. fordert nämlich kurzerhand die Einberufung eines Konzils und kann sich dabei auf ein Versprechen des Papstes berufen, das dieser unmittelbar nach seiner Wahl zum Pontifex abgegeben hat: innerhalb von zwei Jahren ein Konzil anzuberaumen, auf welchem alle offenen Fragen ausdiskutiert werden sollten, welche die kirchlichen und weltlichen Angelegenheiten betreffen. Das aber hatte der Papst bisher versäumt. Und Ludwig beabsichtigte nun, aus diesem Versäumnis eine Waffe gegen Julius zu schmieden und ihn durch Kardinäle seines Vertrauens auf diesem einzuberufenden Konzil absetzen zu lassen. Immerhin gab es eine nicht geringe Zahl von einflußreichen Kirchenfürsten, welche mit der Art, wie Julius II. herrschte, unzufrieden waren. Und würde, so spekulierte Ludwig, in Rom erst einmal ein Papst sitzen, der von des französischen Königs Wohlwollen abhängig war, so könnte auch der nächstfolgende Schritt, nämlich die Eroberung ganz Italiens, durchaus von Erfolg begleitet sein.

In Rom lachte der Papst zuerst über die Pläne des französischen Königs und nannte das, was Ludwig plante, ein Winkelkonzil. Aber dann mochte er wohl begriffen haben – oder es haben ihn seine Ratgeber darauf verwiesen –, daß er einen schwerwiegenden Fehler begehen würde, wollte er diese Herausforderung ignorieren. So berief auch er ein Konzil in den Lateran ein, umgab sich mit einer Schar treuer Kardinäle, die seine Meinung teilten, daß dieser König von Frankreich ein schlechter Christ sei, der nichts anderes verdiene als den Bannfluch der Kirche.

Machiavelli mag dieses köstliche und allerdings auch bedrohliche Schauspiel vorerst mit genußvollem Interesse verfolgt haben. In Frankreich trafen sich des Königs Kardinäle zu Blois, Orleans und Tours, um die Absetzung des Papstes vorzubereiten. Und im Lateran wütete Julius, umgeben von seinen gehorsamen Geschöpfen, gegen Ludwig.

In dieser angespannten Situation, die nichts anderes sein konnte als ein Vorspiel zu einer entscheidenden Auseinandersetzung oder sogar zu einem Krieg, scheint Ludwig plötzlich erkannt zu haben, daß ein gegen den Papst gerichtetes Konzil nur dann Aussicht auf Erfolg haben würde, wenn es auf italienischem Boden stattfand. Er wandte sich sogleich an Florenz mit dem Vorschlag, Pisa als Austragungsort für dieses Konzil vorzubereiten.

Dieser Vorschlag war nicht als höfliche Bitte, sondern beinahe schon als Befehl formuliert worden. Wir dürfen annehmen, daß Machiavelli dabei eine gewisse Rolle gespielt haben mag, als er, der des Königs Befremden angesichts der stets zögernden Haltung der Signoria aus persönlicher Anschauung kennengelernt hatte, nunmehr begreift, daß ein weiteres Hinauszögern, ein neuerliches Lavieren zwischen allen Fronten für Florenz nicht mehr in Frage kommen kann. Gewiß hat er noch Ludwigs Worte im Ohr – »Ich fordere von Euren Herrlichkeiten die Erklärung, daß sie willens sind, zu meinen Gunsten tätig einzutreten, falls der Papst oder ein anderer Herrscher meine Länder in Italien angreift oder anzugreifen droht!« –, als er nun den Herren im Palazzo Vecchio dringend anrät, sich diesem Vorschlag des französischen Königs nicht zu widersetzen. Ausflüchte würden die Lage nur verschlimmern. Pisa war nun wieder florentinisch. Florenz mußte also über des Königs Bitte entscheiden. Und es konnte nur so entscheiden, daß Ludwig uneingeschränkt befriedigt sein würde.

Vielleicht hat dabei auch mitgespielt, daß aus Rom die Nachricht gekommen war von einer ernsthaften Erkrankung des Papstes. Und daß, wie Gerüchte besagten, sogar das römische Volk schon zu den Waffen gegriffen und sich gegen den sterbenden Julius erhoben hätte. Jedenfalls stimmte man im Palazzo Vecchio – gewiß seufzend und mit bedrücktem Antlitz – der französischen Aufforderung zu, nicht ohne freilich aller Welt mitzuteilen, daß man nicht anders habe handeln können unter dem Druck, den Frankreich auf Florenz ausübte.

Es war nicht die klügste Politik, der man sich hier ergab. Eigentlich erreichte man das Gegenteil dessen, was man zu erreichen wünschte. Denn Ludwig zeigte sich verärgert über die vielen diplomatischen Finten, mit denen Florenz seine Zustimmung begleitete. Und in Rom war der Papst überraschend von seiner schweren Krankheit genesen, hatte für die rasche Wiederherstellung der Ordnung in der unruhigen Stadt gesorgt und dann als ersten Ausdruck seines Zorns angesichts der florentinischen Entscheidung über den Konzilsort Pisa sowie über Florenz den Kirchenbann verhängt, wogegen Soderini – der nun vielleicht ahnte, daß es diesmal auch um seine politische Existenz gehen konnte – wütenden Protest einlegte. Den Priestern in Florenz und Pisa wurde von der Regierung bei Androhung schwerer Strafe befohlen, weiterhin die Messe zu lesen und sich überhaupt so zu verhalten, als könne von einer Exkommunikation nicht die Rede sein. Im übrigen würde Soderini versuchen, des Papstes Legaten zur Teilnahme am Konzil in Pisa zu bewegen, während Machiavelli dafür zu sorgen haben würde, einen anderen Tagungsort ausfindig zu machen, der sich nicht auf florentinischem Gebiet befände.

Jetzt, da Entscheidungen sich abzeichneten, welche die zögernde, übertrieben vorsichtige oder vielleicht sogar feige Politik des Gonfalonier Soderini unmißverständlich diskreditierten und Florenz selbst in Gefahr brachten, zwischen den Konkurrenten zermalmt zu werden, jetzt begann man, auf eine fast fieberhafte Weise aktiv zu werden.

An einem trüben, naßkalten Novembertag trifft Machiavelli jedenfalls in Pisa ein, um Soderinis Auftrag durchzuführen. Dieser Auftrag ist eindeutig. Es soll bewiesen werden, daß die Abhaltung des Konzils in der florentinischen Vasallenstadt so gut wie unmöglich ist; und daß eine Verlegung der Beratungen nach außerhalb – worunter selbstverständlich außerhalb des florentinischen Einflußbereiches gemeint ist – die vordringliche Pflicht aller an einem glücklichen Ausgang dieses Konzils Interessierten sein müßte. In Florenz will man diese Sache vom Hals haben, von der man nun einsieht, daß sie nichts außer Querelen und Mißverständnissen bringt. Soderini kämpft um sein politisches Überleben, Machiavelli ist dabei die Rolle des nützlichen Gehilfen zugedacht.

Und er hat Glück. Denn als im Dom zu Pisa ein feierliches Hochamt zu Ehren der Konzilsteilnehmer zelebriert werden soll – wobei man hinzufügen muß, daß ohnedies nur vier Kardinäle und an die fünfzehn Prälaten sich in diesen Novembertagen in Pisa eingefunden haben –, weigert sich die Geistlichkeit der Stadt, die Kirche zur Verfügung zu stellen. Der Bannfluch des Papstes liegt schwer auf allen, die nicht fähig oder willens sind, so zu tun, als brauchten sie sich um den Zorn Julius' nicht zu kümmern. Die Wahrheit ist, daß den Priestern, und das nicht nur im ohnedies aufsässigen Pisa, eher die Drohungen der florentinischen Regierung gleichgültig sind. Den Abgesandten der Signoria erklärt man in Pisa, daß man es zwar nicht verhindern könne, wenn sich die Ketzer mit Gewalt in den Dom Einlaß verschafften. Aber das, was einem frommen Zeremoniell erst die wahre Würde verleihe, also Chorhemden, Meßgewänder oder Kelche, würde man, so die aufgebrachte Geistlichkeit, zuvor in Sicherheit bringen.

Was jetzt stattfindet, ist eine Komödie mit bitterem Beigeschmack. Wenn über dieses von allem Anfang an mißglückte gallische Konzil in Pisa der Vorhang fallen wird, muß sich – das ahnt auch Machiavelli – die Komödie zur Tragödie wandeln. Er mag sich zufrieden die Hände reiben in diesen unangenehmen Augenblicken, da die ohnehin dürftige Mannschaft aus Frankreich zwei Tage benötigt, um im Dom einem ersten und eher frostigen Gottesdienst beiwohnen zu können. Man darf sich auch vorstellen, daß er nicht ohne eine gewisse behagliche Zufriedenheit Nachricht erhält von Handgreiflichkeiten der Pisaner gegen die frommen Herren aus Gallien, in deren Verlauf sogar etliche Bedienstete eines französischen Kardinals verletzt werden. Das alles paßt in die Rechnung, die er nun im Auftrag Soderinis aufmachen muß. Aber es beweist ihm auch, daß er auf abschüssigem Terrain tätig ist, daß er in etwas mitverwickelt und dadurch für etwas verantwortlich gemacht wird, dem letztlich kein Erfolg beschieden sein kann.

Natürlich ist Machiavelli emsig wie kaum einmal zuvor. Etwas anderes bleibt ihm als des Gonfalonier gehorsamer und von diesem abhängiger Beamter auch gar nicht zu tun übrig. Ob er dabei immer glücklich ist? Die letzte Gesandtschaft am französischen Hof, es ist seine vierte, in die er buchstäblich von Soderini hineingejagt wurde, ist dadurch ausgefüllt, daß er hinter jenen Kardinälen herhetzen muß, die Ludwigs Einladung – oder Befehl – nach Pisa angenommen haben. Er soll sie davon überzeugen, daß man das Konzil verlegen muß, soll sie auf einen späteren Zeitpunkt vertrösten, muß ihnen beibringen, ohne daß er ihnen die ganze Wahrheit enthüllt, daß ein Schauplatz auf florentinischem Boden nicht glücklich gewählt sei.

Er hat bei alledem kaum Zeit, Atem zu holen. Eine knappe Woche ist er unterwegs in Frankreich. Dann tritt er schon wieder in Pisa als angeblicher Freund jenes Kardinals auf, der am schwierigsten zu behandeln ist, der am hartnäckigsten seinen Gehorsam gegenüber Ludwig demonstriert und gar nicht einsehen kann, weshalb er den Konzilsort schon wieder verlassen sollte. Das ist eine lästige Aufgabe. Wenn man Machiavellis Aufzeichnungen darüber nachliest, kann man sich unschwer vorstellen, welche Selbstüberwindung es ihn gekostet haben mag, höflich zu bleiben bei aller Dringlichkeit. »Ich habe heute früh Kardinal Santa Croce besucht«, schreibt er, »mit ihm lange gesprochen und ihm meinerseits ausschließlich die Schwierigkeiten auseinandergesetzt, die von der Wahl des Ortes sowie den gegenwärtigen Umständen herrühren und dauernd zunehmen müßten, je länger sie hier blieben und je mehr Leute kämen... Worauf er antwortete, man müsse eben etliche Entbehrungen hinnehmen, er wolle sich auch keineswegs beschweren...«

Den Ausschlag geben schließlich die Pisaner selbst. Sie sind nicht zu beruhigen. Wo sie eines französischen Edelmannes oder kirchlichen Würdenträgers ansichtig werden, greifen sie zum nächstbesten Wurfgeschoß, kommt es zu Zwischenfällen, die in der Regel blutig enden. Gerüchte wollen wissen, daß Machiavelli auch dabei die Hand mit im Spiel hat. Daß er »die Bevölkerung so geschickt zur Bosheit gereizt und so viel Wirrnis gestiftet« hat, »daß der Abbruch des Konzils und die Abreise der Teilnehmer das einzig Vernünftige schienen« (M. Brion). Aber handfeste Beweise für eine solche Inszenierung, die man in Unkenntnis des Charakters Machiavellis tatsächlich eine machiavellistische nennen könnte, gibt es nicht. Das, was Soderini verzweifelt angeordnet und der Segretario mit unermüdlichem Einsatz durchzuführen hat, gelingt auch so. Nach erregten Diskussionen und tumultartigen Auftritten, nach Straßen-kämpfen und immer neuen Anfeindungen, die der pisanische Kle-rus gegen die Teilnehmer des Konzils unternimmt, und, nachdem man sich auch endlich auf Mailand als Tagungsort geeinigt hat, verlassen des französischen Königs frustrierte Priester fast flucht-artig das ungastliche Pisa.

Das ist das Eine. Aber Machiavelli weiß, daß dadurch alles Ärgerliche – was man teils durch des französischen Königs Selbst-herrlichkeit und teils durch eigene Schuld sich eingehandelt hat – noch lange nicht aus der Welt geschafft ist. Des römischen Papstes Wut über diesen Affront von Pisa ist zu groß, seine Hartnäckigkeit hinsichtlich der eigenen Pläne zu ausgeprägt, als daß er sich allein durch die Verlegung des Tagungsortes von Pisa nach Mailand schon besänftigen ließe. Auch Ludwig denkt jetzt nicht mehr daran, dem unvermeidlich gewordenen militärischen Konflikt auszuwei-chen, in dessen Zentrum Florenz rückt, unwillig, ängstlich, sich und weniger die Welt von der eigenen Unschuld überzeugend, ein Opfer lange geübter Halbherzigkeit und jetzt von nervöser Betriebsamkeit erfüllt, da alles Lavieren aussichtslos geworden ist.

Machiavelli veranlaßt das einzig Richtige. Er verstärkt die Miliz. Denn daß man sich in der Auseinandersetzung, die nun kommen wird, nicht mehr auf die Kunst der Diplomatie wird verlassen dürfen, ist ihm durchaus bewußt. Florenz muß nun für sich selbst sorgen. Machiavelli schlägt die Ergänzung des Fußvolkes durch eine brauchbare Kavallerie vor und stößt damit auf erbitterte Einwände in der Signoria. Dabei ist nicht mehr von der Hand zu weisen, daß die Gegnerschaft in der Hauptsache ihm, dem erwiese-nen Günstling Soderinis, und weniger seinem Vorschlag gilt. Immer noch und immer nachhaltiger wird ihm mehr oder minder deutlich vorgeworfen, er »streue Tyrannensaat aus«, was bedeutet, daß man ihn der übertriebenen Unterstützung Soderinis verdächtigt, von dem man wiederum anzunehmen beliebt, er plane die Errich-tung einer Diktatur in Florenz.

Das alles ist angesichts der wahren Situation nur noch töricht. Aber das Törichte ist ein Teil der Politik, die in Florenz geübt wird. Machiavelli setzt sich trotzdem noch einmal durch. Man bewilligt ihm zwar nicht alles, was er an nützlichen Ideen vorbringt. Aber

500 sogenannte »leichte Reiter« sind es immerhin, welche die Signoria nach endlosen Debatten gutheißt. Es ist ein Tropfen auf den heißen Stein. Machiavelli weiß es. Und begnügt sich, weil ihm jede andere Möglichkeit verwehrt ist, mit dem Geringen, was er erreicht.

Weiß er auch, daß es zu wenig sein wird, um das kommende Unheil zu verhindern?

Der Sekretär beherrscht die Szene

Machiavelli beherrscht die Szene. Aber gerade das soll sich als verhängnisvoll erweisen. Er, der Geduldige, der Vorsichtige, der Mann in der Kulisse, der seit seinen Anfängen vor Pisa und in Forlì nichts anderes als den Gehorsam kennt und sich davon auch dann nicht zu befreien vermag, wenn sein Verstand ihm das Gegenteil einflüstert, er tritt jetzt endgültig aus dem Schatten hervor und versucht sich als Dirigent. Er weiß nicht, oder es ist ihm gleichgültig, daß die Gesten, die er dabei setzen muß, absichtlich mißverstanden werden können. Und daß einer, der plötzlich selbst einen Schatten wirft, viele dadurch beleidigt. Machiavelli begeht Fehler. Er übersieht nun Dinge, die ihm gewiß nicht entgangen wären, als er noch in der Kulisse wirkte.

1512 ist für Italien und damit auch für Florenz ein Schicksalsjahr. Was im Jahr zuvor noch als übliche Drohgebärde habsüchtiger und ehrgeiziger Fürsten hätte mißverstanden werden können, nämlich die Kriegserklärung des Papstes und der mit ihm verbündeten Spanier – denen sich Venedig aus vielen Gründen anschloß – gegen die Franzosen und damit natürlich auch gegen Florenz, das zu oft und zu eindringlich seine freundschaftlichen Beziehungen zu Frankreich beteuert hatte, diese Kriegserklärung trägt nun schlimme Früchte. Es können nämlich die Franzosen sich gegen die Verbündeten zuerst nur mühsam und dann gar nicht behaupten. Sie erleiden in der Schlacht von Ravenna eine vernichtende Niederlage, die sie zwingt, ganz Norditalien aufzugeben und sich über die Alpen in ihre Heimat zurückzuziehen.

Das bedeutet, daß Julius II. seine ungeteilte Aufmerksamkeit nunmehr Florenz zuwenden kann. Er entsendet ein Heer gegen die Republik. Spanier und päpstliche Söldner unter dem Befehl des spanischen Vizekönigs von Neapel, Ramon de Cardona, marschieren gegen die florentinische Miliz. Dazu Araber, deren Grausamkeit in dieser von Grausamkeit gleichsam durchtränkten Zeit berüchtigt ist. Dazu zwei Medici, nämlich Giuliano und Giovanni de'Medici, die nun den Augenblick gekommen sehen, sich mit Hilfe des Papstes der Macht in Florenz wieder zu versichern. Sie sind es, die diesen Feldzug finanzieren. Und nicht zuletzt ihre Einflüsterungen waren es, die Julius endgültig bewogen haben, Cardona gegen die florentinische Republik in Marsch zu setzen.

Machiavelli hat fast alles vorausgesehen; und ist bereit, auf fast alles zu reagieren. Aber einige Fehler in seiner Kalkulation übersieht er, Fehler, die ihn um alles bringen sollen.

Da ist einmal seine Beziehung zu Soderini. Er gilt als Vertrauter und Freund des Gonfalonier. Er ist es nicht; oder nicht auf diese selbstverständliche Weise, die ihm Gegner der herrschenden Situation unterstellen. Er kennt Soderinis Schwächen zu genau. Und wäre sein Charakter tatsächlich ein machiavellistischer, würde er nun alles unternehmen, um mitzuhelfen, Soderini zu stürzen. Aber er ist zuerst und vor allem ein Beamter der Republik, ein gehorsamer Diener des Staates, zur Treue verpflichtet und darauf eingeschworen, das zu tun, was Treue und Pflichtbewußtsein fordern. Dazu kommt, daß er die Entwicklung, die in diesem Schicksalsjahr 1512 alles überrollt, zwar erkennt, aber nicht richtig einschätzt.

Machiavelli weiß, daß die Partei der Medici im Wachsen begriffen ist. Die wirtschaftliche Situation ist nicht die rosigste. Außenpolitisch tanzt man auf einem Vulkan. Die Niederlage der Franzosen bei Ravenna hat Florenz endgültig jenes ohnedies fragwürdigen Schutzes beraubt, den Frankreichs militärische Anwesenheit auf italienischem Boden dargestellt hat. Das alles schürt die Unzufriedenheit der Florentiner mit der Politik Soderinis und verstärkt die Sehnsucht nach einer starken Hand, welche das sich abzeichnende Chaos verhindern könnte. Der Widerspruch, der in solcher Meinung enthalten ist, ändert nichts an der Situation. Denn werfen die Florentiner nicht auch Soderini vor, daß er nach der Alleinherrschaft strebe? Fürchten sie nicht mehr als alles andere die Möglichkeit einer neuen Tyrannis? Und dennoch agitieren viele von ihnen jetzt schon offen für die Rückkehr der Medici?

Machiavelli ist rastlos unterwegs in diesen Wochen und Monaten vor der Katastrophe, die sich schon seit dem Winter von 1511 auf 1512 abzeichnete und an die er dennoch nicht glauben will oder die zu verhindern hofft. »Er gibt sich ganz und gar aus, ist

Diplomat, Feldherr und Schreiber zugleich; alles nimmt er selber auf sich, denn nur sich selber vertraut er... Man muß ihn so vor sich sehen, diesen Mann, wie er pausenlos reitet, durch den grundlosen Morast der Straßen und über tief eingeschneite Feldwege, wie er in den Dörfern auf die zugeknöpften und verschlagenen Podestaten einredet, wie er mit den Bauern um Korn, Fleisch und Fuhrlohn verhandelt, wie er Pulver, Waffen, Pferde, Mantelzeug und Schuhwerk einkauft, und wie er endlich in genauer Aufzählung sichtet, wer in der Stunde der Gefahr Florenz zur Seite stehen wird und wer nicht« (M. Brion).

Der Segretario beherrscht also tatsächlich die Szene. Er berät Soderini, der jetzt – da Florenz ernsthaft in Gefahr gerät, seine Unabhängigkeit einzubüßen – kopflos handelt und sich kaum noch zurechtfindet im Labyrinth, das die florentinische Politik sich selbst gegraben hat. Und er sorgt, während Soderini zu fast nichts anderem mehr fähig ist, als sich vor der Signoria unentwegt zu rechtfertigen, für eine möglichst ausreichende Bewaffnung der von ihm gegründeten Miliz, für die Aushebung neuer Soldaten, für den Ausbau der Verteidigungsstellungen, für Nachschub und natürlich auch für jene optimistische Propaganda, die den florentinischen Soldaten Mut einflößen soll angesichts des näherrückenden Feindes.

Dabei muß sich Machiavelli des Verrats aus den eigenen Reihen zu erwehren suchen. Oder ist es nur ein Zufall, daß man ihn und seine Männer plötzlich in den Süden des florentinischen Staatsgebietes schickt, während Machiavellis Späher doch mitteilen, daß die Truppen Cardonas von Norden her vordringen? Und immer wieder muß der Segretario auch nach Florenz eilen, um sich vor der Regierung zu rechtfertigen oder um dem wankenden Piero Soderini eine Stütze zu sein in jenen Augenblicken, da dieser auf die Attacken seiner politischen Gegner nicht mehr zu reagieren vermag. Das alles kostet Zeit und Kraft. Und unterhöhlt wahrscheinlich die zur Schau getragene Zuversicht Machiavellis, den wir uns weder als so töricht noch als so uneinsichtig vorstellen dürfen, daß er nicht begriffen hätte, welche Lawine da von Norden her auf Florenz ins Rollen gekommen ist.

Dennoch glaubt er noch im Juli 1512 daran, sowohl den Angriff der Alliierten abschlagen als auch Soderini an der Regierung halten zu können. Zu diesem Zeitpunkt fordern die gegnerischen Verbündeten freien Durchmarsch durch florentinisches Gebiet, dazu Soderinis Absetzung sowie die Ernennung einer neuen Regierung, welche nicht dem Verdacht ausgesetzt sein darf, mit den Franzosen gemeinsame Sache zu machen. Überdies verlangt der spanische Vizekönig Ramon Cardona als Abstandszahlung für nicht stattfindende Plünderungen die erkleckliche Summe von 100000 Dukaten.

Das alles ist unerhört, ist eine unverschämte und daher gewiß beabsichtigte Anmaßung gegenüber der florentinischen Regierung. Machiavelli, der gewiß nicht jemand ist, der sich Illusionen hingibt und dem bewußt wird, daß ein Teil dieser Forderungen den Weg öffnen soll zur Rückkehr der Medici, Machiavelli gibt sich nun dennoch der Illusion hin, auf ein solches Angebot mit der Macht seiner Miliz antworten zu können. Soderini und die Politiker in Florenz unterrichtet er – wie dann einige Wochen später noch einmal – dahingehend, daß Cardona keine Gefahr für die Sicherheit der Republik bedeute.

Die Fehler, Irrtümer, Mißverständnisse summieren sich. Heute ist schwer auseinanderzuhalten, was davon Machiavelli und was der fast kopflos gewordenen Signoria anzulasten ist. Tatsächlich wird so gut wie alles falsch gemacht. Denn als Cardona noch im mühsamen Anstieg zu den Apenninenpässen ist, hätte es wahrscheinlich genügt, ihn auf den Bergkämmen in gut abgesicherter Stellung zu erwarten, um seine Spanier und Araber zurückzuwerfen. Aber ein Angebot des alten florentinischen Haudegens Giacomini, diese verantwortungsvolle Aufgabe zu übernehmen und sich mit einer Handvoll Freiwilliger zu opfern, wird abgelehnt. Auch der Tatendrang der Milizionäre, von denen viele darauf brennen, sich in offener Feldschlacht dem Gegner zu stellen, findet keine Unterstützung. »Der jungen, immerhin kampfbereiten Landwehr wird nicht einmal gestattet, den Gegner zu beunruhigen«, schreibt der Historiker Edmond Barincou. Vielmehr zwingt man die Soldaten in die kleine, nur ungenügend gerüstete Festung Firenzuola, »in der tollen Hoffnung, der Feind werde da haltmachen, drei Tagesmärsche vor Florenz«. Tatsächlich aber marschiert Cardonas Armee an Firenzuola vorbei und stößt in Richtung Süden vor.

Das ist ein anderer Krieg als jener vor den Mauern Pisas, wo man sich zehn Jahre lang damit beschäftigen konnte, den letzten entscheidenden Angriff vorzubereiten. Jetzt ist man selbst der Angegriffene, hat man kaum Zeit, das Notwendige zu tun. In Prato zum Beispiel, wohin man 4000 Mann verlegt, weil man sich einbildet, dadurch den Vormarsch der Alliierten endgültig aufhalten zu können, muß man von einer Kirche das Bleidach abnehmen, um daraus in aller Eile die dringend benötigten Kugeln zu gießen. Denn der Nachschub funktioniert nicht. Das für Prato angeforderte Pulver kommt nicht an, ist unterwegs verlorengegangen oder vielleicht sogar dem Feind in die Hände gespielt worden. Ist also auch hier wieder Verrat mit im Spiel?

Der Segretario beherrscht die Szene. Aber es ist ein konfuses, zwar lärmendes, jedoch nicht mehr wirksames Auftreten, das er sich nun leistet. Nichts mehr ist festzustellen von jenen gediegenen Inszenierungen, für die er in der Vergangenheit so oft Ruhm erntete. Er kann die Fehler, die andere begehen, nicht mehr gutmachen. Und er selbst unterliegt Irrtümern, die sich als irreparabel erweisen sollen. Er überschätzt die Kampfkraft seiner Miliz. Er unterschätzt die Intrigen jener florentinischen Politiker, die alles vorbereiten, um die Rückkehr der Medici zu ermöglichen. Er wehrt sich nicht gegen törichte militärische Befehle, die von der Signoria erteilt werden. Und er berät Soderini auf eine Weise, die zumindest Erstaunen verursacht. Denn als Mitte August 1512 Cardona, der jetzt schon Prato belagert, neuerliche Forderungen stellt, die um manches maßvoller sind als jenes erste Ultimatum, in welchem noch von 100000 Dukaten die Rede war, da ist es gewiß Machiavelli, der Soderini einredet, des Spaniers Angebot auszuschlagen. Dabei fordert dieser nunmehr lediglich die Überlassung von »zehn Lasten Brot« für seine ausgehungerten Soldaten; ferner ist von 3000 Dukaten die Rede, die als Entschädigung für nicht stattfindende Plünderungen zu zahlen wären; dann allerdings dieser eine Satz im Angebot Cardonas: Daß das Bündnis mit Frankreich unverzüglich zu lösen und der Gonfalonier Soderini abzusetzen sei.

Ein Machiavelli »in Hochform« hätte ein solches Angebot aufatmend akzeptiert oder es zumindest als Ausgangsbasis für Unterhandlungen betrachtet, in deren Verlauf man zweifellos zu einer vernünftigen Regelung gekommen wäre. Diesmal freilich liefert Machiavelli der Signoria Nachrichten, welche die florentinischen

Politiker auch dieses zweite Angebot Cardonas, das einen Waffenstillstand impliziert, leichten Herzens ablehnen lassen. Machiavelli nennt Zahlen, welche die Truppenstärke des spanischen Vizekönigs als lächerlich, hingegen jene der Miliz als beachtenswert darstellen. Machiavelli, der Liebhaber dessen, was er selbst die Kunst des Krieges nennt, unterliegt einer fatalen Selbsttäuschung. Soderini und die Signoria gehorchen seinem – übrigens durch nichts begründeten – Optimismus. Und die Katastrophe nimmt ihren Lauf.

Prato im Sommer 1512. Ende August. Alle Verhandlungen haben sich zerschlagen, sind abgebrochen worden, endeten in Hohn und Schimpf. In Florenz tagen die Politiker in Permanenz; aber sie sind außerstande, irgend etwas zu beeinflussen. Im Lager des spanischen Vizekönigs vor Prato üben sich die beiden Medici im Planen dessen, was für sie ein Triumph werden soll. Da sind der Kardinal Giovanni als Kommandant von zwei Kanonen, die alsbald eine Bresche ins Mauerwerk der eingeschlossenen Stadt schlagen werden und sein zwanzigjähriger Neffe Lorenzo de'Medici als Offizier; dagegen tritt des Kardinals romantischer, weichherziger Bruder Giuliano als Soldat kaum in Erscheinung. Sie sind übrigens nicht die einzigen ihrer Familie, die nunmehr Florenz als Reiseziel haben. Am 28. August berennen des Papstes Soldaten sowie die Spanier und Araber Prato mit besonderem und jetzt schon erfolgversprechendem Elan, schlagen die Geschütze des mediceischen Kardinals eine breite Bresche in die Mauern. Machiavellis Milizionäre verabsäumen es aus Mangel an Erfahrung oder auch aus Feigheit, wie der Segretario das später zornig andeuten soll, die Einbruchstelle abzusichern. Sie sind kopflos, entmutigt, gleichgültigen Offizieren anvertraut und vermögen der routinierten Wut jener kriegsgewohnten Söldner, denen Cardona Prato zur Plünderung freigegeben hat, nichts Gleichwertiges entgegenzustellen. Spanier und Araber dringen zuerst in die Stadt ein, die jetzt von ihren Verteidigern fluchtartig verlassen wird. Jacopo Modesti, ein zeitgenössischer Chronist, schildert den Untergang Pratos. Alle Männer, denen nicht die Flucht gelingt, werden umgebracht. Frauen und Kinder werden in den Kirchen, wohin sie sich in ihrer Verzweiflung flüchten, von den Söldnern auf viehische Weise gequält, geschändet, ermordet. Mütter werfen ihre Töchter in die Tiefe der Brunnen und springen ihnen nach. Auch viele männliche Einwohner begehen Selbstmord. »Das alles wütet zwölf Tage und Nächte lang«, schreibt Modesti und fügt hinzu, daß nach einer gewissen Zeit Kardinal Giovanni de' Medici es einigen überlebenden Frauen erlaubt, in seinem Quartier Unterschlupf zu suchen. Auch von Giuliano de' Medici wird berichtet, daß er, der von Natur aus gutartig ist, manchen Versuch unternimmt, den plündernden und vergewaltigenden Soldaten entgegenzutreten. Am allgemeinen Elend ändert das nichts.

In Florenz wirkt die Nachricht von der Einnahme und Zerstörung Pratos wie eine Explosion. Mit den ersten Meldungen über die Katastrophe erscheint überdies auch schon eine Vorhut spanischer und arabischer Truppen vor den Mauern der Hauptstadt, was alle bis auf den Gonfalonier erschüttert, »der sich durch leere Hoffnungen einschläfern läßt«, wie Machiavelli lakonisch mitteilt. Ein drohendes Ultimatum Cardonas, der Signoria mitgeteilt am 30. August, führt endgültig zur Panik. Die Soldaten auf den Festungswällen verlassen ihre Posten. Durch die Straßen der Stadt tobt eine aufgebrachte, von Verzweiflung und Furcht erfüllte Menge. Die Tore der Gefängnisse werden geöffnet. Anhänger der Medici dringen in den von allen Wachen entblößten Palazzo Vecchio ein und bemächtigen sich Soderinis. Angeblich soll ein Dolch an seiner Kehle die Aufforderung zu seinem Rücktritt unterstützt haben. Soderini soll in diesem Augenblick der höchsten Not nach Machiavelli gerufen haben, um sich von ihm einen Ausweg raten zu lassen. Das sind freilich durch nichts erwiesene Behauptungen, die von phantasievollen Erzählern aufgestellt werden.

Tatsächlich wird dem Gonfalonier erlaubt, sich aus dem Palazzo Vecchio zu entfernen. Auf offener Straße bricht er zusammen, wahrscheinlich aus psychischen Gründen, denn von einer ihm zugefügten Verletzung ist nichts bekannt. Er findet Aufnahme im Palazzo Vettori, wird, wie man offiziell verlautbart, nach Siena ins Exil geschickt, flüchtet jedoch in Wahrheit über die Adria hinüber nach Ragusa. Andere Politiker wählen den bequemeren Weg. Sie wechseln über Nacht die Partei, verleugnen alles, wofür sie sich bisher eingesetzt und was sie zu verantworten gehabt haben und treten mit Selbstverständlichkeit nunmehr als Anhänger der Medici auf.

Diese ziehen am 1. September in die Stadt ein, vertreten vorerst durch Giuliano de'Medici und dessen jugendlichen Neffen; ihnen folgt vierzehn Tage später der Kardinal Giovanni, was den Instinkt dieses kunstverständigen und literarisch gebildeten Kirchenmannes für die Nützlichkeit theatralischer Auftritte auch auf der politischen Bühne unterstreicht. Denn dadurch, daß er – der nunmehr sechsunddreißigjährige Vertraute des Papstes Julius und offensichtliche Erbe der von Soderini notgedrungen aufgegebenen Macht in Florenz – eine kunstvolle Pause verstreichen ließ, bevor er ohne irgendein besonderes Zeremoniell in der gedemütigten und jetzt schon wieder hoffnungsfroh die neuen Verhältnisse erwartenden Stadt erscheint; dadurch bestätigt er seine glückliche Hand in Stilfragen. Eroberer, die mehr erreichen wollen als nur den raschen und rasch wieder verwehenden Nutzen ihres Erfolgs, müssen die Kunst der Selbstinszenierung beherrschen. Giovanni de'Medici weiß, wie man sich zu verhalten hat, wenn man die Gunst der Florentiner über den Augenblick hinaus gewinnen will.

Und Machiavelli? Von ihm ist in diesen ereignisreichen Tagen nicht viel bekannt. Jenes schöne Schauspiel, in welchem er sozusagen in letzter Sekunde als Retter Soderinis auftritt und diesem den Weg weist zum Palazzo Vettori, bevor der enthemmte Pöbel den Gonfalonier ermorden konnte, ist zweifellos nicht mehr als eine hübsche Erfindung. Machiavelli ist ein treuer Diener des Staates. Aber seine Anhänglichkeit vor allem Soderini gegenüber geht nicht so weit, daß er sich selbst eines Mannes wegen in Gefahr bringt, über dessen Fähigkeiten er ohnedies manche spöttische Bemerkung und manche zynische Notiz gemacht hat. Außerdem entbindet ihn seine Vorstellung von der Pflicht eines Beamten durchaus nicht davon, das eigene Mäntelchen nach dem Wind zu hängen. Er war es nicht, so wird er jetzt wohl argumentieren, der die florentinische Politik gestaltete. Er, zum Gehorsam verurteilt, hat bloß Befehle ausgeführt. Nichts weiter. Und daß er sich besonders hervorzutun versuchte als Organisator der Miliz, muß ihm eigentlich als Vorzug angerechnet werden. Denn was taugt ein Staatsdiener, der seinen Dienst nicht ernst nimmt?

Und so dürfen wir ihn uns vorstellen, wie er zwischen dem 28. August und den ersten Septembertagen dieses Jahres 1512, da sich die florentinische Welt wieder einmal grundlegend verändert, inmitten seiner Familie, gewiß zärtlich umsorgt von Marietta, darauf wartet und vertraut, demnächst schon zu einer neuen Mission gerufen zu werden oder ein Amt übertragen zu bekommen, das seinen Fähigkeiten entspricht; oder nichts anderes als die Bestätigung dessen zu erfahren, was er bereits vorstellen darf und leisten kann. Trübsinnige Gedanken werden ihn kaum bewegt haben. Wie soll er sich auch über seine Zukunft sorgen, da er von sich selber guten Gewissens behaupten darf, stets nur im Interesse des Staates gehandelt zu haben? Er hat sich niemals bereichert, im Gegenteil. Demnächst schon wird man offiziell feststellen müssen, daß ihm die Republik noch eine beträchtliche Summe schuldet. Er hat – und das manchmal entgegen seiner eigenen Meinung – nichts anderes getan, als die Meinung der Signoria auf eine Weise zu verwirklichen, die der Stadt und der Republik Vorteile einbrachte. Er hat dabei sogar manchen fremden Fehler repariert, sich als Diplomat und Soldat vielfach bewährt und ist – wie er anzunehmen wohl berechtigt sein darf – als Segretario im Grunde unersätzlich.

Machiavelli hat sich diese kleine Pause wohlverdient. Er kann ein paar Augenblicke lang tief Atem holen. Er ist jetzt 43 Jahre alt. In einem solchen Alter beginnt an sich die letzte und entscheidende Phase in der Karriere eines ungewöhnlichen Mannes. Und wer möchte daran zweifeln, daß Niccolò Machiavelli einer der ungewöhnlichsten Männer seines Zeitalters ist?

Die Rückkehr der Medici

Es war Machiavellis folgenschwerster Irrtum, zu glauben, die neuen Machthaber in Florenz und die völlig geänderten Verhältnisse würden ihn unbehelligt lassen. Oder ihm sogar neue Aufgaben übertragen, ihm eine Fortsetzung seiner Karriere ermöglichen, während er der nunmehrigen Regierung doch als Parteigänger des geflüchteten Soderini und allein schon deshalb als Gegner der Medici galt. Am 9. November 1512 wurde Machiavelli von allen seinen Funktionen befreit, seines Amtes verlustig erklärt und seiner ohnedies nur in theoretischer Hinsicht bedeutungsvollen Würde als vielfach verwendbarer Segretario beraubt. Die Herren, die über ihn zu Gericht saßen und von denen manche noch wenige Wochen zuvor dringend auf seine Dienste angewiesen gewesen waren, »tun ihm kund zu wissen«, wie es in seiner Entlassungsurkunde heißt, »er habe Florenz für die Dauer von zehn Jahren nicht zu verlassen«, was einem Mann wie Machiavelli buchstäblich den Lebensfaden abschneidet. Überdies wird ihm behördlich verboten, aus freiem Willen den Palazzo Vecchio aufzusuchen. Er, der so viele Jahre der eigentliche Beherrscher dieses Palazzo gewesen ist, von dem aus er die Fäden gesponnen hatte, die ein dichtes Sicherheitsnetz über Florenz werfen sollten, er mußte nun auf Vorladungen warten, wenn er den Palazzo Vecchio betreten wollte.

Eine solche Vorladung kam kurze Zeit später. Es war eine bürokratische Angelegenheit. Man war – penibel auch noch dort, wo man den Stab über einen Abgeurteilten längst gebrochen hatte – darauf aufmerksam geworden, daß ihm die öffentliche Hand noch Geld schuldete. Es mögen recht widerstreitende Gefühle gewesen sein, welche Machiavelli bewegten, als er diese späte und jetzt nutzlose Genugtuung erfuhr.

Was die neuen Verhältnisse in Florenz angeht, so hatte man mit fast unziemlicher Hast eine provisorische Regierung unter Francesco Vettori eingesetzt. Es war dies jener Vettori, der einst als

Gesandter an den Hof Maximilians geschickt worden war und dem dann Machiavelli zu Hilfe hatte eilen müssen, weil Vettori unfähig, unwillig oder zu krank gewesen war – oder wohl alles zusammen –, um den hochgeschraubten materiellen Forderungen Maximilians an die Republik einigermaßen widerstehen zu können; jener Vettori auch, der erst wenige Wochen zuvor Piero Soderini zur Flucht nach Ragusa verholfen hatte. Später würde man ihn deshalb empfindlich belästigen; aber er würde nachweisen können, den Medici stets ein ergebener Diener gewesen zu sein.

Machiavelli mag angesichts dieser erstaunlichen Entwicklung den Kopf geschüttelt haben. Francesco Vettori war alles andere als ein fähiger Politiker. Aber das wurde von ihm wohl auch gar nicht verlangt. Er hatte in diesem Herbst und Winter 1512 im Grunde für nichts anderes zu sorgen als für die Wiedereinsetzung der Medici in alle ihre verlorengegangenen Ämter, Titel und Würden. In diesem Zusammenhang kam es zu merkwürdigen Szenen, die Machiavelli wohl amüsiert haben würden, hätte er ihnen beiwohnen dürfen. Denn ausgerechnet der spanische Vizekönig Ramon Cardona, ewig mit dem Makel behaftet, in Prato als grausamer Schlächter aufgetreten zu sein, führte den Vorsitz jener entscheidenden Ratsversammlung im Palazzo Vecchio, in welcher die Herren dieser neuen Regierung den Medici die alten Rechte zurückerstatteten und überdies eine sogenannte Reform beschlossen, die eine Rückkehr zu den Verhältnissen von 1494 erbrachte, als die Medici noch als Diktatoren über Florenz geherrscht hatten.

Die Medici! Das war jetzt vor allem Kardinal Giovanni, auch wenn sein Bruder Giuliano die Regierungsgeschäfte übernehmen sollte. Giovanni, der als kaum Siebenjähriger die Tonsur erhalten hatte, im Alter von acht Jahren Eigentümer einer Abtei und dann Herr über ein Erzbistum in Südfrankreich geworden war und bald darauf zum geistlichen Eigentümer der reichen Abtei von Monte Cassino, zum vermögenden Kanonikus, Rektor von sechs Klöstern, Abt von sechzehn Klöstern, Erzbischof von Amalfi und schließlich im Alter von vierzehn Jahren auch zum Kardinal geworden war, sollte in wenigen Monaten als Papst Leo X. über die Christenheit gebieten. In Florenz sorgte er jetzt dafür, daß der Übergang von der Demokratie zur mediceischen Diktatur den Florentinern verhältnismäßig leichtfallen sollte. »Die Medici, die Florenz kannten, begannen mit Volksbelustigungen«, schreibt Casimir von Chledowski, »Feste und Karnevalsumzüge jagten einander; die ernste Stadt war wieder von Musik und Gesang erfüllt.«

Giovanni, den eigentlichen Regisseur und geistigen Vater dieser neuen Ära in Florenz, auch wenn sein Bruder Giuliano die Regierungsgeschäfte leitete, die nach des Francesco Vettori eher ruhmlosen Abgang ganz auf die mediceischen Wünsche zugeschnitten waren, darf man sich nicht nur als unfähigen, korrupten, häßlichen Menschen vorstellen, den schon in jungen Jahren maßloses Glück und einflußreiche Gönner verwöhnt hatten. Er war allerdings tatsächlich ein ungewöhnlich häßlicher Mann. Als er bereits Papst war – im März 1513 erreichte ihn diese Würde –, beklagten Zeitgenossen, daß er nicht nur physisch, sondern auch moralisch träge sei. Der römische Historiker De Grassi erwähnte in seinen respektlosen Berichten, »der Papst wolle nicht aufstehen, komme nicht rechtzeitig zu Tisch, man könne nicht auf ihn rechnen, da er die verabredete Stunde nie einhalte«. Und der venezianische Chronist Marino Sanuto beschreibt ihn als einen ausnehmend häßlichen Menschen, »der Kopf unverhältnismäßig groß, das blasse Gesicht aufgedunsen, die vorstehenden runden Augen ohne jeden edlen Impuls. Da er kurzsichtig war, bediente er sich stets eines Augenglases. Seine schwachen Füße konnten den fetten Körper kaum tragen, beim Gehen stützte er sich gewöhnlich auf die Arme zweier Diener.«

Eine solche Charakterisierung übersieht freilich, daß Giovanni de'Medici nach der berühmten Schlacht von Ravenna (am 11. April 1512) – bei welcher er als päpstlicher Legat der Romagna aufgetreten und dabei in französische Gefangenschaft geraten war – immerhin imstande war, sich aus eigenen Stücken wieder zu befreien. Denn er, den seine Bewacher nach Frankreich bringen sollten, verkleidete sich als Soldat und entkam auf diese Weise den Franzosen. Giovanni mag also durchaus »eine ziemlich temperamentlose, kühl abwägende, wenig enthusiastische Natur« gewesen sein, als die er von fast allen Beobachtern geschildert wird. Aber er war nicht dumm. Und er war im Gegensatz zu seinem Vorgänger Julius II. ein friedliebender Charakter.

Ganz anders sein Bruder Giuliano, den Giovanni auch dann noch, als er schon als Leo X. in Rom residierte, in allen florentinischen Angelegenheiten nachhaltig unterstützte. Dieser Giuliano hatte allerdings »auch das Wesen eines Menschen, der einem untergehenden Geschlecht angehört«, schreibt Chledowski. »Er hatte durchaus nicht den Ehrgeiz, zu befehlen oder zu herrschen. Liebesabenteuer füllten ihn aus, seine physischen Kräfte und seine sittliche Energie waren dermaßen erschöpft, daß er sich von Zauberern beherrschen ließ, selbst Mystiker wurde und Trost in übertriebenen religiösen Praktiken suchte. Zuletzt erfüllte ihn ein solcher Ekel, daß er sich das Leben nehmen wollte. Er war ein großer blonder Mensch mit blauen Augen, langem Hals, schmalen Händen, gemessenen Bewegungen und einer ruhigen Sprechweise; sehr liebenswürdig, höflich, mildtätig, gütig, überraschte er gelegentlich durch höheren Geistesflug. Aber dem praktischen Leben war er nicht gewachsen. Jede größere moralische Anstrengung, jede längere Unterhaltung erschöpfte ihn in dem Maße, daß er sich für kurze Zeit hinlegen mußte.«

Der dritte der Medici, die für Florenz jetzt von Bedeutung werden sollten, war Lorenzo, ein Neffe des Papstes und Giulianos, ein eher maßvoller Charakter, begabt als Reiter und Jäger und korrekt im Umgang mit Menschen. Sein einziges Ziel soll, wie Zeitgenossen bemerkten, darauf ausgerichtet gewesen sein, sich mit einer vermögenden Frau zu verheiraten, da er selbst über wenig Geld verfügte. »An die Zukunft seines Geschlechtes glaubte er nicht. Er nahm an, Florenz würde die Medici nach dem Tod des Papstes (Leo X.) wieder verbannen. Deshalb hätte er gern ein Fürstentum und Vermögen besessen« (C. v. Chledowski).

Das also sind, eher oberflächlich skizziert, die Personen, die nunmehr in Florenz tonangebend sein werden. Manches übertrieben negative Urteil von Zeitgenossen muß man dabei wohl relativieren. Giovanni war nicht nur häßlich und träge, sondern auch großzügig bis zur Verschwendung. Und wenn die meisten seiner Biographen als seine hervorstechendste Charaktereigenschaft eine fatale Neigung zur Unentschlossenheit nennen, so mag das zwar zutreffen, ändert aber nichts am erstaunlichen Aufstieg dieses jungen Mannes, der es, noch nicht einmal vierzigjährig, zum Papst gebracht hatte. Daß man ihn nur deshalb zum Pontifex gewählt habe, weil man sich auf keinen anderen Kandidaten habe einigen können und außerdem annehmen durfte, er würde seiner Fettleibigkeit wegen ohnedies bald das Zeitliche segnen – was dann im Dezember 1521 eintraf –, ist ein böswilliges Gerücht mit einem Körnchen Wahrheit. Völlig vergessen wird Giovannis Leidenschaft für die Musik. Er besaß eine hübsche Stimme, ein fast perfektes musikalisches Gehör und spielte selbst mit leidlichem Erfolg die Laute. Er nahm sowohl als Kardinal wie auch später als Papst regelmäßig an musikalischen Veranstaltungen teil und soll dabei, wie Augenzeugen berichten, »mit geschlossenen Augen, ganz in Freude versunken, leise mitgesungen« haben.

Auch seinen Bruder Giuliano darf man sich nicht nur als Verführer und, weil er für seine Verfehlungen Buße zu tun wünschte, als religiösen Fanatiker vorstellen. Eine solche Charakterisierung wäre zu naiv für einen Mann, der zwar nur ein Jahr über Florenz herrschen konnte, weil er dann seinem Neffen Lorenzo de'Medici weichen mußte, der aber diesem Neffen manches ausgezeichnete Beispiel dafür gegeben hatte, wie man sich als Politiker zu verhalten habe. »Er vermied jeden Anschein, mehr sein zu wollen als ein normaler Bürger und ließ sich sogar den Bart abnehmen, wie es in Florenz damals im Gegensatz zu den meisten anderen Höfen der Zeit Mode war« (J. Cleugh). Giuliano war klug, sanftmütig, weitgehend tolerant, mäßig in seinen politischen Ansichten und durchdrungen von der Idee, das Gute zu praktizieren und jeden übertriebenen Ehrgeiz zu vermeiden.

War es – wenn man mit den Augen eines Zeitgenossen, der um seine Existenz bangen muß, diese Person betrachtete – nicht naheliegend, wenn man sich an sie wandte mit der Bitte um Begnadigung und Wiederaufnahme in den öffentlichen Dienst? Ein kulturell interessierter, musikliebender, friedliebender und bequemer Mensch wie dieser Kardinal Giovanni, ein großmütiger, fast liebenswerter Charakter wie Giuliano de'Medici, den nicht nur die Frauen bewunderten? Hatte Niccolò Machiavelli überhaupt eine andere Wahl, als das Knie zu beugen und als Bittender aufzutreten, jetzt, da alles verloren schien und er nicht wissen würde, wie er sich und seine Familie mit Anstand ernähren sollte?

Außerdem durfte sich Machiavelli einbilden, daß man Männer wie ihn gerade in diesen Augenblicken dringend benötigte. Die Lage in Florenz war bedrückend wie zuvor, ungeachtet der fröhlichen Erregung, die einige Wochen lang in der Stadt herrschte. Man würde sich auf diplomatisches Taktgefühl und Erfahrung verlassen müssen, um einige der wichtigsten außenpolitischen Probleme zu erledigen. Auch im Inneren hatte sich durch den Wiederauftritt der Medici im Grunde nichts verändert. Die Republik war verarmt. Dem Jubel über den Wechsel der politischen Führung folgte bald die Ernüchterung. Jenen, die sich an das Wesen der Demokratie gewöhnt hatten, schmeckte die nun wieder etablierte Diktatur kaum. Widerstand gegen die Medici machte sich bemerkbar. Und viele, die noch vor wenigen Wochen den Sturz Soderinis gewünscht hatten, zweifelten nun, ob sie die neue Regierung bekämpfen oder sich ihr anschließen sollten.

In einer solchen Situation muß sich ein Staat auf die gediegene Leistung seiner Beamten verlassen können. Mehr noch als treue Pflichterfüllung, ohnedies selbstverständliche Voraussetzung, sollten Phantasie, Fingerspitzengefühl, Diskretion und Beharrungsvermögen gefragt sein, muß Erfahrung im politischen Handwerk, bewährt in zahllosen heiklen Affären, hoch im Kurs stehen.

So dachte jedenfalls Machiavelli. Und schrieb einen Brief an Giovanni de'Medici, als dieser noch Kardinal und der eigentliche Beherrscher der Republik war.

Es ist das freilich der sonderbarste Brief, den je ein Bittsteller an seine Vorgesetzten geschrieben hat; noch dazu an Vorgesetzte, die in ihm einen gefährlichen Gegner erkennen müssen. Denn Machiavelli beruft sich in diesem Schreiben nicht auf geleistete Dienste, nicht auf das, was er für Florenz im Verlauf seiner langjährigen Amtszeit an Ungewöhnlichem getan hat. Das, so mag er sich, mit ironischen Blicken noch einmal das Geschriebene überprüfend, wohl gedacht haben, das sollten eigentlich jene wissen, an die er sich jetzt wandte. Daß er Pisa für die Republik zurückerobert hatte. Und einem Mann wie Maximilian die Stirn geboten und Julius II. herausgefordert hatte. Und Vertrauter eines Cesare Borgia gewesen war. Und mit Frankreichs bedeutendsten Notabeln und deren König Ludwig fast vertrauten Umgang gehabt hatte. Und nicht nur als Diplomat, sondern auch als Organisator Außerordentliches geleistet hatte, nichts anderes im Sinn als die Größe und Sicherheit dieser Republik, die sich nun nicht den Fehler erlauben sollte, auf seine Dienste zu verzichten und seinen diskreten Rat zu mißachten.

Denn das erteilte er jetzt. Diskrete Ratschläge. In einem Schreiben, das nichts anderes sein konnte als der demütige Bittbrief eines Entlassenen, dessen empfindlichste Demütigung es sein mußte, nicht mehr den Palazzo Vecchio betreten zu dürfen, darin er so viele Jahre gewirkt hatte. »Wenn die Medici erkennen, was er wert und wie sehr seine Weiterbeschäftigung in ihrem eigenen Interesse ist, dann brauchen sie keine Bezeugung seiner Ergebenheit; in der Tatsache, daß er mitmacht, liegt seine Treuegewähr. Aus diesem Brief müssen sie klar herauslesen, daß er kein gewöhnlicher Schreiber ist, der sich zu jedem noch so niedrigen Zugeständnis bequemt, nur um seinen Posten zu behalten. Dieser Brief an die Medici kommt von einem, der ihresgleichen ist« (M. Brion). Oder von einem, wie man vorsichtig hinzufügen sollte, der im Augenblick seiner tiefsten Erniedrigung alles mühsam Erlernte und aus der eigenen Begabung ihm Zugeflogene plötzlich vergessen hat. Der nichts mehr weiß von den unbarmherzigen Gesetzen der Politik, die einen Mann, der, wie er selbst wähnt, über Mißverständnisse stolperte, noch während des Stolperns in den Abgrund reißen. Der über Nacht vergessen hat, daß in gewissen Situationen Behutsamkeit und Demut unerläßlich sind.

Dem ersten Brief folgt ein zweiter, in dem nicht mehr diskrete Ratschläge, wie die Medici beispielsweise mögliches Unrecht vermeiden sollten, sondern handfeste Warnungen enthalten sind. Machiavelli urteilte über die maßlosen Beschuldigungen, die man jetzt dem gestürzten Piero Soderini antat, mit dem Selbstbewußtsein dessen, der nur zu genau weiß, was die treue Ergebenheit sogenannter Parteigänger wert ist. Er kennt die Politiker, die nun über den geflohenen, exilierten Gonfalonier herfallen, um von ihren eigenen Fehlern abzulenken. Er warnt die Medici vor der vermeintlichen Ergebenheit jener Politiker, die zu jedem Verrat fähig sind, um ihren eigenen Kopf zu retten.

Konnte sich Machiavelli solchen Hochmut, der fast schon an Unverfrorenheit grenzte, überhaupt noch leisten? Das, was man als Bittbrief verstehen muß und was er selbst, wenn er seine Lage überdachte, auch so begriffen haben mochte, klang wie eine Herausforderung. Blendete gekränkte Eitelkeit seinen klaren Blick für die Verhältnisse? Hatte ihm verletzter Stolz den tollkühnen Mut eingeflößt, gegen alle Vernunft hervorzutreten aus dem zweiten Glied und sich aufzuführen wie jemand, auf dessen Meinung man unbedingt hören muß? Oder überschätzte Machiavelli einfach die Intelligenz jener, an die er seine Briefe richtete?

Die Reaktion darauf ist schlimm genug. Machiavellis Briefe selbst bleiben unbeantwortet. Lediglich ein Schreiben erreicht ihn, in welchem ihm mit dürren Worten die Bestätigung seiner am 7. November 1512 beschlossenen Entlassung mitgeteilt wird. Überdies wurde ihm jetzt auch untersagt, die Republik zu verlassen. Er war zur Unperson geworden. Denn indem man Machiavelli den Zutritt zum Palazzo Vecchio untersagte und ihm gleichzeitig verbot, Florenz zu verlassen, verurteilte man ihn zu einer Untätigkeit, die diesen rastlosen und an die Rastlosigkeit längst gewöhnten, von ihr nahezu besessenen Mann umbringen mußte. Die Macht, der er so lange und so erfolgreich gedient hatte, ließ ihn endgültig fallen.

Eines Tages im herbstlichen Florenz des Jahres 1512 verlor ein junger Mann namens Pietro Paolo Boscoli ein Papier. Es ist ein Akt der Zerstreutheit. Der junge Mann, der aus vornehmer Familie stammt, hat andere Dinge im Kopf, als auf den Inhalt seiner Taschen zu achten. Er ist ein schwärmerischer Idealist, der immer noch den Selbstmord des Brutus beklagt, weil er nicht einzusehen vermag, daß ein Tyrannenmörder so kläglich enden muß. Pietro Paolo Boscoli, der von der klassischen Laufbahn des Gelehrten träumt, ist gewiß alles andere denn der Typ des finsteren Verschwörers. Aber auf dem Blatt, das seinen Taschen entgleitet, finden sich achtzehn Namen. Irgendein zufälliger Passant, der diese Namensliste aufhebt, ist der im übrigen durchaus begründeten Meinung, daß diese Namen etwas zu bedeuten haben. Er übergibt das gefundene Papier den Behörden. Diese handeln mit jener kalten Entschlossenheit, die eine Regierung Verschwörern gegenüber für angebracht halten muß. Alle, deren Namen auf dieser Liste stehen, werden unverzüglich verhaftet.

Auch Machiavellis Name findet sich auf dem Papier. Eine Erklärung dafür gibt es nicht. Höchstens den Verdacht, daß die Rebellen auch an ihn dachten, als sie die Köpfe zusammensteckten und sich überlegten, welche Männer geeignet wären, sich gegen die Wiedererrichtung der Tyrannei durch die Medici aufzulehnen.

Es ist alles bloß ein Zufall, so töricht und planlos, wie solche Zufälle manchmal sein können. Denn die politische Situation in diesem Herbst 1512 verbietet der Vernunft jeden Gedanken an

Widerstand. Die Herrschaft der Medici, gerade erst etabliert, hat sich noch nicht im mindesten abgenützt. Eine überwältigende Mehrheit der florentinischen Bürger meint, einer Demokratie, wie sie unter dem glücklosen Soderini praktiziert worden ist, nicht zu bedürfen. Außerdem liegen spanische Truppen in der Stadt, die kaum eines Anstoßes bedürfen, um in eine gewalttätige Erregung versetzt zu werden. Es sind altgediente Soldaten, die den Krieg brauchen, die sich in ihren Quartieren langweilen, denen ein Angriff auf tatsächliche oder eingebildete Verschwörer fast so etwas wie eine erholsame Abwechslung bedeutet. »Die Macht der Medici ist ein Faktum. Gegen Fakten aber rennt man nicht an. Fakten nimmt und benutzt man, um das Beste daraus zu machen. Wenn nun einmal die Medici heute in Florenz die Herren sind, so muß man entweder mit den Medici arbeiten oder aber sich damit abfinden, daß man nichts mehr zu sagen hat« (M. Brion).

Es gibt natürlich stets Charaktere, die davon überzeugt sind, daß ihre Ideale auf die Wirklichkeit übertragbar seien. Dazu kommen jene, die immer mißvergnügt sind. Und jene, denen oppositionelles Verhalten zur zweiten Natur geworden ist. Und einige – es werden nicht mehr als zwei Dutzend gewesen sein –, die jetzt manchen Grund haben, die Rache der Medici zu fürchten. Männer, denen es in den vergangenen Jahren gelungen ist, sich der Politik auf eine Weise zu bedienen, die ihnen gesellschaftlichen und materiellen Erfolg einbrachte. Manche von ihnen hatten sich dabei zu sehr exponiert. Nun müssen sie ernsthaft fürchten, zur Verantwortung gezogen zu werden.

Und dann die jungen Schwärmer, wie dieser Boscoli, der durch Florenz mit einer Liste eilt, auf der die Namen von möglichen oder auch nur eingebildeten Verschwörern stehen. Und der zwar die Revolution will, aber nicht imstande ist, ein so delikates Blatt Papier sorgfältig aufzubewahren. Er und einer seiner Freunde namens Capponi planen also den Widerstand. Was sie darunter wirklich verstehen; oder wie dieser Widerstand organisiert werden soll; und was dann die Alternative dazu sein soll, das wissen diese Träumer nicht. Sie machen nur Pläne, notieren Namen und verlieren dann die Namensliste. Ein Mann namens Barnardino Coccio, ein Sienese, findet sie und übergibt sie den Behörden. Der Rest ist Routine.

Boscoli und Capponi werden verhaftet. Einer ersten peinlichen Befragung unterzogen und natürlich gefoltert. Die beiden Jünglinge sind tapfer. Das heißt nicht, daß sie den Schmerzen widerstehen, welche ihnen durch die Tortur zugefügt werden. Soviel an Heldentum darf man von ihnen tatsächlich nicht fordern. Aber sie verweigern sich jeder Denunziation. Die Persönlichkeiten, deren Namen auf der verhängnisvollen Liste stehen, welche Boscoli verloren hat, werden von ihnen als Wunschkandidaten bezeichnet, als nicht eingeweihte Gesinnungsgenossen oder besser noch als mögliche Figuren in einem Spiel, das, ohnedies erst in Umrissen skizziert, im Grunde nichts anderes sein kann als ein Denkmodell. Die eigene Empörung über die Machtergreifung der Medici leugnen Boscoli und Capponi hingegen keinesfalls. Sie berufen sich auf ihr Gewissen, auf Moral und Sittlichkeit, auf Ideale, auf alles das, was Verschwörern, die dilettantisch vorgehen, in den Sinn kommen mag, wenn ihre naiven Pläne vorzeitig entdeckt werden. Sie überzeugen durch ihre moralische Haltung. Selbst ihren Peinigern fällt der Edelmut auf, mit welchem die beiden jugendlichen Rebellen sich in ihr Schicksal ergeben.

Selbstverständlich nützt das alles nichts. Bosconi und Capponi werden des Hochverrats angeklagt, abgeurteilt und enthauptet. Das ist eine Sache von wenigen Tagen. Das gilt auch für die Verhaftung aller, deren Namen sich auf dieser Liste findet. Dazu kommen noch andere Verdächtige, Beamte vor allem und vermögende Bürger, von denen die Regierung annehmen kann, daß sie über die neue politische Situation in Florenz nicht sonderlich erbaut seien. Dazu kommt auch Niccolò Machiavelli, dem man ohnedies mißtraut und dessen Name gleichfalls auf der Liste steht. Auch er wird verhaftet, in die »Stinche« geworfen, in jenes berüchtigte florentinische Staatsgefängnis, das, würde ein Mann wie Dante noch gelebt haben, dieser gewiß als Pforte zur Hölle bezeichnet haben würde.

Wahrscheinlich ist Machiavelli völlig unschuldig in diese Geschichte hineingeraten. Natürlich bewegen ihn aufsässige Gedanken. Natürlich fühlt er sich ungerecht behandelt. Aber es wäre töricht, annehmen zu wollen, daß ihn die erlittenen Kränkungen soweit die Fassung verlieren lassen, um als Genosse von idealistischen Jünglingen aufzutreten. Einem erfahrenen Mann wie ihm mag zwar der Boden unter den Füßen zu schwanken beginnen. Aber er verläßt deshalb nicht Hals über Kopf den Boden der Realität. Irreal wäre es gewesen, hätte sich Machiavelli diesen Amateuren angeschlossen, hätte er sich zum Verbündeten gemacht eines Vorhabens, das nichts weiter sein kann als ein naiver, jedoch lebensgefährlicher Lausbubenstreich. Er, der die Kunst der politischen Intrige wie kaum ein anderer beherrscht, wird jetzt gewiß nicht alles vergessen, was an Erfahrung und Begabung in ihm vorhanden, was sein Leben ausmacht, was die Quelle ist, die ihn nährt. Machiavellis spöttischer Blick, ohnedies schon getrübt in diesen Tagen und Wochen, mag fassungslos gewesen sein, als ihn die Schergen holten, als er verhört und in die Folterkammer geführt wurde.

Denn auch das bleibt ihm nicht erspart. Wohl erklärt er mit Entschiedenheit seine Unschuld. Und muß den Fassungslosen, den nicht bloß Überraschten, sondern zutiefst Bestürzten nicht einmal spielen, als man ihn der Teilnahme an einer staatsgefährdenden Verschwörung bezichtigt. Aber vor der Folter bewahrt ihn nicht einmal die Ahnung selbst der mißtrauischen Richter, daß er mit diesem Komplott – das in Wahrheit keines gewesen ist – unmöglich in Verbindung zu bringen sei.

So findet sich Machiavelli auf der Streckbank wieder, muß er sich die Daumenschrauben anlegen lassen. Er, von Natur aus ängstlich, sogar feige, dem jede Art der Gewaltanwendung zuwider sein muß, obgleich er immer als Liebhaber der vermeintlich schönen Kunst des Krieges aufgetreten ist, wird aufs Rad geflochten. Er, der vor jeder körperlichen Berührung zurückzuckt, was ihn, als er noch in Amt und Würden war, nicht davon abgehalten hat, die Folterung von Verdächtigen anzuordnen, windet sich jetzt in körperlicher Pein, ist wehrlos, ohnmächtig einem Verhängnis ausgeliefert, dessen Ursache der dumme Eifer zweier Jünglinge war. Er wird gefoltert, befragt und wieder gefoltert. Und schließlich halbtot in den Kerker geworfen.

Sechsmal wird Machiavelli in die Folterkammer geschleppt. Sechsmal erduldet er die peinliche Prozedur, beantwortet er Fragen, deren Sinn er manchmal gar nicht versteht, beißt er sich die Lippen wund, um seinen Schmerz nicht laut herauszuschreien und brüllt doch jedesmal von neuem los, wenn sich das Seil an der Streckbank dreht oder die Daumenschrauben sich knackend und pressend um seine Gelenke schließen. Sechsmal das Schreckliche, das für ihn stets unvorstellbar gewesen ist, obgleich er sich anderen gegenüber mitunter bedenkenlos des Mittels der Folter bedient hat, wenn er zugunsten des Staates Geständnisse erpressen mußte. Später wird er an Francesco Vettori, der gleichfalls vorübergehend die Bekanntschaft mit den »Stinche« gemacht hat, in einem seiner sogenannten »Freundschaftlichen Briefe« schreiben, daß er die Folter mit einer Festigkeit ertragen habe, die ihn selbst in Erstaunen versetzte. Vorerst ist er freilich nur fassungslos. Denn peinigender noch als der körperliche Schmerz mag das allmähliche Begreifen sein, daß einer, der erst einmal zu stürzen begonnen hat, keinen Halt mehr findet, um sich vor dem Fall ins Bodenlose zu retten.

Machiavelli wird seine Situation im Staatsgefängnis schildern. »Um die Beine habe ich Ketten, und meine Schultern sind sechsfach mit Stricken gefesselt. Die Wände hier sind über und über mit Ungeziefer bedeckt, das so gut gedeiht, daß es nur mehr ein einziger Mottenschwarm ist. Weder in den Wäldern Sardiniens noch in denen der Pyrenäen hat es je ein solches Geschmeiß gegeben wie hier in meinem köstlichen Asyl, und es herrscht ein Lärm, als donnerten Jupiter und der ganze Olymp zur Erde: Hier rasselt einer mit seinen Ketten, dort wird mit Gepolter einer losgemacht, dabei rumpeln Pfosten und Nägel, und drüben brüllt einer, er hänge zu hoch vom Boden. Was mich aber am meisten erzürnt, das ist das Gejammer, wenn ich im Morgengrauen endlich ein wenig einschlafen könnte und es dann heißt: Hört zu, sie beten für euch.«

Mit Gott hat Machiavelli nichts im Sinn. Den Tröstungen der Priester begegnet er mit Gleichgültigkeit. Das hindert ihn nicht daran, einen flehentlichen Bittbrief an den schwerkranken Julius II. in Rom zu richten. Er ahnt oder bildet sich ein, daß ihn nur noch höchste Fürsprache retten kann. Denn wenn auch seine Unschuld in der Causa, die ihn in die »Stinche« gebracht hat, offenkundig ist, so muß er doch befürchten, daß man jetzt die Gelegenheit nützt, um sich seiner zu entledigen. Machiavelli weiß, daß mancher Angeklagte, dessen völlige Schuldlosigkeit sich später herausgestellt hat, unter den Händen der Folterknechte verschieden ist. Und er hat genügend Feinde, die seinen Tod wünschen. Er weiß zuviel über die Mechanismen der Macht in Florenz. Er ist ein Eingeweihter, der jede Finte kennt, dem nichts, was die neue Regierung plant, verborgen bleiben kann, der umfassend über die Schwächen jener informiert ist, die nun den Medici Gefolgschaft leisten. Er ist ein gefährlicher Mitwisser. Er ist gleichsam ein Mund, den man für immer schließen muß, wenn man verhindern will, daß er eines Tages Waghalsiges, Unangenehmes, Bedrohliches ausplaudert.

Machiavelli macht sich keine Illusionen. Nicht des angeblichen Hochverrates wegen wird man ihn an das Wippseil ausliefern wollen, sondern seiner erschöpfenden Mitwisserschaft wegen. Er kennt die Biographien jener, die sich jetzt über ihn beugen und ihn befragen. Er weiß Bescheid. Und das zu umfassend und zu genau. Das macht ihn so gefährlich. Das gefährdet sein Leben.

Und Machiavelli, der stets hochmütig gewesen ist, dessen Ironie verletzend und dessen Zynismus schneidend waren, der als gehorsamer und pflichteifriger Beamter gewissermaßen immer einen Schritt außerhalb seines Ranges gestanden ist, weil er sich überlegen fühlte jenen, die über ihm standen, demütigt sich nun, da es wirklich um sein Leben geht, aufs äußerste. Zwei Sonette, in denen er als unterwürfiger Bittsteller auftritt, verfaßt er im Kerker und widmet sie Giuliano de'Medici, mit dessen Toleranz er rechnet, auf dessen legendäre Gutmütigkeit er setzt; diese Verse sind auf so erbarmungswürdige Weise kriecherisch, sind so sehr durchdrungen vom Winseln eines Verzweifelten, daß man sich Machiavelli tatsächlich nur schwer als ihren Urheber vorstellen mag. Manche seiner Biographen lehnen es rundweg ab, ihn damit zu belasten. Ein Niccolò Machiavelli könne, so meinen sie, nicht so tief fallen, daß er sich selbst verrate. Daran, daß er nichts weiter als pragmatisch denkt und handelt auch oder gerade dort, wo Würde und Anstand allein nicht mehr helfen, daran mögen sie nicht glauben. Machiavelli ist ein Idol. Und Idole winseln nicht.

Ob nun Machiavelli diese kompromittierenden Sonette geschrieben hat oder nicht – er wird freigelassen. Und er verdankt dieses Glück tatsächlich den Medici. Denn der Tod Julius' II. und die Wahl des Giovanni de'Medici zu dessen Nachfolger sind Ereignisse, die einer allgemeinen Amnestie auch in Florenz wohl wert sein dürfen. Es öffnen sich die Tore der Gefängnisse in ganz Italien oder zumindest überall dort, wo man die Wahl eines Medici zum Pontifex als freudiges Ereignis betrachten muß. Überhaupt ist man in Florenz dieser angeblichen Verschwörung wegen nicht im mindesten beunruhigt. Die Gewichte der Macht sind gut verteilt und verankert in dieser kurzen Zeit, seit die Medici mit Hilfe des verstorbenen Julius und der spanischen Soldaten nach Florenz zurückkehren und sich dort – als hätte es nicht fast zwei Jahrzehnte demokratischer Ordnung gegeben – vortrefflich etablieren. Giuliano de'Medici ist leutselig und vorerst auch noch dazu imstande, populär zu sein. Sein Neffe Lorenzo würde einen ausgezeichneten Nachfolger abgeben. Und Giovanni, jetzt als Papst Leo in Rom inthronisiert, schmeichelt ohnedies der florentinischen Eitelkeit. Viele von jenen, die sich gerade erst als begeisterte Demokraten aufgeführt haben, finden es nun nützlich und erbaulich, Untertanen eines diktatorisch regierten Staates zu sein, aus dessen Mitte ein Papst gekommen ist.

Die Macht konnte es sich leisten, großzügig zu sein. Francesco Vettori zum Beispiel, zuerst als Handlanger gebraucht, um dann wie Machiavelli angeklagt zu werden, darf sogar als Gesandter der Republik nach Rom gehen. Dem Mittelmaß kann man stets vertrauen. Männer wie Vettori benützt man nach Belieben. Aber man fürchtet sie nicht.

Machiavelli taumelt in die Freiheit, die für ihn freilich keine wirkliche, keine uneingeschränkte sein wird. »Ich war nahe daran umzukommen«, schreibt er, »aber Gott und meine Schuldlosigkeit haben mich gerade noch gerettet.« Das sind natürlich Phrasen, die mit der Wahrheit nichts gemein haben. Weiß das auch Machiavelli? An Vettori, mit dem ihn weniger die Erinnerung an beider gemeinsames Auftreten als Gesandte der Republik als vielmehr die jüngsten Erfahrungen verbinden, die beide machen mußten, richtet er einen Brief, darin es unter anderem heißt: »Gott sei Dank, unsere Leiden haben nun ein Ende. Und so hoffe ich denn, nicht mehr in ähnliche Gefahren hineinzugeraten. Ich will fortan vorsichtiger sein, und hoffentlich wird auch die Regierung, nachdem ihr Verdacht ja entkräftet ist, sich in Zukunft menschlicher erweisen.« Und an einen Verwandten berichtet er, daß er »so vieles Ungemach erfahren habe, daß es kein Wunder ist, wenn ich dir nicht geschrieben, sondern daß es eben ein Wunder ist, wenn ich noch lebe. Es ist mir mein Amt genommen worden, und ich bin auf dem Punkt gewesen, das Leben zu verlieren. Gott und meine Unschuld haben es mir erhalten. Alles übrige Unglück, Gefängnis und anderes, habe ich erduldet, doch bin ich durch die Gnade Gottes wohl und lebe, wie es gehen mag. So bestrebe ich mich fortzufahren, bis sich mir der Himmel gütiger zeigen mag.«

Es schreibt solche Briefe und macht solche frommen Bemerkungen einer, dem die Furcht das Selbstbewußtsein zerstört hat. Machiavelli war nie das, was man einen gehorsamen Verbündeten Gottes nennen kann. Der Kirche trat er stets mit Respekt und freilich auch mit ironischer Distanz gegenüber. Den Himmel hat er nie in sein Geschäft miteinbezogen. Kardinäle und Äbte waren ihm stets nur als Politiker interessant, nie als Diener Gottes bemerkbar gewesen. Alles Metaphysische mußte ihm, dem die Wirklichkeit unverhüllt und ohne jede Beschönigung vertraut geworden war, suspekt erscheinen.

Und jetzt dieser demütige, frömmlerische Tonfall. Diese devoten Anrufungen. Dieser Zungenschlag, der eines bigotten Heuchlers würdig sein könnte. Das Gefängnis, die Anschuldigungen, die Folter haben Machiavelli mehr und heftiger zugesetzt, als er selbst es möglicherweise wahrhaben will.

Außerdem gibt er die Hoffnung nicht auf, noch einmal den Sprung zurück in die Arena zu schaffen. Er ist bereit, dafür alles zu tun. Hat er nicht selbst einmal geschrieben: »Das Schicksal ändert seinen Spruch nicht, wenn der Mensch sein Verfahren nicht ändert«? Also muß er, wenn er dieser Erkenntnis gehorchen will, auch jetzt dazu stehen und sein »Verfahren« ändern. Es hat sich in Florenz ein neuer Tonfall durchgesetzt, sozusagen ein anderer Zungenschlag als der bisher gewohnte. Ihm wird man sich anpassen müssen, wenn man nicht unter die Räder kommen will. Machiavelli jedenfalls ist guten Willens. Jenen Satz, den er in Fortsetzung über den Spruch des Schicksals geschrieben hat, scheint er allerdings vergessen zu haben. »Der Himmel kann und mag nicht erhalten, was zugrunde gehen will.«

Machiavelli denkt nicht daran, zugrunde zu gehen. Er wird nach jedem Strohhalm greifen, der zufällig vorübertreibt. Er ist fähig, sich zu demütigen. Des Hochmuts, der ihn auf dem Höhepunkt seiner Karriere gelegentlich streifte, ist er ledig geworden. Die geschundenen Knochen schmerzen, das Gedächtnis ist erfüllt von schrecklichen Gedanken, vor seinen Augen hat er immer noch die

Bilder des Entsetzens und der Qual, als ihn die Folterknechte peinigten. Solche Dinge vergißt man nicht. Vielleicht ist es gerade das – und seine Verzweiflung angesichts seiner Außerdienststellung –, was ihn jetzt gemeinsam mit Freunden in die Gesellschaft von Dirnen treibt. »Denn trotz seiner Niedergeschlagenheit findet er reichlich Zeit, mit Tommaso del Bene und Donato del Corno sich in Gesellschaft leichtfertiger Mädchen aufzuheitern«, lesen wir bei seinen wohlwollenden Biographen (etwa bei René König) und können uns die Situation kaum vorstellen, in die sich dieser sonderbare Mann begibt, als er begreift, daß so gut wie alles verloren ist. »Er wird allerdings nicht ruhig dabei und gesteht, daß sein Scherz nur sein schweres Leiden verdecken soll« (R. König).

Welches Leiden? Daß sein flehentliches Antichambrieren nichts nützt? Daß die Zeit über ihn, der sich einbilden durfte, ein Zeitalter zu beeinflussen, jetzt mitleidlos hinweggeht? Daß jene, die so oft sich seiner Begabung bedienten, ihn nun mit Spott und, was noch schlimmer ist, mit Gleichgültigkeit bedenken?

Fragen. Widersprüche. Und ein Ende, das erbarmungswürdig anmutet. Nichts von Größe. Nichts, das erhaben ist. Die Rückkehr der Medici hat Machiavellis Grenzen aufgezeigt. Und ihn zu ohnmächtiger Hilflosigkeit verurteilt.

17. KAPITEL

Der Gefangene

»Ich lebe nun in meinem Landhaus. Nach meinem letzten Unglück bin ich, alles zusammengerechnet, keine zwanzig Tage in Florenz gewesen. Bisher habe ich eigenhändig den Krammetvögeln nachgestellt. Vor Tage stand ich auf, legte die Leimruten, und dann ging's los, unter einer solchen Last von Käfigfallen, daß ich aussah wie Freund Geta, wenn er mit den Büchern Amphitryons vom Hafen zurückkommt. Ich fing zwei bis sechs Krammetvögel. So ging es den ganzen September über. Dann hörte dieser Zeitvertreib zu meinem Leidwesen auf, mochte er noch so kläglich und sonderbar gewesen sein. Seitdem führe ich das folgende Leben: Ich stehe mit der Sonne auf und gehe in ein Gehölz, das ich aushauen lasse. Da bleibe ich zwei Stunden, die Arbeit vom Vortag nachzusehen und mir mit den Holzfällern die Zeit zu vertreiben. Sie haben immer Händel, sei's untereinander, sei's mit den Nachbarn. Über dieses Gehölz hätte ich Euch tausend hübsche Dinge zu erzählen... Aus dem Gehölz gehe ich an eine Quelle und von da zu meinem Vogelherd, ein Buch in der Tasche, Dante oder Petrarca oder einen der kleineren Dichter... Ich vertiefe mich in ihre Liebespein, ihre Liebeshändel und entsinne mich der meinigen. Dann begebe ich mich ins Wirtshaus an der Straße, spreche mit den Durchreisenden, frage sie nach Neuigkeiten aus ihrer Heimat, errate mancherlei und merke mir, wie verschieden der Geschmack und die Laune der Menschen sind. Unterdessen kommt die Essenszeit heran, und ich nähre mich in Gesellschaft der Bewohner meines Hauses von den kargen Erträgnissen des kleinen Landgutes. Gleich nach Tisch kehre ich ins Wirtshaus zurück. Da versammeln sich gewöhnlich um den Wirt ein Fleischer, ein Müller und zwei Ziegelbrenner. Mit solchem Gesindel mache ich mich den ganzen Nachmittag gemein...«

Diesen Brief, aus dem hier nur kurz zitiert wird, schreibt Niccolò Machiavelli am 10. Dezember 1513 an Vettori, an den er zuvor bereits einige eher kummervolle, drängende Zeilen gerichtet hat, da dieser des erstaunlichen Glücks teilhaftig werden konnte, als florentinischer Gesandter in Rom sich zu etablieren. »So bleibe ich denn in meinem Lauseloch, da ich keine Seele finde, die sich meiner treuen Dienste erinnerte oder glaubte, daß ich noch zu etwas nütze sei. Unmöglich aber kann ich für längere Zeit hier bleiben, denn ich ärgere mich zu sehr. Und wenn mir Gott nicht gnädiger ist, werde ich eines Tages doch gezwungen sein, dieses Haus zu verlassen und mich als Verwalter oder Sekretär irgendeines Bürgermeisters zu verdingen, sofern sich nichts anderes bietet.«

Dieses Haus, Machiavellis Wohnsitz auf dem Lande, liegt in einem winzigen Ort, der Sant'Andrea in Percussino heißt, welcher wiederum unweit von San Casciano im Val di Pesa gelegen ist, das man heutzutage von Florenz aus, wenn man nach Süden in Richtung Siena unterwegs ist, in einer guten halbstündigen Autofahrt erreichen kann. Die Leute nennen Machiavellis Landhaus »Albergaccio«, was ein wenig herablassend klingt und gewiß auch so gemeint ist. Es handelt sich nämlich dabei um keine hübsche, ordentlich eingerichtete Villa, in der sich ein vornehmer, vermögender Mann von den Geschäften der Welt erholen kann, sondern um ein ziemlich altes Haus, dem man gewiß ansieht, daß sein Eigentümer sich nie viel darum gekümmert und die Mittel nicht aufgebracht hat, es einigermaßen in Ordnung zu halten.

Jetzt lebt die Familie des entlassenen Segretario hier. Und muß sich von dem ernähren, was dieses Haus und der dazugehörende Boden abwerfen. Muß sich in einer Bescheidenheit üben, die selbst einem stets kärglich besoldeten und mit materiellen Gütern nie verwöhnten Beamten nicht leichtfällt. »So bade ich mich denn in diesem unwürdigen Dasein, gebe mir Mühe, daß mein Hirn nicht Schimmel ansetzt, und lasse dabei der Boshaftigkeit meines Geschicks ihren Lauf, das mich auf solche Weise mit den Füßen tritt«, schreibt Machiavelli, und man mag sich vorstellen, mit welchem Ausdruck seines hageren und scharf akzentuierten Gesichts er diese Worte formuliert, wie Resignation, Wut, Kränkung, Erschöpfung in ihm wühlen und wie er selbst zwischen bitterem Gelächter und einem Gefühl der vollkommenen Erschöpfung schwankt, während er dennoch nicht aufhören kann, das Wunder zu erhoffen, das ihn von dieser erniedrigenden Art von Gefangenschaft befreit.

Denn ein Gefangener ist er. Ein Gefangener der Verhältnisse, auf die er keinen Einfluß mehr hat, abhängig von Umständen, die ihm diktiert werden, erschöpft von Hoffnungen, die sich nicht erfüllen, ausgeliefert an eine Demütigung, die ihn – der als tüchtiger Beamter und gehorsamer Diener des Staates nie eines besonderen Stolzes sich zu rühmen brauchte – nunmehr doch fast vernichtet. Machiavelli schlägt Kapriolen. Zuerst versucht er alles, um sich zu retten. Er biedert sich an, schmeichelt, duckt sich. Er schreibt Bettelbriefe. Und peinliche Sonette. Er gebärdet sich wie einer, dem jede Erniedrigung recht ist, wenn er bloß auf billige Art wieder in den Sattel kommt. Dann, als ob er endgültig resignieren will, schmollt er. Und taucht, sich selbst hinabzerrend in den Sumpf gewöhnlichster Zustände wie einer, der ertrinken will, ins trübe Wasser einer Idylle ein, die einen Mann wie ihn umbringen muß. »Wenn der Abend kommt«, schreibt er, »kehre ich nach Hause zurück und gehe in mein Schreibzimmer. An der Schwelle werfe ich die Bauerntracht ab, lege prächtige Hofgewänder an und begebe mich in die Säulenhallen der großen Alten.«

So äußert sich ein Fuchs, der verzweifelt nach den süßen Trauben schnappt, die doch unerreichbar sind. Dabei blickt er gierig auf die Welt, zu der er keinen Zutritt mehr hat, beobachtet er die schwankende, ränkevolle Politik des neuen Papstes, Leos X., des Giovanni Medici, von dem Machiavelli eigentlich enttäuscht sein muß, weil dieser ihm ungeachtet häufig und aufdringlich getaner Bücklinge keine Chance mehr gegeben hat, betrachtet Machiavelli, der hier in San Casciano an der Landstraße stehen muß, um von zufällig vorbeikommenden Reisenden die letzten Neuigkeiten zu erfahren, mit schmalem Blick, stirnrunzelnd, lächelnd und doch resignierend, wie dieser Papst England mit Frankreich gegen Spanien verbündet, während er zur gleichen Zeit ein Übereinkommen inszeniert mit den Spaniern, mit den Deutschen, um die Franzosen aus Norditalien fernzuhalten. Aber Machiavelli erfährt immer nur Bruchstücke von dem, was die Welt verändert. Und muß sich aus Andeutungen, aus kurzen Mitteilungen von Leuten, denen Politik etwas Fremdes, Gleichgültiges ist, sich seinen boshaften Reim auf das machen, was in Italien, was in Florenz vor sich geht. Er nimmt gierigen Anteil an den Vorgängen draußen. Aber er leugnet diese Anteilnahme. Er gebärdet sich wie ein Gelehrter, wie ein Poet, dessen Aug' unterm

Sonnenaufgang oder unterm milden Licht des Mondes erglänzt oder der außer sich vor Entzücken gerät, wenn er in den Schriften der Alten eine Stelle entdeckt, auf die man voll philosophischer Würde eine Antwort geben kann… während er in Wahrheit doch gar nichts anderes kann, als ein leidenschaftlicher Zeitgenosse zu sein, ein politisch denkender und handelnder Mensch, der an Fäden zieht, Fallen aufstellt, Situationen inszeniert und aus der Beobachtung von Menschen – die ihrerseits nichts anderes vermögen, als Politik zu betreiben – seine klugen Schlüsse zieht.

Und dieser Mann soll jetzt darin eine Erfüllung sehen, tagsüber auf die Vogeljagd zu gehen, die Nachmittage in einer rauchigen Wirtsstube mit Bauern und Handwerkern beim lärmenden Spiel zu verbringen und abends bei flackerndem Kerzenlicht sich an poetischen Übungen und philosophischen Betrachtungen zu versuchen?

»Ich nähre mich wieder von jener Speise, die ganz die meine ist und für die ich geboren bin«, schreibt Machiavelli. »Ohne Scheu kann ich mit den Lehrmeistern der Antike reden und sie um die Gründe ihrer Taten befragen. Voll Milde erteilen sie mir Antwort, und für Stunden empfinde ich keine Langeweile, vergesse ich meine Armut und alle Last, und selbst der Tod könnte mich dann nicht schrecken, so vollkommen gebe ich mich dem allen hin.«

Machiavelli belügt sich selbst und verschließt die Augen vor der Wirklichkeit auf eine Weise, die fast unangenehm berührt. Ist ihm überhaupt bewußt, daß bei ihm Schmalhans Küchenmeister und seine Familie in einer besorgniserregenden materiellen Bedrängnis ist? Daß er fünf hungrige Mäuler zu versorgen hat, nämlich vier Knaben und ein Mädchen? Dazu Marietta, seine geduldige, aufopfernde, ihn liebevoll behandelnde Frau, die er im übrigen schon wieder neuerdings geschwängert hat? Und er? Er übt sich in hochgemuten Deklamationen oder berichtet an Francesco Vettori die neuesten Klatsch- und Skandalgeschichten aus Florenz, von denen man auch in San Casciano Kenntnis hat, während man über interessante politische Affären hier draußen auf dem Lande so gut wie nichts erfährt. Also wer wen mit wem betrügt und welcher Vornehme für einen neuen Lustknaben leidenschaftlich entflammt ist – das beschäftigt Machiavelli. Und seine Gespräche mit dem Postkutscher auf der Landstraße. Und sein Wühlen in den vermeintlichen Köstlichkeiten der Antike, seine seltsamen Dialoge mit Autoren, die seit anderthalb Jahrtausenden zu Staub zerfallen sind.

Dabei müßte er sich um das kümmern, was man braucht, wenn man etwas zum Beißen zwischen den Zähnen haben will. Sein Gehalt ist ihm gestrichen worden. Vermögen besitzt er keines. Der Ertrag, den das kleine Landgut abwirft, ist verzweifelt gering. Also könnte, müßte er doch in die Tat umsetzen, was er in Briefen, in Aufzeichnungen wie eine Drohung hat anklingen lassen. Einem Bürgermeister sich als Sekretär zu verdingen. Adeliger Leute Kinder in humanistischen Übungen zu unterweisen. Geld zu verdienen auf eine anstrengende, jedoch nicht ehrenrührige Weise.

Aber Machiavelli, der davon zwar gesprochen hat, daß er solches tun werde, unternimmt nichts. Gelegentlich besorgt er »für seine kläglichen Zeitgenossen gegen elende Entlohnung undankbare Geschäfte«, wie Edmond Barincou mitteilt. Welcher Art diese Geschäfte sind, bleibt im Detail ungewiß. Er wird wohl Botschaften nach Florenz übermittelt haben, wohin er manchmal noch reitet, was ihn freilich auch verdrießt, weil ihm der Zutritt zum Palazzo Vecchio verwehrt ist. Er wird ein Handlanger gewesen sein für dieses und jenes, einer, dem man einen Auftrag übermittelt, den er noch vor Jahresfrist empört abgelehnt hätte. Einkäufe tätigen. Eine in San Casciano benötigte Warensendung überprüfen und zusammenstellen. Ein Dienstbote sein für irgendwelche Kreaturen, die er, als er noch der allmächtige Segretario war, nicht einmal der Verachtung für würdig befunden hätte.

Machiavelli tut das alles aus Verzweiflung. Nicht der schmalen Einkünfte wegen, die kaum mehr als ein Trinkgeld sein können. Langeweile ist die Ursache seiner gelegentlichen Lebhaftigkeit. Dazu kommen Weibergeschichten. Denn anders mag man das nicht nennen, was dem bald Fünfzigjährigen widerfährt, der nicht wirklich fähig oder willens ist, seine Familie ordentlich zu versorgen, der als Politiker Schiffbruch erlitten und als Schriftsteller und Poet noch nicht seine Vollendung erreicht hat. Machiavelli sei nie das gewesen, was man unter einem Familienvater verstehe, nehmen ihn manche seiner Biographen und Bewunderer fürsorglich in Schutz. »Auch war es ihm zur Gewohnheit geworden, immer wieder in Liebeleien und galanten Streichen Entspannung von seiner strengen Arbeit zu suchen«, schreibt Marcel Brion. »Machiavelli fühlt sich in diesem ländlichen und häuslichen Leben gefangen, er, der ewige Vagabund, der keine Fessel erträgt und der sich wieder seiner einzigen Leidenschaft widmen möchte: der Politik. Wenn er sich bisweilen an irgendeine grobe, sinnliche Liaison verschwendet, sollte das nicht den Grund haben, daß er von den Bindungen eines großen Gefühls, darin das Herz diktiert, frei bleiben will? Gewiß ist er Frau und Kindern zugetan, und fürsorglich ist er sogar um seine Neffen bemüht, die er gut unterbringen möchte, doch darf man bei ihm nicht erwarten, daß diese Zuneigung mehr als eine oberflächliche sei. Mehr als das kann er nicht geben.«

Mehr als das will Machiavelli nicht geben, muß man wohl hinzufügen. Und was seine angebliche Sinnlichkeit angeht, die er ausleben muß, um das strenge Handwerk der Politik besser ertragen zu können, so fällt diese passable Ausrede nun gänzlich fort. Selbst der Sinnlichkeit an sich, die ihn vermeintlich bedrängt, möchte man mißtrauen und eher annehmen, daß dies alles, was er außer Haus an Erotischem und Obskurem betreibt, stets nur ein Akt der Selbstbestätigung ist. Dabei muß er, der doch stets alles gesehen und durchschaut hat, vor dem Erbarmungswürdigen im eigenen Haus die Augen schließen. Die Küsse, die er irgendwelchen lockeren Ehefrauen, irgendwelchen hitzigen Witwen appliziert, die amourösen Handgreiflichkeiten, die ihm in Florenz erlaubt werden oder die er sich keck herausnimmt, ändern wenig an den dünnen Suppen und am mageren Fleisch, das seine Marietta in San Casciano in Ermangelung einer vollen Speisekammer zubereiten muß. Und während sie sich absorgt um das leibliche Wohl ihres Niccolò, tauscht dieser mit Francesco Vettori intime Indiskretionen aus, prahlt er mit Eroberungen, die ihm, dem allmählich Ergrauenden, glücklich gelingen.

Man möchte über solche Affären hinweggehen und sie als etwas abtun, das einem italienischen Mann erlaubt ist aus einem falschverstandenen Verständnis heraus für das Rollenspiel der Geschlechter. Man möchte das alles für unerheblich halten im Hinblick auf die Genialität dieses Menschen, der die Politik in einem modernen oder eigentlich in einem zeitlosen Sinne als die Kunst des Machbaren verstanden und danach gehandelt hat. Was zählen, möchte man einwenden dürfen, seine Auftritte als Liebhaber und seine geschmacklosen Prahlereien im Vergleich zu dem, was er tatsächlich geleistet hat?

Aber mit einer so einfachen und wohl auch billigen Erklärung vermag man den Schatten nicht zu verscheuchen, der auf Machiavellis Charakter fällt. Zumal das nicht der einzige Anlaß zu erstauntem, kritischem Stirnrunzeln ist, den Machiavellis widerspruchsvolles Wesen liefert. Denn wenn man ihm auch nachsehen muß, daß er in den Verliesen des Bargello, des florentinischen Staatsgefängnisses, seinen Stolz mißachtete und Sonette schrieb, mit denen er sich als beliebiger Jammerlappen demaskierte, der nur noch um sein Leben winselt und alles andere, was eines Mannes Ehre ausmacht, vergißt und verrät; und wenn man seine erotischen Ausritte als Ergebnisse einer Sinnlichkeit betrachten mag, die fast zur Passion geworden ist, und sich nicht dem unangenehmen Gedanken hingibt, daß hier ein Windbeutel immer nur seine Selbstbestätigung sucht, daß hier einer als Eroberer auftritt, der in den Augen verführter Damen sich selbst als Sieger widergespiegelt sehen will ... so bleibt dennoch manches an diesem Charakter haften, das auch durch die wohlwollendste Betrachtung seinen leicht anrüchigen Geschmack nicht verliert.

Machiavelli ist wahrscheinlich ein gnadenloser Egoist. Man kann das natürlich auch so sagen, daß man ihn nicht als Familienvater sehen dürfe, weil seine Begabung und sein Beruf ihm derlei Biederes unmöglich machten. Man kann aber auch, ohne dem Segretario ein Unrecht anzutun, davon ausgehen, daß er in einer gewissen Hinsicht ein haltloser Mensch zu sein scheint, einer, der jenseits seiner Beamtentreue einen verhängnisvollen Hang zur Untreue hat. Das bezieht sich nicht bloß auf seine Amouren, die doppelt geschmacklos anmuten, wenn man die ärmlichen Verhältnisse im »Albergaccio« in San Casciano bedenkt. Er ist treulos auch im Umgang mit Männern, mit Komplicen, Politikern, Freunden, Gönnern. Als der davongejagte Gonfalonier Piero Soderini stirbt und zur gleichen Zeit dessen Bruder, der Kardinal von Volterra, einer aufgedeckten Verschwörung gegen die Medici wegen eingekerkert wird, so daß Machiavelli die Soderini jetzt tatsächlich nicht mehr zu fürchten braucht, da versetzt er dem Gonfalonier, der einst sein beherzter Fürsprecher gewesen ist, einen schamlosen Fußtritt. Er verfaßt auf den Tod Soderinis einen Vierzeiler, darin Wut und Enttäuschung, Hohn und Verachtung miteinander wetteifern. Soderini mag ein mittelmäßiger Politiker gewesen sein. Diesen

Vers hat er sich, der stets Machiavelli bevorzugte, gewiß nicht verdient.

Einer, der nach einem tiefen Fall sich nicht zurechtfinden kann in seiner neuen Umgebung, handelt so. Aber auch ein Mensch von fragwürdiger Moral, dessen Charakter auf gefährliche Weise doppelbödig ist, läßt sich zu solchen Dingen hinreißen. Das wäre eine von mehreren Erklärungen. Eine Entschuldigung kann es nicht sein.

Im übrigen hindern die beengten Verhältnisse und die Aussichtslosigkeit auf eine in absehbarer Zeit sich abzeichnende Veränderung Machiavelli keineswegs daran, ein heftiges Abenteuer mit einer Unbekannten einzugehen, sich also eine Affäre zu leisten, in welcher sich seiner Meinung zufolge die Liebe rührt, was den allmählich Alternden wiederum dazu animiert, sich der Feder auf poetische und lustvolle Weise zu bedienen. Was die Dame angeht, so wissen wir nur, daß sie eine Witwe ist, als sie sich neuerlich verheiratet, diesmal mit einem Herrn namens Tafani, über dessen nähere Umstände wir nicht im Bilde sind. Nur soviel ist gewiß, daß dieser Tafani sie bald wieder verläßt und daß etwa zu diesem Zeitpunkt Machiavelli in Erscheinung tritt. Er ist heftig in diese Sache verwickelt und neigt dementsprechend zu Übertreibungen. »Obwohl bald fünfzig Jahre alt«, schreibt er, »scheue ich weder die glühende Sonne noch die schlechtesten Wege; ja selbst die stockfinsteren Nächte erschrecken mich nicht. Alles wird mir leicht, ich füge mich allen ihren Launen, auch den seltsamsten und meiner Natur fremdesten.« Im »Albergaccio« kämpft Marietta derweilen ums tägliche Brot, rückt sie dem Gatten, wenn er erschöpft von seinen Ausflügen nach Florenz heimkehrt, liebevoll die Kissen im schmerzenden Rücken zurecht, sorgt sie für die ordentliche Aufzucht der Brut, die sie liebt mit der ganzen Kraft ihres mütterlichen Herzens. Sie versteht gewiß nichts vom Genialischen im Wesen ihres Mannes. Die Welt, in welcher er so lange beheimatet war, ist ihr fremd und vielleicht sogar unheimlich. Aber ohne ihr eifriges und zugleich unauffälliges Wirken wäre Machiavelli wahrscheinlich längst gescheitert. Er dankt es ihr mit vielfacher Abwesenheit und Untreue.

Es wäre nun allerdings ungerecht und entspräche auch nicht der Wahrheit, Machiavellis gelegentliche Ausflüge nach Florenz ausschließlich mit seinen Amouren oder mit jener Affäre in Verbindung zu bringen. Dabei muß man noch hinzufügen, daß Machiavelli, um seiner Schönen nahe zu sein, nicht nach Florenz reiten mußte, weil sie, soweit sich das überhaupt noch recherchieren läßt, in San Casciano lebte. Machiavelli hatte in diesen unglücklichen Jahren, in denen er in halber Verbannung auf dem Lande und dazu noch in wenig erfreulichen materiellen Verhältnissen zubringen mußte, aber auch noch eine andere Zuneigung entdeckt: jene zur Literatur. Er, der immer schon ein Routinier der geschliffenen Formulierung war und dessen Berichte an die Signoria stets durch ihre Klarheit und eine gewisse sprachliche Eleganz bemerkenswert waren, notiert nun Poetisches. Ein Anlaß dazu könnte natürlich jene Unbekannte sein. Wer sich zu lieben einbildet, glaubt auch daran, ein Dichter zu sein. Die eigentliche Ursache aber ist gewiß seine verdrießliche Langeweile, seine Unterbeschäftigung, die ihm schnell lästig geworden sein muß, wie Langeweile immer jenen Menschen lästig ist, die tätig sein müssen, um nicht unglücklich zu sein. Ein Mensch, der so viele Jahre davon abhängig war, daß ihn sein wacher Verstand und seine Begabung für den geschliffenen sprachlichen Ausdruck niemals im Stich ließen, kann nicht über Nacht sich das Denken und alles daraus Folgernde abgewöhnen.

Dazu kam seine ständige Beschäftigung mit den antiken Autoren; dazu kommt jetzt in San Casciano noch, daß er fast nichts anderes als diesen theoretischen literarischen Umgang hat, um sich abzulenken. In seinem Vorwort zur Komödie »La Mandragola« etwa, ein recht derbes und freilich auch sprachgewaltiges Stück, schreibt Machiavelli fast entschuldigend: »Und will Euch der Gegenstand leichtfertig dünken, auch wohl unwürdig eines Mannes, der weise und ernst erscheinen möchte, so entschuldigt ihn damit: er bemüht sich mit solch eitlen Spielereien, seine traurigen Tage zu erheitern. Wohin sonst sollte er seine Blicke wenden? Es ist ihm nicht verstattet, zu zeigen, was er auf einer anderen Bühne leisten könnte.«

Das ist unmißverständlich. Deutlicher kann man nicht ausdrükken, daß man unglücklich ist, weil man sich mit Minderem begnügen muß, obgleich man seiner Begabung und Erfahrung nach ungleich Besseres, Nützlicheres, der Allgemeinheit Dienlicheres zu leisten wüßte. Übrigens wird »La Mandragola« in Florenz aufgeführt, und zwar mit durchschlagendem Erfolg, was Machiavelli, er ist zu diesem Zeitpunkt fünfundfünfzig, zweifellos zu schätzen wußte. Weniger seine brave Marietta, die in San Casciano erfahren muß, daß sich ihr Niccolò wieder einmal auf Abwegen befindet. Diesmal ist es Barbera Salutati, zu jener Zeit die populärste Sängerin von Florenz, die in Machiavellis Stück auftritt, weil er ihr zuliebe einige Gesangseinlagen geschrieben hat, die sie mit großer Bravour vorzutragen weiß. Sie ist seine Favoritin. Ein sogenannter guter Freund berichtet das und alles übrige dem Bruder Mariettas, von wo aus diese Nachricht unverzüglich an die arme Marietta weitergetragen wird.

Aber die Nacherzählung solcher Geschichten und Affären – die Sache mit Barbera ist, soviel man weiß, der letzte Seitensprung, den sich Machiavelli leistet –, sind ein Vorgriff auf Späteres. Jetzt finden wir Machiavelli häufig in den Oricellari-Gärten, wo die Platonische Akademie ihren Sitz hat – heute erinnert eine gleichnamige Straße unweit des Bahnhofs daran –, lustwandelt er in den Gärten der Rucellai, das sind ehemalige Färber, die es zu Vermögen und dadurch auch zu einem gewissen geistigen Anspruch gebracht haben, unterhält Machiavelli sich dort also in einem Kreis von Intellektuellen über Kunst, Literatur, Philosophie und manchmal auch, wenngleich mit behutsamem Zungenschlag, über Politik. Manche Autoren wollen in diesen Zusammenkünften die ersten Anzeichen einer neuerlichen Verschwörung gegen die Medici erkennen. Aber es gibt keinen einzigen brauchbaren Hinweis dafür, daß diese Meinung der historischen Wahrheit entspricht.

Vielmehr verhält es sich wohl so, daß Machiavelli, der Gefangene, der in einem erzwungenen Ruhestand Ausharrende und darunter Leidende, diese Zusammenkünfte braucht wie ein Ertrinkender einen Strohhalm, daran er sich hoffnungsvoll klammert. Hier findet er ein Auditorium von geistreichen, angesehenen Männern, die ihm aufmerksam lauschen, die seine extravagante Neigung für antike Autoren verstehen oder sogar teilen und die, wenn er ihnen von seinen literarischen Arbeiten erzählt, nicht bloß mit zerstreuter Höflichkeit oder gar mit Unverständnis darauf reagieren, sondern eine Anteilnahme zeigen, die er für aufrichtig halten darf. »Welch ein Labsal für den sonst auf Bauern und Fuhrknechte angewiesenen Verbannten von San Casciano!«, schreibt Marcel Brion, und ein Labsal darf man das tatsächlich nennen, was

Machiavelli hier widerfährt. Was die politischen Diskussionen in den Gärten der ehemaligen Färber angeht, so sollte man weder deren Inhalte noch den Tonfall überschätzen, in welchem sie geführt werden. Natürlich wird es leise, sarkastische Kritik an den herrschenden Zuständen gegeben haben. Selbstverständlich wird auch Machiavelli die eine oder andere anzügliche Bemerkung beigesteuert haben. Intellektuelle und Künstler neigen stets zur Opposition, wenn es um Politik geht. Eine ernsthafte Parteinahme ist dabei freilich kaum herausgekommen. Machiavelli selbst war in diesem Zusammenhang ein gebranntes Kind, das alle Ursache hatte, das Feuer oder auch bloß das kokette Spiel damit zu fürchten. Er will ja dorthin zurück, wo die Macht beheimatet ist; er will Rehabilitierung und Anerkennung und neue Aufgaben; er will beweisen, daß nur er der zufriedenstellenden Erledigung gewisser heikler Dienste fähig ist.

Aber die Zeit verstreicht und nichts ändert sich. Machiavelli schreibt Komödien, versucht sich an historischen Essays, läßt seine Erfahrungen einfließen in das gewaltige Geflecht dessen, was an Ereignisreichem passiert in der Welt. Er ist tätig. Aber er ist es auf eine Weise, die ihn nicht wirklich befriedigen kann. Einmal, und da leidet er bereits fünf Jahre unter diesem erzwungenen Ruhestand, erteilen ihm florentinische Kaufleute den Auftrag, in Genua für sie Außenstände einzutreiben. Nach Lucca geht er, auch nach Venedig, um sich in ähnlichen Geschäften umzutun. Aus dem nahen Lucca beispielsweise bringt er mehr als 16000 Dukaten mit, was eine respektable Summe ist, die mit einem Schlag alle seine materiellen Widerwärtigkeiten beenden könnte. Aber das Geld gehört selbstverständlich seinen florentinischen Auftraggebern, vermögenden Industriellen und Kaufleuten, die ihn mit einem Trinkgeld für den geleisteten Dienst abfertigen. Machiavelli muß dennoch dankbar sein für das, was man ihm anbietet. Er braucht das Geld. Mehr noch braucht er die fremde Luft, die Möglichkeit, sich außerhalb des florentinischen Staates umzutun, Gespräche zu führen, zu verhandeln, sich wie jemand aufzuführen, der nicht als Unperson, als Verbannter sich zu ängstigen hat vor jedem Wort, das ihm über die Lippen kommt.

Erbarmungswürdig ist das alles trotzdem. Und Machiavelli hört auch nicht auf, an jenes Wunder zu glauben, das ihn wieder in den

Palazzo Vecchio zurückkatapultieren soll. Als er mit genuesischen Krämern, mit Kaufleuten in Lucca und Venedig über die Modalitäten verhandelt, nach welchen seine, Machiavellis, Auftraggeber eine ordentliche Erledigung ausstehender Zahlungen erwarten und er dabei in jedem einzelnen Fall beachtlichen Erfolg hat, da interessiert ihn weit mehr als das ohnedies bescheidene Honorar das Echo seines Erfolges. Spricht man in Florenz jetzt davon, daß der Segretario wieder in Geschäften unterwegs ist? Entsinnt man sich seiner Fähigkeiten auch im Palazzo Vecchio, nun, da er beweisen kann, daß Fingerspitzengefühl, Hartnäckigkeit, Durchtriebenheit und Schläue immer noch beherrscht werden von ihm, der seine diplomatischen Künste jetzt dazu verwenden muß, fremder Leute Geld einzutreiben? Machiavelli giert nach einer offiziellen Geste, die es ihm erlaubt, daran zu glauben, daß er noch nicht völlig aus der Erinnerung der Mächtigen gefallen ist. Er tritt als Geldeintreiber auf und verwendet diese Kostümierung in Wahrheit dazu, aller Welt zu zeigen, daß er nichts von seinen Fähigkeiten eingebüßt hat. Und er macht seine Sache natürlich vortrefflich. »Ebenso geschickt, wie er einst mit den königlichen Ministern Frankreichs oder mit Maximilians Kanzler übereingekommen war, brachte er auch die Genuesen, die in puncto Geld für schlimmer galten als die Livornesen oder selbst die Juden, ans Bezahlen. Als er heimritt, trug er die Gelder in seiner Satteltasche, lieferte sie ab und kehrte dann nach San Casciano zurück, um wieder mit seinen Zechgenossen Karten zu spielen« (M. Brion).

Und das war es dann auch schon. Seine verzweifelten Bemühungen, die Aufmerksamkeit der Medici auf sich zu lenken, mußten scheitern, weil Machiavelli zu viele Feinde hatte, Konkurrenten von früher, die nun als unversöhnliche Gegner in Erscheinung traten und alles abblockten, was ihm zu seiner Rehabilitierung hätte nützlich sein können. Denn nicht so sehr die Medici verhinderten seine Wiederkehr, sondern die »Böswilligkeit der Neider, der Dummschwätzer und Intriganten, die ihn verdrängt hatten und die nun mit Argusaugen darüber wachten, daß er verschollen blieb« (M. Brion).

Am vortrefflichsten charakterisiert seine Situation eine Geschichte, die mehr eine Anekdote ist und die ihm angeblich in Venedig widerfährt. Dorthin wird Machiavelli in gleichsam offizieller Mission geschickt, allerdings nicht mit einem politischen, sondern mit einem eher delikaten geschäftlichen Auftrag. Denn er soll von den als habgierig und geizig bekannten Venezianern eine Entschädigung für die erlittenen Demütigungen einiger junger florentinischer Kaufleute fordern, die in der Lagunenstadt Zuhältern und Beutelschneidern in die Hände gefallen und von diesen empfindlich zugerichtet worden sind. Die so Beraubten, die bitteres Lehrgeld für ihren Wunsch nach obskuren Abenteuern entrichtet hatten, ernteten bei ihrer Rückkehr nach Florenz zwar mehr Hohn als Mitleid. Aber man war doch nicht willens, diese Schande, die man natürlich nicht an die große Glocke hängen konnte, auf sich beruhen zu lassen. Und da man sich als nicht minder geschickt in Geldangelegenheiten betrachtete, als das die Venezianer von sich behaupteten, gedachte man auch, durch eine materielle Entschädigung diese Beleidigung des florentinischen Kaufmannsstandes aus der Welt zu schaffen. Machiavelli sollte der Unterhändler sein, der diese Angelegenheit wieder in Ordnung brachte.

Was er auch tatsächlich erreicht. Mit List, Geschick, Humor, unter Einsatz aller Tugenden, die ihm während seiner Laufbahn als Segretario so oft nützlich gewesen waren und derer er sich jetzt wie ein altgewordener Gaukler wieder erinnern darf. Aber nicht das ist das Aufsehenerregende seiner venezianischen Mission, sondern der banale Umstand, daß er im venezianischen Lotto ein paar Tausend Dukaten gewinnt, ein kleines Vermögen, ein Vielfaches dessen jedenfalls, was ihm für seine geschäftlichen Ausflüge nach Genua, Lucca und Venedig in die Hand gedrückt wurde.

Manche Autoren meinen übrigens, daß diese Geschichte von den glücklich gewonnenen Lotto-Tausendern nicht mehr wert ist als eine beliebige Anekdote, die man erfindet, um einem bedeutenden Manne zu schmeicheln. Andererseits spricht wenig gegen den Wahrheitsgehalt dieses kleinen Ereignisses. Wir wissen aus Briefen von Freunden Machiavellis, die ihn beglückwünschten, daß er in Venedig Glück gehabt, daß er dort fast soviel eingenommen hatte wie zuvor in vielen Jahren als braver, schlecht bezahlter Beamter. Und daß dieser unverhoffte Gewinn den Anfang bedeutete für die letzte einschneidende Veränderung in seinem Leben, das sich nun dem Ende zuneigte.

Denn auch auf einer anderen Ebene geschieht etwas. Zwar noch

nicht dieses Wunder, an das er in den langen Jahren seiner Ent-
machtung und Verbannung voll abergläubischer Beharrlichkeit zu
glauben genötigt ist, um an seinem Elend nicht zugrunde zu gehen.
Aber doch ein hübscher Streifen Lichts am verdunkelten Horizont
seines Daseins. Denn angeblich soll im September des Jahres 1525 –
und da hat Machiavelli in der Tat nur noch zwei Jahre zu leben –
sein Name wieder öffentlich und ehrenvoll genannt worden sein.
Als möglicher Kandidat für die Wahl in ein öffentliches Amt.
Barbera Salutati, die gefeierte Sängerin und intime Freundin, soll
die Ursache dafür gewesen sein, soll veranlaßt haben, daß auch sein
Name in den Wahlbeutel der Signoria kommt, was immerhin
bedeutet, daß man ihn jetzt nicht mehr als Unperson, nicht als nicht
existent betrachtet, sondern ihn zögernd akzeptiert als eine Möglichkeit, mit der man irgendwann wieder zu rechnen haben wird.
Ende 1525 wird Machiavelli sogar als Sekretär des Kardinals
Salviati in Erwägung gezogen, der nach Spanien an den Hof
Karls V. reisen muß. Ein anderer, ein altgedienter Höfling, erhält
dann freilich dieses wichtige Amt zugesprochen; aber Machiavelli
darf sich schmeicheln, daß sein Name wieder ins Gespräch kommt,
daß er mit Möglichkeiten in Verbindung gebracht wird, von denen
er noch kurz zuvor nicht einmal träumen durfte.

Jedenfalls legt Machiavelli die Hände nicht in den Schoß. Er ist
literarisch tätig – auch sein Lustspiel »Clizia« muß man nennen,
das nach dem großen Erfolg, den seine »Mandragola« beim florentinischen Publikum hat, tatsächlich Machiavellis Fähigkeiten als
Komödienschreiber noch einmal nachdrücklich bestätigt –, er hat
gleich zu Beginn seiner Verbannung sein bedeutendstes Werk, den
»Fürsten« (1513) geschrieben, arbeitet auch emsig an den »Discorsi«, formuliert unverdrossen an seinen theoretischen Überlegungen zum Thema »Die Kunst des Krieges«, beginnt mit der Arbeit
(1520) an der großangelegten »Florentinischen Geschichte« und
verfaßt (1522) eine Denkschrift über die Reform des florentinischen Staates. Wenn man das alles in Betracht zieht und sich
zugleich in Erinnerung ruft, auf welche Abenteuer, die häufig bloß
billig und mitunter sogar geschmacklos waren, dieser Mann sich
nach seinem Sturz in die vollkommene Bedeutungslosigkeit einge-
lassen hat, und daß er im Grunde außerstande gewesen ist, seiner
Familie in San Casciano das zu bieten, was man eine standesgemäße

Existenz nennen könnte, während er selbst es für legitim erachtet, sich in Florenz als Intellektueller und Künstler aufzuführen ..., wenn man also die vielen Widersprüche bedenkt, die dieser Beamte, Poet, Liebhaber und nunmehr aus dem Zentrum der Macht Verbannte erzeugt, dann trifft von den zahllosen Beschreibungen und Analysen diejenige noch am ehesten zu, die einst der deutsche Historiker Karl Hillebrand gegeben hat. »Machiavelli hat den Reiz der Sphinx; man wird nicht müde, sich mit ihm zu beschäftigen.«

Was übrigens Machiavellis Beziehung zu seiner Familie angeht, seine Bindung an Marietta und an die Kinder, die von so vielen Autoren stets als die zärtlichste und fürsorglichste dargestellt wird, so muß man vielleicht daran erinnern, daß er selbst in einem Brief an Francesco Vettori einmal geschrieben hat: »Meine Familie würde ich hier lassen... sie wird auch ohne mich trefflich auskommen. Ich falle ihr ohnehin zur Last mit meiner Gewohnheit, Geld auszugeben. Davon kann ich aber nicht lassen. Ich schreibe Euch das nicht in der Absicht, Euch zu einem Schritt zu meinen Gunsten zu bewegen – nur um mich zu erleichtern. Ich werde auch auf diesen widerwärtigen Gegenstand nicht mehr zurückkommen.«

Diese Zeilen notiert Machiavelli in einem Augenblick, da er einsehen muß, daß ihm Francesco Vettori, der florentinische Gesandte in Rom, auch nicht behilflich sein kann. Und daß er, der Verbannte von San Casciano, völlig auf sich allein gestellt ist. Er macht sich keine Illusionen, was seinen Charakter, seine Neigungen und Schwächen angeht. Er weiß ganz genau, daß er in der letzten Konsequenz unfähig ist, jenem schönen Bild vom aufopfernden, nur liebevollen, nur zärtlichen Familienoberhaupt zu entsprechen, das sich seine Bewunderer von ihm machen. Und daß er im Grunde nichts anderes kann – oder alle anderen Fähigkeiten verdrießlich verleugnet –, als den von ihm als wahr und brauchbar erkannten Gesetzmäßigkeiten der Politik zu gehorchen, die durch seine Begabung zur Kunstfertigkeit geworden sind. Machiavelli braucht den Tumult der Welt, um in deren Hintergrund die Fäden zu ziehen, aus denen dann jenes abgerundete Ganze entstehen kann, das den Ruhm der Mächtigen begründet. Er ist ein Künstler, und das nicht seiner literarischen Fingerübungen wegen, sondern weil ihn an der Politik auch das Ästhetische fasziniert, weil er sie als etwas begreift, das die Menschen herausfordert, das sie zwingt, das Äußerste zu wagen. Ihn begeistert das Theoretische an seinem Handwerk ebenso wie die praktische Durchführung. Und vor allem weiß er, was Politik sein muß, wie sie beschaffen zu sein hat, um erfolgreich zu sein. »Er hat als erster die eiserne Lehre von der Notwendigkeit der Macht als Voraussetzung aller Freiheit gelehrt. Er zuerst hat die Ballung und Behauptung von materieller Macht als innersten Kern jeder Staatsbildung erkannt. Und furchtlos, wie noch keiner vor ihm, hat er in das dämonische Antlitz dieser Macht geschaut« (Gerhart Ritter).

18. KAPITEL

Die Rückkehr nach Florenz

Der Ausbruch Machiavellis aus der trügerischen Idylle von San Casciano, seine offizielle Rückkehr nach Florenz, sein Wiederauftritt als Person des öffentlichen Interesses erfolgten phasenweise. Für den wesentlichsten Impuls sorgte er dabei selbst, indem er 1522 eine Denkschrift über die Reform des florentinischen Staates abfaßte, darin er ohne jede vorsichtige Rücksichtnahme seine Meinungen und Erfahrungen über die Politik im allgemeinen und über die florentinische Republik im besonderen einbrachte. Sein Ideal beschrieb er als eine freie Aristokratie, sozusagen als übergeordnete Elite, die nicht von Fraktionszwängen oder Vermögensverhältnissen abhängig sein darf, sondern deren einziges Ziel die Erhöhung des Staates ist, wobei Machiavelli keinen Hehl daraus machte, was ihm als höchstes erreichbares Ziel vorschwebte. »Es muß das Bewußtsein erwachen, daß man nicht nur Florentiner, sondern auch Italiener ist. Hat erst der nationale Patriotismus den Lokalpatriotismus abgelöst, wird es nicht mehr so schwierig sein, in Florenz gerechte und gesunde Institutionen heimisch zu machen, die dem Wohle der Gemeinschaft dienen und nicht von dieser zur Unterdrückung der Minderheiten benutzt werden.« Machiavelli redete also einer Regierung der besten Köpfe das Wort, warnte eindringlich vor allen plutokratischen Neigungen und kokettierte dabei mit der Meinung, daß die Medici wohl imstande sein müßten, eine solche Herrschaft »der Besten« zu errichten oder zu dulden.

Diese Denkschrift war letztlich der Schlüssel, der ihm ein lange versperrt gewesenes Tor öffnete. Machiavelli adressierte sie an den Kardinal Giulio de'Medici, Bruder des regierenden Papstes Leo X., von illegitimer Geburt und erst nach einigen behutsamen Korrekturen an seiner Biographie fähig, den Kardinalshut zu empfangen. Später sollte er der zweite Medici sein, welcher als Papst in Rom residieren durfte. Giulio, den die Chronisten übereinstimmend als einen zwar schwachen Politiker, jedoch rechtschaffenen Charakter bezeichnen, nahm diese Denkschrift gnädig an. Und akzeptierte sie zumindest in theoretischer Hinsicht, weil ihm, der bei allen Schwächen seines Charakters kein dummer Mensch war, durchaus einleuchten mußte, daß eine »Herrschaft der Besten« jede Verschwörung und jeden Krieg im Keim ersticken mußte. Gerade das sollte ihm, der nun über Florenz herrschte, vernünftig erscheinen. Denn obgleich die Florentiner kaum Anlässe zur Klage unter seiner Regierung hatten, sogar seine Sparsamkeit bewunderten und seine Abneigung gegen jede gewalttätige Geste und damit auch gegen kriegerische Aktionen zu schätzen wußten, regte sich im Untergrund doch schon wieder eine Opposition, bildeten sich Gruppen von Unzufriedenen. Es kam immer wieder zu kleineren Verschwörungen, die nur des auslösenden Funkens bedurften, um zum gefährlichen Flächenbrand zu werden.

Giulio de'Medici studierte also die ihm überantwortete Denkschrift Machiavellis, fand Gefallen an ihr und mehr noch an deren Verfasser, von dessen außerordentlichen Fähigkeiten er wohl wußte und dem er auch unschätzbare Dienste für Florenz nicht absprechen wollte. Ein offizieller Auftrag, welcher zugleich auch die endgültige Rehabilitierung des Verfemten bedeutete, durfte also erteilt werden. Das war jetzt um so einfacher zu bewerkstelligen, als die erbittertsten Gegner des Segretario im Gefolge des Medici-Papstes Leo nach Rom abgewandert waren, während andere, die mehr noch als seine Intelligenz Machiavellis kühle Ironie fürchteten, zwar nichts unterlassen würden, um gegen ihn zu intrigieren, aber letztlich doch nicht fähig sein würden, die Annäherung des Verbannten an die Medici gänzlich zu verhindern.

Natürlich wollte und konnte Giulio de'Medici den Segretario nicht wieder in dessen altes Amt einsetzen und ihm dadurch eine Bedeutung schenken, die weit über alles hinausgehen würde, was man als einen Akt der vorsichtigen Wiedergutmachung bezeichnen könnte. Dazu war doch zuviel geschehen, und zwar weniger auf offizieller Ebene – denn daß Machiavelli wahrscheinlich schuldlos mit jener dilettantischen Verschwörung in Verbindung gebracht worden war, die ihm einen kummervollen Aufenthalt in den »Stinche« beschert hatte, lag auf der Hand – als vielmehr in jenen Bereichen, in denen Opportunisten und Intriganten dominieren. Manche hatten allen Grund, Machiavellis Wiederkehr in ein öffentliches Amt zu fürchten. Vielen eitlen Nutznießern und Mitläufern der mediceischen Herrschaft war seine Intelligenz unangenehm. Allen bereitete seine Ironie Unbehagen.

Gegen diese gewiß überwältigende Mehrheit von Meinungen und Gefühlen konnte und wollte der Kardinal nicht auftreten. Machiavelli war zu rehabilitieren. Aber das mußte auf eine Weise geschehen, die keinem seiner vielen Gegner einen Anlaß bieten würde, dagegen aufzubegehren.

Die Versöhnung, sofern man überhaupt von einem solchen schönen Akt sprechen kann, durfte also nur in einem bescheidenen Umfang erfolgen. Allen jenen, die Ursache hatten, Machiavellis kühle Ironie zu verabscheuen, konnte nichts aufgezwungen werden. Außerdem war Giulio de'Medici ein Mann des Ausgleiches. Eine seiner wenigen echten Begabungen bestand darin, einen möglichen Zwist frühzeitig zu erkennen und ihn schon im Keim zu ersticken.

So betraute der Kardinal den Verbannten von San Casciano damit, eine Geschichte von Florenz zu schreiben. Er bediente sich also eines Mittels, das Machthaber immer benützen, wenn sie es sich mit geistiger Unabhängigkeit, mit unabhängiger Intelligenz nicht verderben wollen, ohne dieser den Zugang zur Macht zu gewähren. Er vergab einen Auftrag, der ehrenvoll war. Und nicht ohne Bedeutung für das Bild, das sich nachfolgende Generationen über dieses Zeitalter machen würden. Außerdem war damit auch eine gewisse materielle Absicherung verbunden. Und Machiavelli durfte wieder nach Belieben in Florenz ein und aus gehen. Seine Verbannung würde beendet sein. Das alles war eine Geste, die wenig kostete und einiges bedeutete.

Selbstverständlich akzeptierte Machiavelli hocherfreut. Warnungen seiner Freunde schlug er in den Wind. »Mancher wollte ihm sogar einreden, diese Arbeit sei ihm nur deshalb aufgetragen worden, damit er sich erst recht bloßstelle und man ihn dann unter dem Anschein von Fug und Recht wieder in sein Schattendasein zurückstoßen könne« (M. Brion).

Aber solche Überlegungen stellte Machiavelli gewiß nicht an. Ihn, der so lange von aller Politik ferngehalten worden war, mußte diese Aufgabe ungemein reizen. Ihm bedeutete die wertende Nacherzählung von Geschichte unendlich viel mehr, als dies jemand, der bloß eine intellektuelle Fleißaufgabe in solcher Nacherzählung sieht, das zu begreifen vermöchte. »Für ihn ist Geschichte Leben«, schreibt Marcel Brion. »Da sind nicht Schemen, bleich und verdorrt wie Pflanzen in einem Herbarium, da sind lebendige Menschen mit menschlichen Regungen. Er sieht ihre Gesichter, ihren Gang, den unfehlbaren Griff, mit dem ein Dolch gezückt wird; er sieht die Mimik eines Redners vor sich, das Lächeln eines Gesandten, den bösen Tyrannenblick. Und dann die mächtige, unaufhaltsame Bewegung der Menge, das dichte Geschiebe der Menschenmassen, wenn sie einen Palazzo erstürmen und dabei in den engen Gassen sich gegenseitig erdrücken. Er hört Wutschrei und Lachen dieses formlosen, tausendköpfigen Tiers, das mit seinem Laut so oft die Stimme des einzelnen erstickt hat. All das ist Leben, nicht blutlose Gelehrsamkeit.«

Machiavelli atmet also wieder freier. Wahrscheinlich fühlt er sich jetzt, da er endlich Berührung haben darf mit dem öffentlichen Leben seiner Heimat, wie ein aus tiefem, schwerem Schlaf Erwachter. Die Zeit der literarischen Posen ist vorbei. Komödien mögen andere schreiben. Er hat Wichtigeres zu erledigen.

Übrigens zeigt sich nun auch die Signoria wieder gnädig. Und entsinnt sich seiner als einer Person, die man ruhigen Gewissens mit der Erledigung unangenehmer Aufgaben betrauen darf. Jene Geschäftsreise nach Lucca, bei welcher Machiavelli von einem Kaufmann eine hohe Summe eintreiben muß, die dieser von verschiedenen florentinischen Banken aufgenommen hat, kommt nämlich durch die Vermittlung der florentinischen Behörden zustande. Machiavelli reist also, wenn man so will, in durchaus offiziellem Auftrag. Und entledigt sich, wie wir wissen, seiner Aufgabe mit Unnachsichtigkeit und Diskretion.

Auch ein anderer wichtiger Auftrag wird ihm von der Signoria zugespielt. Machiavelli soll dem Generalkapitel der Franziskaner deutlich machen, daß sich deren Klöster innerhalb des florentinischen Staatsgebietes von den übrigen Franziskanerklöstern in der Toskana abzusondern hätten. Die Ursache für diesen recht sonderbaren Eingriff in das innere Gefüge eines Ordens hat wahrscheinlich mit einer weitreichenden Verweltlichung in den florentinischen Klöstern zu tun, an der Kardinal Giulio Anstoß nimmt. Immerhin ist er klug genug, um zu wissen, daß weltlich gesinnte Mönche und Äbte gelegentlich die Neigung zeigen, sich politisch zu betätigen.

Derlei unangebrachte Emanzipation soll nun unterbunden, der florentinische Franziskanerorden einer strafferen Leitung und Überwachung zugeführt werden.

Aber diesmal scheitert Machiavelli. Er übermittelt den Minderbrüdern zwar die Botschaft, die ihm aufgetragen wurde, erreicht aber dann nicht mehr als eine höfliche Absage. »Im Gespräch mit den Ordensleuten, die sich in süßeste Liebenswürdigkeit und geschickte Vorwände hüllten, kam Machiavelli sich machtlos und geradezu lächerlich vor« (M. Brion).

Dieser eine Mißerfolg ändert jedoch nichts am Wohlwollen, das der Kardinal auf vorsichtige Art Machiavelli bekundet, und auch kaum etwas an den diskreten Gesten, die eine Annäherung zwischen der Signoria und dem lange Zeit Verfemten signalisieren. Vor allem mit der Zustimmung Giulio de'Medicis darf Machiavelli nun rechnen, wenn er neben seiner literarischen Tätigkeit als Historienschreiber für Florenz gelegentlich auch zu aktuellen Themen eine Meinung hat und diese nicht verschweigt.

Allerdings ist es gerade jetzt nicht ungefährlich, sich als Bürger, der über kein Amt und damit auch über keinen Einfluß verfügt, mit Politik zu befassen. Gerüchte gehen um in der Stadt, die von Verschwörung und geplantem Umsturz erzählen, wobei es diesmal nicht nur hitzköpfige Intellektuelle und Künstler sind, die sich in eine Erregung reden, einer leidenschaftlichen Schwärmerei sich hingeben, an deren Ende entweder der Henker oder eine neue Staatsform wartet. Jetzt haben sich auch Berufspolitiker dieser Möglichkeit bemächtigt, Zugang zur Macht zu finden, die sie nach ihrer Meinung zu lange schon entbehren müssen. Anhänger, Freunde, Verwandte des ehemaligen Gonfalonier Soderini sind es, die gegen die Medici intrigieren und aus einer solchen Intrige mehr und Gewichtigeres zu machen wünschen, darunter vor allem Battista della Palla, ein früherer fanatischer Anhänger der Medici, der nun mit ähnlichem Fanatismus dem Bruder des Ex-Gonfalonier, nämlich dem Kardinal Soderini, als Werkzeug dient für einen von langer Hand vorbereiteten Staatsstreich. Es sind in diesem Zusammenhang auch noch andere Namen zu nennen, die in Florenz immer schon einen besonderen Klang hatten, wenn es um Politik ging. Da gibt es Angehörige der Pazzi, die sich Palla und Soderini anschließen; und welche aus dem mächtigen Clan der

Alamanni; ferner einige Buondelmonti und einen gewissen Jacopo da Diacceto, der es insofern zu einiger Berühmtheit bringen soll, als er ein so auffälliger Maulheld ist, daß die Spione der Medici vor allem seinetwegen hellhörig werden. Man legt sich auf die Lauer, beobachtet alle Vorgänge in jenen Kreisen, in denen neben den üblichen nichtssagenden Idealen, von denen naive und begeisterungsfähige Naturen stets träumen, auch einer neuen Liberalität das Wort geredet wird. Schließlich greift man einen Kurier auf, der zwischen diesen Kreisen und dem Kardinal Soderini Nachrichten austauscht. Das führt zur Verhaftung Diaccetos, der freilich seine Mitverschwörer noch rechtzeitig warnen kann. Alle können entkommen, bis auf Luigi di Tommaso Alamanni, den die Häscher ausgerechnet in Arezzo aufstöbern. Diacceto und Alamanni hingegen werden gefoltert, gestehen alles, was man ihnen in den Mund legt oder was sie tatsächlich geplant haben, darunter die Ermordung des Kardinals Giulio de'Medici, und enden schließlich im diffusen Morgengrauen eines Frühsommertages auf dem Richtblock.

Es ist dies alles keine großartige Sache, sondern die übliche Geschichte, die sich in verschiedener Kostümierung und unter stets denselben Vorzeichen wiederholt, wenn eine Tyrannei zu lange dauert. Was Machiavelli betrifft, der mit zwiespältigen Gefühlen und gewiß nicht ohne angestrengte Anteilnahme die Nachrichten von dieser mißglückten Verschwörung verfolgt haben mag, so bleibt er diesmal vollkommen unbehelligt. Es fällt nicht einmal der Schimmer eines Verdachts auf ihn. Tatsächlich wäre es auch dumm gewesen, ihm ein Motiv für die Teilnahme an einer solchen Aktion zu unterstellen. Denn sein ganzes Trachten ist jetzt darauf ausgerichtet, mit den Medici Frieden zu schließen, ihnen als gehorsamer, pflichtbewußter Bürger zu erscheinen und sie so von seiner Aufrichtigkeit zu überzeugen, daß man ihm früher oder später doch wieder den Weg zurück in den Palazzo Vecchio eröffnet. Auch jeder Verdacht, daß Machiavelli mit den Verschwörern zumindest sympathisieren könnte, ist in einem solchen Zusammenhang unangebracht. Er hat den Fuß in der Tür, dahinter Anerkennung, ein Amt und neue Aufgaben liegen. Er wird also die Tür nicht mutwillig zuschlagen. Er wird vielmehr alles tun, um jenen, die jetzt an der Macht sind, seine Beflissenheit zu beweisen.

Solche Überlegungen haben, wenn man sozusagen mit Machiavellis Kopf denkt, nichts mit Stolz oder Ehre zu tun. Ein edler Charakter darf in der Politik nichts zu suchen haben. Nur die Macht zählt. Nur das Machbare ist bedeutsam. Illusionen, sofern er sich solchen Gefühlen je hingegeben hatte, sind Machiavelli längst fremd geworden.

Jetzt kommen noch andere Dinge auf Machiavelli zu, Ereignisse, auf die er nicht den mindesten Einfluß hat und die doch sein Schicksal entscheidend beeinflussen sollen. Kardinal Giulio de'Medici, Machiavellis vorsichtiger Gönner, ist gewiß kein Mann von außerordentlicher Begabung. Ihm Überdurchschnittliches auf irgendeinem Gebiet nachzusagen, fällt schwer. Selbst in der Religion, die seine wahre Domäne hätte sein müssen, tritt er uns als eher durchschnittliches Geschöpf seines Zeitalters entgegen, so daß auch auf ihn zutrifft, was Casimir von Chledowski über die Italiener jenes Jahrhunderts insgesamt aussagte: »Die Italiener der Renaissance hatten ein praktisches Gewissen. Aus religiösen Gründen ging niemand durch so tiefe, gelegentlich tragische Kämpfe, wie sie der Norden kennt. Der Italiener des 16. Jahrhunderts war, aus Berechnung oder um seine Ruhe nicht zu stören, weit davon entfernt, einen revolutionären Kampf um der Religion willen anzufachen. Sein Glauben war oberflächlich und von einem leichten Skeptizismus angekränkelt. Da der Glaube nicht aus der Tiefe des Herzens quoll, sondern an der Oberfläche haften blieb, war es leicht, ihn mit den verschiedensten Forderungen des damaligen Lebens und auch mit einer großen Sittenverderbnis zu vereinigen.«

Das alles trifft auch weitgehend auf Giulio zu, für den die Religion nur ein Vorwand sein kann, sich die materiellen Grundlagen für seine politischen Ambitionen zu sichern. Denn vom Ehrgeiz, als Politiker eine gute Figur zu machen, darf man ihn nicht freisprechen. Das bedeutet natürlich nicht, daß er, ähnlich einem Machiavelli oder einem Cesare Borgia, sich jenes ungewöhnlichen Instinkts erfreuen kann, der den wahren Politiker auszeichnet. Zur echten Größe fehlt ihm so gut wie alles. Das hindert diesen Kardinal, der seine Karriere als Bastard begonnen hat, jedoch keinesfalls daran, alle seine geringen Fähigkeiten dafür einzusetzen, selbst die höchste Sprosse dessen zu erklimmen, was ihm seiner Meinung nach ohnedies zusteht. Er will Papst werden. Er will die ganze Macht.

Giulio muß allerdings manchen Umweg gehen. Denn als Leo X. stirbt – und dabei die römische Kirche fast bankrott zurückläßt –, wird nicht, wie alle Welt es erwartet, der mediceische Kardinal zu dessen Nachfolger gekrönt, sondern ein flämischer Bischof, der als Hadrian VI. den vergeblichen Versuch unternehmen würde, die Kirche zu säubern. Das in des Wortes strengem Sinne. Diesem biederen, moralisch freilich integren Manne stand der Sinn nicht – wie allen seinen Vorgängern – nach kriegerischem Ruhm oder nach jener Art von verschwenderischem Mäzenatentum, die immer nur sich selbst meint, wenn sie die schönen Künste fördert. Er nahm so altmodische und in jener Zeit gänzlich unangebrachte Begriffe wie Sauberkeit und Moral ernst, wünschte dem Buchstaben der Heiligen Schrift zu gehorchen und verdarb es sich gerade dadurch mit aller Welt.

Sein Tod – er starb nach anderthalbjähriger Herrschaft über die Christenheit im September 1523 – erleichterte Rom und Italien ungemein. Er war nicht beliebt gewesen, weil er störrisch das Gute wollte.

Nun darf endlich Giulio de'Medici, der schon am 19. November 1523 zum Papst gekrönt wird und dabei den Namen Klemens VII. annimmt, den ihm seiner hochmütigen Einsicht zufolge längst zustehenden Platz einnehmen.

Das allerdings trifft Machiavelli insofern, als er mit der Abreise seines Gönners aus Florenz jenen Mann verliert, der ihm die Tür zu neuen Möglichkeiten endgültig hätte aufstoßen sollen. Die Nachfolge in der Herrschaft über Florenz tritt nun der Kardinal von Cortona an, Passerini, ein Charakter, den Machiavelli verabscheut. Passerini ist übrigens geistiger und politischer Vormund jener beiden jungen Medici, die demnächst die Macht übernehmen sollen. Beide sind illegitimer Geburt, beide zählen knapp 16 Jahre, beide werden von den Florentinern aus manchem einsichtigen Grund abgelehnt. Und auch Passerini, der die Republik mit harter Hand zu regieren wünscht, erfreut sich nicht eben großer Beliebtheit.

Es stehen schwierige Zeiten bevor. Verschwörung rührt sich wieder. Und vom Ausland kommen bedrohliche Nachrichten. Machiavelli zieht sich vorübergehend nach San Casciano zurück. Diesmal freiwillig. Diesmal davon überzeugt, daß seine selbstgewählte Verbannung nicht lange dauern würde.

Die Welt ist wie im Fieber; und mehr als nur ein Echo dieser Aufgeregtheit dringt auch bis nach Florenz. Was sich jenseits der Grenzen des florentinischen Staates an Komödiantischem und Tragischem ereignet, findet in abgeänderter Form seine Wiederholung im Schatten des Palazzo Vecchio. Machiavelli, längst geübt in der schwierigen Balance zwischen dem Möglichen und dem Unerreichbaren, will aus dem Schatten der Macht, der ihn endlich wieder wärmen soll, nicht mehr hervortreten. Deshalb entzieht er sich aller Versuchung, die an ihn herangetragen wird, durch die freiwillige Flucht nach San Casciano, wo er sich in seine »Istorie fiorentine« vertieft und wider besseres Wissen auf ein Abflauen des Sturms hofft, der von Norden her Aufruhr nach Italien bringt.

Ursache der Katastrophe, die über Italien, über Rom hereinbrechen soll, ist die alte Rivalität zwischen Frankreich und Deutschland und die schwankende Politik der römischen Päpste, die aus jedem Konflikt, der sich abzeichnet, ihren Gewinn herausschlagen wollen. Idealistische Beobachter mögen darin einen Beweis für einen neuerwachten italienischen Nationalismus erkennen. Tatsächlich wird auch der Medici-Papst Klemens seine diplomatischen Interventionen, die ausschließlich dem Machtzuwachs der Kirche dienen sollen, mit nationalem Zungenschlag begleiten. Am 12. Juni 1526 wird er zu den Mitunterzeichnern des Vertrags von Cognac gehören, wo Frankreichs König Franz I., Englands Heinrich VIII., der römische Papst, Venedig und Mailand durch ihre Abgesandten ein Dokument ratifizieren, das nichts anderes beschreibt als die Empörung gegen Karl V., dessen tyrannischer Vorherrschaft man müde geworden ist. Das grausame und grauenhafte Ende dieser Pläne, dieser Liga wird der »Sacco di Roma« sein, die Erstürmung und Plünderung Roms durch die Landsknechte Karls. Auch in Florenz wird es durch diese Politik zu einer radikalen Veränderung der herrschenden Situation kommen.

Machiavelli, in San Casciano vorübergehend wieder ausschließlich auf seine Geschichte von Florenz konzentriert, wendet den Blick hartnäckig von allem Zukünftigen. Daß in Florenz der eingebildete, hochmütige Kardinal Silvio Passerini den Vormund abgibt für zwei Bastarde der Medici, die bei Erreichung ihrer Volljährigkeit die Herrschaft über Florenz antreten sollen, kümmert ihn kaum. Er betrachtet diese Situation, die in Florenz selbst Empörung verursacht und zu neuen Verschwörungen führt, als Intermezzo. Er will, wie er das selbst einmal ausgedrückt hat, jetzt endlich dort stehen, wo gewonnen wird. Er hat zu lange und zu schwer die Folgen einer unverschuldeten Niederlage tragen müssen. Ein Passerini, zwei halbwüchsige Medici, die Unruhe der Bürger, das Grollen eines neuen Krieges und die sich mehrenden stürmischen Wetterzeichen am politischen Horizont können ihn kaum noch irritieren. Das heißt nicht, daß er ängstlich oder erschöpft den Kopf duckt vor dem Sturm, der aufzieht. Das hat nichts mit Feigheit und Resignation zu tun. Machiavelli weiß einfach, daß Machtausübung ohne Autorität nicht möglich ist. Und die Medici sind im Besitze dieser Autorität. Wer sollte sie daran hindern, diese Autorität nach ihrem Gutdünken einzusetzen?

Was sich außerhalb des florentinischen Staates abspielte, nahm er natürlich wahr. Aber war das nicht bloß die Fortsetzung dessen, was er so gut kannte, woran er selbst jahrelang mitgewirkt hatte? Zuerst Ludwig und Maximilian. Jetzt Franz und Karl. Es veränderten sich die Namen, nicht die Voraussetzungen. Florenz würde auch diesen neuen Krieg überstehen. Und vielleicht konnte es – wie auch Italien – gerade dadurch gewinnen, daß sich Franzosen, Deutsche und Spanier an die Kehle sprangen und einander zerfleischten im wütendsten Haß? Hatte nicht der Medici Klemens selbst ein Signal gesetzt, indem er wie seine Vorgänger Partei ergriff? Konnte falsch sein, was ein Papst an politischer Tat setzte, um endlich die Vorherrschaft der fremden Mächte in Italien zu brechen?

Es ist Machiavellis Tragödie wie auch die Tragödie Italiens, daß hier Politik als eine Rechnung begriffen wird, die am Schluß immer aufgehen muß. Und daß man hartnäckig glaubt, aus den Erfahrungen der Vergangenheit auf die Zukunft schließen zu können.

Machiavelli setzt alles auf die Karte der Medici. Als er den ersten Band seiner »Istorie fiorentine« abgeschlossen hat, ist es nur selbstverständlich, daß er diese Arbeit Klemens widmet und sie ihm auch persönlich überreicht. Immerhin war es der Kardinal Giulio de'Medici, der dem Verfemten diese Anregung übermittelt und zu einem offiziellen Auftrag erweitert hat. Immerhin ist es nun der Papst Klemens VII., dem Machiavelli beweisen will, daß dessen Auftrag auf fruchtbaren Boden gefallen und sein Auftrag in einem sozusagen mediceischen Sinne ausgeführt ist. Das hat nichts, wie manche meinen mögen, mit Schmeichelei zu tun. Das ist nicht nur eine Frage des Überlebens oder der geschickten Anpassung an bestehende Verhältnisse. Man muß die Widmung lesen, die Machiavelli notiert hat, um zu wissen, was der Segretario erreichen will, was er sich vom Medici-Papst tatsächlich erwartet. Diese Widmung lautet: »Beim Lesen dieses Buches werden Euer Heiligkeit zunächst den mählichen Verfall des Römischen Imperiums im Abendlande erkennen und dann sehen können, durch wie viele Katastrophen und unter wie zahlreichen Fürsten Italien jahrhundertelang immer wieder Regierungskrisen durchgemacht hat. Euer Heiligkeit werden sehen, wie als erste der Heilige Stuhl, Venedig, das Königreich Neapel und das Herzogtum Mailand es zu Ansehen und zu einem festen Reich in diesem Land gebracht haben; wie ferner das Vaterland, nachdem es in all seinem inneren Hader sogar das Joch der deutschen Kaiser abgeschüttelt hatte, dennoch uneins und zerrissen geblieben ist, bis es im Schatten Eures Hauses eine Regierung fand.«

Hier ist es wieder angeschlagen, das alte und immer gleiche Thema, das Machiavelli seit vielen Jahren beschäftigt. Die Einigung des unglücklichen, zerrissenen, von fremden Mächten tyrannisierten Italien unter der Vorherrschaft eines starken Fürsten. Machiavelli, von Klemens wohlwollend empfangen, macht kein Geheimnis daraus, wie und vor allem gegen wen er sich diese Einigung vorstellt. Gegen die Kaiserlichen und vorerst einmal, weil der politischen Notwendigkeit gehorchend, mit Frankreich. Denn ohne starke Verbündete ist dieser Kampf nicht denkbar. Der erste Schritt in eine neue nationale Unabhängigkeit muß noch von fremder Hand unterstützt werden. Was Cesare Borgia, Julius II. begonnen haben, kann nun Klemens vollenden. Aber er muß sich den richtigen Partner erwählen, muß frei von allen Einflüsterungen bleiben, die von der Partei der Kaiserlichen kommen, muß sich, wenn er der Sache der nationalen Einigung dienen will, für eine Bindung mit Frankreich entscheiden, das der natürliche Feind des Kaisers ist. Vor allem muß der Papst an die Bildung einer Volksarmee denken, an die Aufstellung einer italienischen Truppe, die weiß, wofür sie in den Krieg zieht, die ein Ziel hat, für das es sich zu kämpfen lohnt.

Machiavelli, ermutigt durch des Papstes deutliches Wohlwollen und unterstützt durch seine Arbeit, die selbstverständlich auch manche berechtigte Schmeichelei über die Medici enthält, nützt die ihm gewährte Gunst der Stunde. »Reden, das kann er«, schreibt Brion. »Im Klang seiner dünnen, eindringlichen Stimme gewinnen seine Gedanken voll und deutlich Gestalt. Und von der Glut, die ihn erfüllt, geht etwas wie eine hypnotische Kraft aus. Gleichsam spielend formt er seine Vorstellungen, seine Bilder, zieht so den Zuhörer ganz in seinen Bann, und vor dessen innerem Auge ersteht, tausendfältig beleuchtet, das große Werk... Der leidenschaftliche Sinn für Größe, der in Machiavelli ist, hat etwas Mitreißendes. Der Funke springt über, denn wo es um Größe geht, kann ein Medici nicht kalt bleiben.«

Das ist schön beschrieben. Auch wenn es nicht ganz der historischen Wahrheit entspricht, gibt es doch eine gute Vorstellung von den Ereignissen, die sich nun in Rom abspielen. Machiavelli darf noch einmal sein Ideal als ein Schauspiel inszenieren, in welchem das Gute über das Böse triumphiert, wenn man es bloß richtig anstellt. Er hat den Florentinern eine Miliz beschert, hat zu zeigen gewußt, wie ein Volksheer aussehen muß, wenn es dem Vaterland nützlich sein soll. Warum diesen patriotischen Versuch nicht erneut wagen? Auf einer höheren Ebene diesmal und orientiert an einem größeren Ziel?

Aber wird man nicht einwenden müssen, daß diese von Machiavelli erdachte, aufgestellte und organisierte Miliz letztlich kläglich gescheitert ist? Daß sie beispielsweise nicht fähig gewesen ist, Prato erfolgreich gegen die grausamen Spanier zu verteidigen? Und auch sonst versagt hat im Überlebenskampf der florentinischen Demokratie gegen die Medici?

Es wird nicht der Papst selbst, aber doch dessen Berater diesen Einwand gemacht haben. Denn Klemens zeigt sich jetzt angetan von den Plänen Machiavellis, mehr noch von dessen ungestümer Beredsamkeit, von seiner Vision einer italienischen Armee, mit der man die Feinde Italiens aus dem Land jagen kann. Reden, das kann er... diese Feststellung muß man im Ohr haben, wenn man sich die Gespräche vorstellen will, die nun stattfinden.

Machiavelli kann selbstverständlich auch den möglichen Einwand von der Erfolglosigkeit der florentinischen Miliz entkräften. Verrat sei mit im Spiel gewesen. Der Nachschub habe nicht funktioniert. Die Ausbildung der frisch angeworbenen Rekruten sei zu kurz gewesen. Es habe auch an geeigneten Offizieren gefehlt. Denn eine Miliz könne nicht wie ein Söldnerheer in die Schlacht geführt werden. Milizionären müsse man mit schönem Beispiel vorangehen. Da brauche es auch die Leidenschaft und überzeugend bewiesene Vaterlandsliebe und Opfermut. Und was in Prato, in Florenz geschehen sei, müsse man überhaupt als eine bittere, jedoch heilsame Lehre betrachten.

So kann es sich abspielen. So mag man sich vorstellen, daß Argument gegen Argument gesetzt wird. Einwände läßt Machiavelli nicht mehr gelten. Und Klemens VII. ist nicht der Mann, der sich aus Neigung und Wissensdurst in taktische Überlegungen verirrt. Er ist kein Kriegsheld. Die ungestüme Art eines Julius ist ihm gänzlich fremd. Von militärischen Dingen versteht er nichts. Aber auch er sieht ein, was Machiavelli ihm auf so verführerische Weise darlegt. Und was schon seine Vorgänger in ihr politisches Kalkül miteinbezogen haben. Man läßt die Kaiserlichen und die Franzosen gegeneinander anrennen; und hetzt auch die Spanier in den Krieg. Sie werden sich auf den Schlachtfeldern ineinander verbeißen und erschöpft an den Anstrengungen dieses wahnwitzigen Unternehmens zugrunde gehen. Dann kann, soll und muß eine nationale Armee, eine italienische Miliz den Rest besorgen.

Es hört sich einfach und verführerisch an. Machiavelli stößt nach. In der Romagna müsse man mit der Aufstellung dieser neuen Miliz beginnen. Denn dort wird man die besten Soldaten Italiens finden, ebenbürtig den schrecklichen Spaniern, den Franzosen wie den Kaiserlichen gewiß überlegen. Bewegen ihn jetzt Erinnerungen an die langen Stunden mit Cesare Borgia? Entsinnt er sich der militärischen Vorträge des Papstes Julius, als dieser ihm erlaubte, an der Inspektion der Truppen teilzunehmen?

Klemens jedenfalls ist fast überzeugt. Er ist es zumindest für den Augenblick. Das genügt Machiavelli. Er erhält wieder einmal einen offiziellen Auftrag, oder zumindest die Andeutung eines solchen: Er soll im Auftrag des Papstes in der Romagna Truppen ausheben. Er soll zumindest in Ansätzen den Beweis für seine Theorie liefern. Er darf das Unmögliche versuchen. Er kann tätig sein.

In der Romagna, wohin sich nun Machiavelli begibt, in Faenza, wo er mit den Signori verhandelt, stößt er allerdings auf Gleichgültigkeit und Ablehnung. Und muß erkennen, daß er, wie es den Anschein hat, zu spät gekommen ist. Denn nicht nur der Papst will sich der tüchtigen romagnolischen Soldaten versichern. Auch Frankreich, Karl V., die Spanier wissen, wie wertvoll diese Männer sind, wie erfahren im Umgang mit Waffen und wie brauchbar für den Krieg, der jetzt in eine entscheidende Phase eintritt. Ein Volksheer will Machiavelli? Patriotische Empfindungen fordert er von jenen, die nur gegen ein ordentliches Handgeld in die Schlacht ziehen? Machiavellis Beschwörungen haben kein Echo. Es liegen für die romagnolischen Soldaten Angebote von allen Parteien vor, günstige Angebote, die man freilich vergessen würde, wenn ein besseres käme. Kampfkraft kann man kaufen. Das war immer so; daran soll sich auch jetzt nichts ändern. Wenn dieser Papst von der Einigung Italiens unter kirchlicher Vorherrschaft träumt und dazu die Männer der Romagna braucht, so muß er mehr bieten als die anderen. Auch der Patriotismus hat seinen Preis. Schließlich dürfen jene, die ihre Haut zu Markte tragen, doch erwarten, daß ihr Risiko belohnt wird. Die Franzosen, die Spanier und auch der Kaiser haben das eingesehen. Was bietet der Papst?

Machiavelli verhandelt, sucht zu überreden, steigert sich in ein Ritual der Beschwörung, das bei seinen Landsleuten immer gut ankommt, wie er aus Erfahrung wohl weiß. Hat er einst nicht auch die mißtrauischen, widerspenstigen Bürgermeister der Toskana zu überzeugen gewußt? War er, als er die von ihm erdachte Miliz buchstäblich aus dem Boden stampfen mußte, nicht fähig gewesen, innerhalb kurzer Zeit das Unmögliche zu verwirklichen, das Unglaubliche wahrzumachen? Warum sollte er nicht auch in Faenza Erfolg haben?

Aber diesmal stößt seine Beredsamkeit auf stärkeren Widerstand, als er ihn bisher kennengelernt hat. Die romagnolischen Signori sind bedächtige, nüchterne Charaktere, die mit der brillanten Suada eines Intellektuellen wenig anzufangen wissen. Sie sind nicht unwillig, dem Papst die gewünschten Soldaten zu stellen. Aber sie fordern dafür einen Preis, der nahe dem liegt, was man unverschämt nennen muß. Sie weichen von ihren Forderungen auch dann nicht ab, als Machiavelli sie bei ihrer Ehre beschwört, dem Vaterland die Pflichterfüllung nicht zu versagen. Das sind zwar schöne und große Worte, aber davon läßt sich kein Gewinn erzielen.

Machiavelli ist also gezwungen, an Klemens das zu berichten, was er selbst nicht zu verhindern vermag. Daß die Habgier der Signori größer sei als ihre ohnedies nur gering entwickelte Vaterlandsliebe. Daß sie jedoch durchaus Bereitschaft zeigten, aus einem möglichen Bündnis mit Frankreich oder Spanien auszusteigen und hinüber ins Lager der Päpstlichen zu wechseln, sofern sie dort mehr Sold zu erwarten hätten. Was Machiavelli in seinem Bericht verschweigt, ist der ernüchternde Umstand, daß man unter solchen Voraussetzungen nicht an die Aufstellung einer Miliz denken dürfe, sondern an die übliche Art der Anwerbung einer Söldnertruppe. Hingegen erinnert er dezent an die günstige Situation in den päpstlichen Kassen und verweist zudem mit Nachdruck auf die Notwendigkeit, ungeachtet der neuen Situation auf die Vorschläge und Forderungen der Signori einzugehen. Denn woher soll man Soldaten nehmen, wenn man nicht willens oder fähig ist, dafür eine materielle Investition zu tätigen?

Begreift Machiavelli, daß er mit seinen idealistischen Träumen gescheitert ist? Weiß er, daß diese Niederlage, die ihm die habgierigen Signori zufügen, eine unmißverständliche Antwort auf seine theoretischen Überlegungen darstellt?

Er schreibt also an den Papst. Und an Guicciardini, den nüchternen, zögernden, skeptischen Historiker und Politiker, der seinen, Machiavellis, Plänen eher mißtrauisch gegenübersteht, ohne sie jedoch eindeutig abzulehnen. Und an den kaiserlichen Gesandten Schomberg. Und an Salviati, einen anderen Politiker, dessen Einfluß auf Klemens nicht ohne Bedeutung sein soll. Er erläutert die Lage, sucht zu überzeugen, ist fast besessen davon, in Faenza einen Erfolg zu erzwingen, auch wenn dieser Erfolg letztlich nur ein teuer erkaufter sein kann. Es stellt sich ihm jetzt auch nicht mehr die Frage nach einer Volksarmee, nach einem neuerwachten, neu zu entflammenden Patriotismus, der das dringend benötigte Vehikel sein soll für eine Einigung Italiens, für die Befreiung von fremder Vorherrschaft und für die Vernichtung jener fremden Armeen, die auf Italiens Boden und auf dem Rücken der Italiener ihre blutigen Schlachten austragen. In diesem Augenblick, da er sich einbildet, die lange verschlossene Tür zum Erfolg, zur Ausübung seines erlernten Handwerkes endlich wieder durchschritten zu haben, wäre ein Fehlschlag nicht nur peinlich, sondern fast tödlich, bedeutete eine Niederlage möglicherweise das Ende Machiavellis.

Aber der Papst reagiert auf die dringenden Nachrichten nicht. Die anderen Politiker, die er angeschrieben hat, antworten zögernd oder gar nicht. Nur soviel wird deutlich, daß Klemens anderen Sinnes geworden ist. Daß er einer nationalen Armee nicht mehr jene Bedeutung zumißt, die ihm Machiavelli eingeredet hat. Daß er sich von den enthusiastischen Vorstellungen Machiavellis vorsichtig distanziert. Er antwortet einfach nicht, weil er das für die vielsagendste Antwort hält. Und weil diese Art von Antwort jede Interpretation erlaubt.

Machiavelli begreift, endlich. Und begreift doch auch wieder nicht. Er will, kann und darf sich nicht eingestehen, daß seine erste offizielle Mission nach langer und erzwungener Enthaltsamkeit so kläglich endet. Was ihm nun bleibt, um nicht vor sich selbst als Gescheiterter dazustehen, ist die Flucht in die Illusion. Und in neue halsbrecherische Pläne.

Machiavelli verläßt Faenza, kehrt nach Florenz zurück. Und erklärt öffentlich, daß er zur weiteren Verfügung des Papstes stehe. Daß er nur auf neue Befehle warte, um wieder tätig zu sein. Er rettet sich, indem er Betriebsamkeit vortäuscht.

19. KAPITEL

Das Ende – Florenz 1527

Einer, der alle seine Felle davonschwimmen sieht und instinktiv ahnt, daß er keine Möglichkeit mehr hat, verlorenes Terrain wiederzuerobern, verbeißt sich in eine Art Eigensinn, die unter Umständen lebensrettend sein kann. Oder die ihn noch tiefer hineintreibt in den Dschungel aus starrsinniger Unnachsichtigkeit, Illusionen und Mißverständnissen. Es ist tragisch mitanzusehen, wie sich Machiavelli jetzt verhält, nachdem des Papstes hartnäckiges Schweigen sein weiteres Verweilen in Faenza unmöglich gemacht hat. Er hat alles unternommen, um wieder soviel an Gunst zu erfahren, daß er seine Pläne verwirklichen kann. Er hat sich den Medici angedient auf eine Weise, die zwar nicht ehrenrührig, jedoch auch nicht sonderlich schmeichelhaft ist für einen, der durch den Dienst an der florentinischen Demokratie groß werden durfte.

Überhaupt ist Machiavellis Verhältnis zur Macht ein merkwürdiges, von manchem Widerspruch begleitetes. Er weiß – und hat das auch immer wieder offen dargelegt –, daß Politik nur machbar ist, wenn sie über genügend Macht verfügt. Er kennt aber auch die Schattenseiten dieser Macht, verurteilte stets erbarmungslos die Anbiederungsversuche jener an die Mächtigen, denen es nur um Positionen und Pfründen ging. Zugleich kann und darf er jetzt nicht übersehen, daß die herrschenden Medici, den Papst durchaus miteingeschlossen, nicht jenes Format besitzen, das notwendig ist, um die Macht zugunsten der Menschen zu beherrschen, und sich nicht von ihr tyrannisieren zu lassen, ihr nicht zu erliegen. Dennoch bietet er sich unverdrossen an. Und ist, wie er erklärt, zu jedem Einsatz bereit. Ist es Lebensangst, die ihn treibt? Erhofft er sich späte Rechtfertigung und Anerkennung, wenn er auch in diesem Augenblick, da sein Leben sich dem Ende zuneigt, nichts anderes ist als ein gehorsamer Diener des Staates? Ist er wirklich und ungeachtet seiner Genialität nur eine subalterne Seele, nur ein Charakter, der überdauern kann, wenn er sich ständig krümmt?

Er ist jedenfalls bereit, wartet auf einen Auftrag. Läßt sich durch seinen Mißerfolg in der Romagna nicht entmutigen. Nimmt des Papstes Schweigen als selbstverständlich hin. Was er dabei empfindet, ist seine Sache. »Ich fühle, daß ich mich verbrauche«, schreibt er einmal. Aber noch spürt er den Willen, tätig zu sein. Noch ist er der Begierde fähig, zu zeigen, was er zu leisten imstande ist.

Und der Papst findet tatsächlich eine neue Aufgabe für ihn. Im April 1526 wird Machiavelli damit beauftragt, die Befestigungsanlagen von Florenz in einen brauchbaren Zustand zu bringen, sie auf eine Weise einzurichten, daß sie einer möglichen – und nun auch schon vorstellbaren – Belagerung standhalten und der Stadt jenen Schutz gewähren, den diese dringend benötigen wird, wenn die Dinge sich weiterhin so verhängnisvoll entwickeln sollten. Denn der Kaiser, längst verdrossen über die diplomatische Hinhaltepolitik, mit der Klemens das Schicksal Italiens zu beeinflussen wünscht, erbittert auch angesichts immer neuer Attacken durch die Franzosen, mißtrauisch in einer konfusen Situation, welche die kaiserliche Macht immer deutlicher beeinträchtigt, denn Karl V. also ist des Taktierens endgültig müde geworden und sucht nun eine rasche Entscheidung herbeizuführen. »Dieser kleine, eigenwillige Mann mit dem stechenden Blick und den starken Kinnladen wollte sichergehen, nämlich beim Papst. Er traute den Intrigen im Vatikan nicht und fürchtete, es könne eines Tages doch noch ein Zusammenschluß der italienischen Staaten erfolgen und der Papst könne dann den Befreier spielen. Karl V. hatte daher beschlossen, die Hand auf den Heiligen Stuhl zu legen und, falls Klemens VII. sich einem Bündnis mit ihm widersetzen sollte, Gewalt anzuwenden« (M. Brion).

Das ist die Situation. Die Landsknechte des Kaisers marschieren südwärts. Klemens, der Medici-Papst, dem Florenz naturgemäß mehr als jede andere italienische Stadt am Herzen liegt, entsinnt sich nützlicher Vorschläge, welche ihm Machiavelli für eine Verbesserung der florentinischen Festungsanlagen gemacht hat. Und sorgt jetzt dafür, daß die Signoria ihn zum Sekretär des »Rates der Aufseher über die Umwallungsarbeiten« ernennt. Es ist nichts Überwältigendes. Und doch mag ein tüchtiger Mann sich daraus ein neues Schicksal formen, kann er es als eine Herausforderung ansehen, daraus sich für einen Geschlagenen, Gedemütigten eine schöne Genugtuung konstruieren läßt. Es ist ein Amt, das Scharfsinn, Mut zum Ungewöhnlichen und auch Durchsetzungsvermögen erfordert. Man kann daran wachsen. Man kann daran scheitern.

Erfolg und Niederlage liegen nun für Machiavelli schon so dicht beieinander, sind jetzt schon so sehr ineinander verzahnt, daß er sich des einen Ereignisses kaum noch richtig zu erfreuen und unter dem Einfluß des anderen keine echte Trauer mehr zu empfinden vermag. Was ihn heute erheben, mit neuem Mut erfüllen könnte, drückt ihn morgen nur noch tiefer herab in die Fragwürdigkeit einer Existenz, die er selbst nur noch als ein Spiegelbild dessen begreifen kann, was er wirklich will. Was er in diesem Augenblick verspielt, gewinnt er im nächsten zurück; und umgekehrt. Alles Sichere ist verlorengegangen. Nichts hat für ihn mehr Bestand. Wäre er, was wir ohnedies annehmen dürfen, abergläubisch, so müßte er erschrecken vor dem, was er an Geringfügigem auf Umwegen erreicht und woran er ungeachtet aller unternommenen Anstrengungen letztlich scheitert.

Machiavelli ist von seiner Neigung für Politik besessen. Daran haben die Umstände der letzten Jahre nichts geändert. Er, der nicht mehr dadurch im Mittelpunkt des Geschehens stehen darf, daß er hinter den Kulissen agiert und intrigiert, übt sich nun in Schattenspielen. Er ist zum Beispiel aufrichtig davon überzeugt, daß dem Papst – und damit Italien – in der gegenwärtigen Lage nur ein enges Bündnis mit Frankreich nützen kann. Er glaubt auch hartnäckig an die Möglichkeit einer Verwirklichung seiner Idee von einer Miliz. Und er träumt immer noch und nun eigentlich leidenschaftlicher als je zuvor von der endgültigen Befreiung Italiens, vom Gewahrwerden einer nationalen Utopie. Dazu braucht es Männer, die fähig sind, eine Miliz oder ein Söldnerheer zu führen, die Soldaten mitzureißen und dem Gegner Furcht einzuflößen. »Die gegenwärtige Zeit erfordert kühne, ungewöhnliche, ja befremdliche Entschlüsse«, notierte Machiavelli einmal; einen solchen Entschluß versuchte er, dem zögernden Papst schmackhaft zu machen. Dieser Entschluß bezieht sich auf einen Soldaten, auf einen Condottiere. Nämlich auf Giovanni delle Bande Nere, »dem alle Soldaten mit Begeisterung folgen«, wie Machiavelli schreibt, »den die Spanier fürchten und achten«, der ein Heerführer voll Wagemut, Ungestüm und Einfallsreichtum ist, »der imstande ist, die größten Unternehmungen zu leiten«. Ihn also, den Sohn der legendären Caterina Sforza, bei der Machiavelli einst seine diplomatische Lehrlingszeit absolviert hat, diesen Giovanni delle Bande Nere, der einen Medici zum Vater hat, will Machiavelli als Feldhauptmann für des Papstes Truppen gewinnen. »Jedermann erblickt im Signore Giovanni einen mutigen, aktiven, weitschauenden Heerführer, der besser als irgendeiner das Große beschließen kann«, schreibt Machiavelli an Francesco Guicciardini. Er wird nicht müde, dem Papst diesen Condottiere einzureden, der zuletzt als Kommandant einer Piratenflotte die Gewässer der Adria unsicher gemacht hat und dennoch vielen als einzig möglicher Retter Italiens erscheint. »Wird Giovanni delle Bande Nere vollbringen, was Cesare Borgia nicht geglückt ist? Ja, wenn man ihm die Möglichkeit dazu gibt. Er selbst besitzt nur ein kleines Heer, das aber Temperament, Zusammenhalt, Mut und Disziplin zeigt und daher beachtenswert ist. Giovanni delle Bande Nere ist zweifellos der größte Feldherr seiner Zeit. Gegen ein Nationalheer mit ihm an der Spitze wären die Kaiserlichen verloren. Eigentlich müßte der Papst sich für diesen Gedanken erwärmen können, denn der Herr der ›schwarzen Scharen‹ ist ein Medici. Und der Ruhm, den er heimträgt, wird das ganze Geschlecht überstrahlen« (M. Brion).

Aber Klemens fürchtet diesen erfolgreichen Soldaten. Außerdem sei er nicht wirklich ein Medici, argumentiert der Papst. Zumindest gehöre er nicht dem sogenannten älteren und damit legitimen Zweig der Familie an. In Florenz selbst wird Giovanni delle Bande Nere fast als Ausländer, als Fremder betrachtet. Er habe sich zu sehr von den Medici gelöst, sei seinen eigenen Weg gegangen. Des Papstes kummervolle Einwände gegen eine Ernennung Giovannis zum Anführer einer nationalen Armee haben in Wahrheit aber auch damit zu tun, daß Klemens jede direkte Konfrontation mit Karl V. hinauszögert, daß er, obgleich in der gegenwärtigen Situation die Kunst der Diplomatie längst nutzlos geworden ist, ihr immer noch mehr vertraut als jeder klaren, kompromißlosen Entscheidung.

Diese Angelegenheit, die immer wieder hinausgezögert und von Klemens in einer Weise behandelt wird, in welcher Machiavelli weder Vernunft noch eine Spur durchdachter, geplanter Politik erkennen kann, diese Angelegenheit erledigt sich schließlich von selbst. Giovanni delle Bande Nere, der ein Retter des Vaterlandes hätte werden können, muß sich als Condottiere bei den Franzosen verdingen, zieht mit seinen Truppen südwärts, gerät in den Maremmen in eine Falle des berüchtigten Federigo Gonzaga, wird schwer verletzt und stirbt wenige Tage später an den Folgen dieser Verletzungen. Einer, der durch die Klugheit begabter Politiker ein großer Stratege hätte werden können, ein Instrument der nationalen Wiedervereinigung, er geht an der Torheit unbedeutender Politiker zugrunde, nachdem er sich zuvor als ein Söldnerführer aufgeführt hat, wie sie in jenem Zeitalter zu Dutzenden Italien verheeren.

Giovanni delle Bande Nere stirbt übrigens an jenem 30. November 1526, an dem Machiavelli von der Signoria den Auftrag erhält, nach Modena zu reiten, um von dort aus über die allgemeine Situation zu berichten. Über das Herannahen der Landsknechte des schrecklichen Frundsberg etwa, dieses deutschen Condottiere, der im Dienst des Kaisers steht und vor dem sich die Italiener mehr ängstigen als vor allen anderen Söldnerführern, die mit ihren Truppen eine Spur der Verwüstung durch Italien legen. Machiavelli berichtet von Modena aus sachlich und kühl. Die Spanier näherten sich von Süden her. Frundsbergs wüster Haufen werde sich demnächst mit ihnen vereinigen. Im übrigen wäre es, so Machiavelli, vergebliche Liebesmüh', mit ihnen in Unterhandlungen eintreten zu wollen. »Deutschland und Spanien sind nun ein Herz und eine Seele«, schreibt er. Die Zeit der Illusionen ist vorbei. Machiavelli weiß das besser als jeder andere, macht sich keine Illusionen mehr.

Schwierigkeiten, Niederlagen, Hindernisse gibt es auch bei der Durchführung des von Machiavelli angeregten und von Klemens bewilligten Projektes der Erneuerung der florentinischen Befestigungsanlagen. Die Florentiner selbst, die sich ungeachtet der bedrohlichen Zeichen rundum in verhältnismäßiger Sicherheit wähnen, erschweren Machiavelli und seinen Helfern – darunter den beiden Baumeistern Baccio Bigio und San Gallo – die Arbeit. Die eigentliche Ursache dieser sonderbaren Politik sind finanzielle Bedenken. In Florenz fürchtet man, daß die Kosten für die Veränderung, Ausbesserung und Neuerrichtung von Fortifikationen ins Unermeßliche wachsen könnten. Vor allem ängstigt man sich davor, die Kosten selbst tragen zu müssen. Bankleute sehen keinen Nutzen darin, Mauerwerk aufzutürmen und zahllose Helfer zu beschäftigen, die nichts anderes tun, als Einrichtungen für militärische Zwecke zu schaffen, die nutzlos scheinen, solange kein Feind vor den errichteten Mauern zu sehen ist. »Statt also Machiavellis Initiative dankbar aufzugreifen, übte Florenz darin Kritik, und man zeigte durch Verweigerung sachlicher Mitarbeit deutlich, daß man nicht wollte« (M. Brion). Vor allem zögert man jede finanzielle Unterstützung so lange hinaus, bis Machiavelli an Francesco Guicciardini – der zu jenem Zeitpunkt noch florentinischer Gesandter in Rom ist und auf den Papst einen gewissen Einfluß hat – einen dringenden, ja verzweifelten Appell richtet. »Es erscheint uns dringend erforderlich«, schreibt Machiavelli, »daß Seine Heiligkeit uns Kredit gewähre. Wenn Seine Heiligkeit uns zu Hilfe kommen will, so wäre nun der geeignete Augenblick da. Und es wäre uns damit um so mehr gedient, als wir jetzt mehr denn je unser Werk gefährdet sehen, wenn wir durch eine neue Steuer nach dem Geldbeutel der Bürger greifen müssen...«

Denn das ist die einzige Alternative, die den Politikern in Florenz einfällt: eine neue Steuer. Klemens äußert immer neue Wünsche und hat keine Ahnung von den Schwierigkeiten, die Machiavelli bewältigen muß, wenn er das Notwendige, Selbstverständliche erreichen will. »Was die Maßnahmen zur Befestigung der Porta al Prato und der Porta della Giustizia sowie zur Sicherung der Stadtteile jenseits des Arno und der Einfallswege von den Hügeln herab angeht«, schreibt Machiavelli an den Papst, »die Euer Herrlichkeit uns vorsichtshalber anraten, so werden wir nichts ungetan lassen.« Machiavellis private Meinung dazu ist freilich vernichtend. »Das alles sind nur Pläne. Der Papst weiß nicht, was er sagt.«

Machiavelli verbeißt sich mit wütender Hartnäckigkeit in alle ihm gestellten Aufgaben. Er will sich nicht bezwingen lassen von jenen, die kleinmütig und engstirnig sind. Der Segretario, der zu lange das Elend der Verbannung hat schmecken müssen, denkt jetzt nicht daran, nur deshalb zu resignieren und sich seines Auftrages zu entledigen, weil Unvernunft, politische Kurzsichtigkeit, Feigheit und Geiz sich zu den eigentlichen Beherrschern der Republik aufgeschwungen haben. Der Papst wünscht, daß San Miniato, die älteste Kirche der Republik und am linken Arnoufer oberhalb der Stadt gelegen, zu einer Festung ausgebaut werde? Machiavelli zuckt die Achseln und fügt sich ins Unvermeidliche, obgleich er das

Murren der Florentiner vorausahnt, wenn sie von den horrenden Kosten erfahren werden, welche durch diese Ausweitung der Fortifikationen entstehen. Klemens wünscht, daß die Festungswälle sozusagen gestaffelt und dadurch tief in die Wohnviertel hineinreichen müssen? Machiavelli gehorcht. Und läßt Wohnungen zerstören, Häuser schleifen, um Platz zu schaffen für die geforderten Mauern und Bastionen, die dann doch nicht vollendet werden können, weil weder die Stadt noch der Papst ihren Zahlungsverpflichtungen nachkommen. »Es geschah sogar«, merkt Brion an, »daß man dort, wo die schweren Bastionen errichtet werden sollten, Teile der Umwallung schon eingerissen hatte und sie danach nicht wieder aufbauen konnte, so daß bereits Lücken offen blieben, durch die der Feind, wäre Florenz sein Angriffsziel gewesen, leicht hätte eindringen können. Zum Glück jedoch bedrohten die Kaiserlichen nicht Florenz, sondern Rom...«

Die allgemeine Lage ist so undurchsichtig und verwirrend, daß man in Florenz zwischen Hoffen und Bangen schwankt. Es herrscht vor allem ein Mangel an genauer Information. Francesco Guicciardini ist mit dem päpstlichen Heer aus Rom abgezogen und in der Lombardei unterwegs. Seine Nachrichten klingen unheilverkündend. Denn dort marschierten Frundsbergs Landsknechte unaufhaltsam südwärts, inzwischen schon mit den Spaniern vereinigt, eine reißende Flut, die alles verschlingt, was sich ihr in den Weg stellt. Lediglich ein schwerer Wettersturz vermag die Deutschen einige Wochen lang aufzuhalten. Denn dreizehn Tage lang, vom 18. bis zum 30. März 1527, fällt unaufhörlich Schnee, wird zur Naturkatastrophe, die den wüsten Haufen der Söldner jeden Übergang über den Apennin unmöglich macht. »Gott verlegt dem Feind den Weg und tut, was wir nicht tun konnten noch wollten«, schreibt Machiavelli und fordert: »Man nütze doch diese Gelegenheit!«

Aber selbst der Beistand des Himmels ändert nichts mehr am schrecklichen Verlauf der Dinge. Das dichteste Schneegestöber, die hoffnungslos eingeschneiten Bergpässe und selbst eine Meuterei der deutschen Landsknechte, die mehr Geld fordern und dadurch ihren Anführer Frundsberg verlieren, der dazwischentreten will und sich dabei so erregt, daß ihn der Schlag trifft – das alles verhindert das Kommende nicht, zögert es nur um ein paar Wochen hinaus.

Florenz, wo man jetzt genügend Truppen unter Waffen hat, um durch einen einzigen energischen und kühnen Streich die Situation vielleicht doch noch zu klären, Florenz rührt sich nicht. Die päpstliche Armee leidet unter der Zaghaftigkeit und Unentschlossenheit ihrer Anführer. Die Franzosen verrichten zwar, wie Machiavelli anerkennend erwähnt, »Wunder an Tapferkeit«, sind aber letztlich auf sich allein gestellt und zu schwach, um den Feind entscheidend zu treffen.

Bezeichnend für die allgemeine Stimmung in Italien sind die volkstümlich gewordenen Aussprüche in jenen Tagen, die verzweifelten oder hoffnungsvollen Seufzer, mit denen man sich sowohl in Rom als auch in Florenz auf das Herannahen der Deutschen und Spanier vorbereitet. »Wenn Florenz geplündert wird, sind wir gerettet«, sagt man in Rom. Und in Florenz heißt es: »Wenn sie bloß über Rom kämen…«

Machiavelli wird nun – da die Katastrophe unausbleiblich scheint, jedoch niemand weiß, wo sie sich ereignen wird – von der Signoria auch als Beobachter und Gesandter eingesetzt. Die Not ist so groß, die Verwirrung so allgemein, die Verunsicherung so tiefgreifend, daß man ihn zum Aug' und Ohr der Republik zu machen wünscht. Er, der vor kurzem noch auf den geheimen Listen stand, welche die Unzuverlässigen und möglichen Verräter beschrieben, und dem über Jahre hinweg der Zutritt zum Palazzo Vecchio verwehrt wurde, wird plötzlich wieder zum wichtigsten Kundschafter der Republik. Seine Erfahrung ist wieder wertvoll geworden. Sein Wissen, sein politischer Instinkt sind unersetzlich. Und seine Fähigkeit, eine verworrene Lage mit einem Blick zu erfassen, unbezahlbar.

Machiavelli wehrt sich zuerst gegen den neuen Auftrag. Sein Platz, erklärt er, sei auf den Wällen der Stadt. Er habe des Papstes Wunsch und die Befehle der Signoria auszuführen. Noch sei längst nicht alles getan, was die Stadt in einen brauchbaren Befestigungszustand versetze. Er verweist auf die Schwierigkeiten, mit denen er zu kämpfen hat und an denen ein anderer scheitern wird, ein Nachfolger, der noch nicht eingearbeitet ist.

Denkbar ist auch, daß der Segretario es müde geworden ist, wieder über die unsicheren Landstraßen zu jagen, wieder in Feldlagern und an Fürstenhöfen endlose Verhandlungen zu führen, deren

Ergebnisse dann doch nutzlos sind, weil die Politiker in Florenz niemals über ihren Schatten springen, nie ihrem ewigen Zaudern und Taktieren abschwören werden. Und daß er jetzt – da buchstäblich alle Dämme brechen und sich ein Strom von Soldaten über das unglückliche Italien ergießt – keinen Sinn mehr darin erkennen mag, gegen eine unglückliche Politik und gegen feige, verantwortungslose Politiker zu handeln. Es gibt eine Art von Resignation, die mit einer allgemeinen Erschöpfung zu tun hat. Und Machiavelli ist erschöpft. Es mangelt ihm nicht an Mut und an Optimismus. Aber er kann nicht mehr einsehen, für welches Ziel er sich einsetzen soll. Für Italien? Dieser Traum ist ausgeträumt. Für den Papst? Den hat Machiavelli zu verachten gelernt, auch wenn er sich hütet, öffentliche Kritik zu üben. Für Florenz?

Für Florenz. Das allein zählt noch. Als sich Francesco Guicciardini, dem viel daran gelegen ist, in Machiavelli einen nützlichen Berater und Verbündeten zu finden, in die Verhandlungen einmischt und an den Bildhauer Buonarroti erinnert, der zu dieser Zeit gerade in Florenz weilt, fügt sich Machiavelli ins Unvermeidliche. Er stimmt der Ablösung zu. Michelangelo übernimmt seine Aufgabe und wird die Arbeiten an den Befestigungsanlagen fortsetzen. Und Machiavelli macht sich wieder einmal auf den Weg, um als Beauftragter der Signoria ins Lager der päpstlichen Armee zu reiten.

Machiavellis letztes Lebensjahr, die wenigen Monate, die er jetzt noch im Sattel unterwegs auf den Landstraßen der Romagna oder in der südlichen Toskana zubringen darf, mehr oder minder nutzlos tätig im ständig seinen Schauplatz wechselnden Feldlager der Päpstlichen, in Rom, Florenz oder in geheimer Mission in Civitavecchia, wo dann alles sein unrühmliches Ende haben wird, diese tragischen Wochen und Monate des Jahres 1527 sind erfüllt von ergebnisloser Anstrengung, Enttäuschung und Mutlosigkeit, aber auch von gelegentlich neuerwachter Hoffnung und idealistischer Kühnheit. Die Dinge stehen mehr als schlecht. Für Italien. Für Rom und den Papst. Auch für Florenz. Machiavelli weiß das. Und auch sein Freund Francesco Guicciardini, dessen Begleiter und politischer Ratgeber er in diesen Tagen des Untergangs ist, gibt sich schon lange keiner schönen Selbsttäuschung mehr hin. Beide verzweifeln an der Unentschlossenheit des Papstes. Klemens, in Rom bedrängt von seinem schärfsten Konkurrenten, dem Kardinal Colonna, unfähig im Erkennen der wahren Lage, ein Zauderer, dessen Unentschlossenheit schicksalhaft sein muß, Klemens hat sich einen Waffenstillstand einreden lassen, dessen moralische und materielle Begleiterscheinungen niederträchtig sind und der im übrigen nichts einbringt. »Ein Waffenstillstand«, schreibt Machiavelli zornig, »den man in Rom schließt und in der Lombardei bricht!« Kategorisch fordert er jetzt, da er sich wie sein Gefährte Guicciardini ausrechnen kann, was die nächsten Konsequenzen dieses Waffenstillstandes sein werden: »Wenn der Feind vorrückt, nur an den Krieg denken, mit keiner Faser an den Frieden! Rührt er sich aber nicht, jeden Gedanken an Krieg aufgeben und nur an den Frieden denken!«

Ein zaudernder, ängstlicher Papst, der Skrupel hat, obgleich er immer noch über 13 000 Schweizergardisten und fast 20 000 italienische Bewaffnete verfügen kann. Italiens Republiken und Fürstentümer, die entweder keinen Finger zur Verteidigung rühren und den Kaiserlichen ungehinderten Durchzug erlauben oder aber mit diesen gemeinsame Sache machen. Eine päpstliche Armee, deren Anführer, ein Herzog von Urbino, nicht fähig oder nicht willens ist, auch nur eine einzige der vielen sich bietenden Gelegenheiten für eine entscheidende Schlacht auszunützen. Ein mächtiges, auch militärisch starkes Gemeinwesen wie Florenz, das nur darauf hofft, vom Feind verschont zu werden. Ein römischer Kardinal, nämlich Colonna, der den Aufruhr schürt. Verträge, die, obgleich ihretwegen horrende Summen den Besitzer wechseln, das Pergament nicht wert sind, auf welchem sie aufgesetzt werden... Das ist die Wirklichkeit dieses Jahres 1527. Die Würfel sind längst gefallen. Gegen Rom und auch gegen Italien.

Die Mission der beiden Freunde Machiavelli und Guicciardini, die beide als Historiographen von Florenz in Erscheinung getreten sind und als entschlossene Patrioten bezeichnet werden dürfen, ihre Mission ist eine ebenso fragwürdige wie hoffnungslose. Sie sollen nach den eher vagen Wünschen der Signoria und nach den nicht minder diffusen Vorstellungen des Papstes für eine Art Logistik dieses Krieges sorgen, der eigentlich kein Krieg ist, sondern ein regelloses, verzweifeltes Hin und Her der Armeen, ein Kampf gegen die Natur und vor allem gegen die Feigheit und Unentschlossenheit der Politiker. Unter Aufbietung ihrer ganzen Willenskraft und Denkschärfe hätten sie versucht, ihr Land vor dem Ansturm »der wilden Tiere« zu bewahren, wie das Machiavelli einmal ausdrückt, der die Kaiserlichen als Wesen beschreibt, »die vom Menschen nur das Gesicht haben«. So sehen zumindest die meisten Biographen Machiavellis diesen Auftrag, der weder von Guicciardini noch von Machiavelli zu erfüllen ist, weil kein handfester Befehl vorliegt, kein brauchbares Ziel mehr zu erkennen ist. In Wahrheit sind beide nur noch darum bemüht, zumindest die Möglichkeiten zu erkunden, die es gibt, um Florenz und die Toskana vor der drohenden Vernichtung zu schützen. Den vom Papst eingegangenen Waffenstillstand verdammen sie, da er in Wahrheit eine Farce ist. Er wolle nichts mehr zu tun haben mit solchen Tölpeln, wettert Guicciardini und verflucht in seinem ersten Zorn den Papst, der die Gefahr mehr fürchte als das Unheil. Und Machiavelli schreibt an die Signoria, daß die Menschen in der Toskana wie auch in der romagnolischen Mark zu allem entschlossen seien, daß sie lieber sterben wollten, »als solcherlei Geißel über sich ergehen zu lassen, als sich unter Mißachtung der in gutem Glauben feierlich unterzeichneten Kapitulation gebrandschatzt und ausgeplündert zu sehen«.

Denn natürlich geht dieser merkwürdige Krieg weiter, der über Italien wie ein aufziehendes Unwetter lastet, welches das kommende Unheil anzeigt. Der Waffenstillstand bedeutet da nur eine flache Ausrede, nicht einmal ein Atemholen. Machiavelli, scharfsichtig wie früher, skrupellos zugunsten des Nutzens, den der Papst, Rom, Florenz, Italien daraus ziehen würden, rät dringend zum Bruch dieses Abkommens, das nur den Kaiserlichen und den Gegnern des Papstes Vorteile einbringt. Seinen »Principe« zitierend, ermahnt er Klemens zu mehr politischer Klugheit. „Wer sich zu gut ist, den Fuchs zu spielen", ruft er Klemens diese Stelle aus dem „Principe" ins Gedächtnis, »versteht seine Sache nicht. Mit anderen Worten: Ein kluger Fürst darf und kann sein Wort nur dann halten, wenn er damit kein Unrecht begeht und wenn die Voraussetzungen, unter denen er ein Versprechen gegeben hat, die gleichen geblieben sind.«

Aber Klemens VII. ist kein kluger Fürst. Er ist nicht einmal imstande, die Falle zu erkennen, die man aufstellt und in die man ihn hineinzwingt. Wie soll er da der außerordentlichen Klugheit und des ungewöhnlichen Mutes fähig sein, einen Waffenstillstand zu brechen, für den er teuer bezahlt hat und von dem er sich Frieden erwartet?

Machiavelli ist in diesen Tagen und Wochen fast unaufhörlich unterwegs. Im Hinterland des Krieges – der nicht aufgehört hat, der sich in Scharmützel, Brandschatzung und viele kleine, blutige Unternehmungen aufgelöst hat – reitet er wie um sein Leben, obgleich er für die Zukunft Italiens im Sattel sitzt. Er eilt in den Vatikan, wo man ihn liebenswürdig empfängt und nicht auf ihn hört. Er macht die planlosen, glücklosen Bewegungen der päpstlichen Armee mit, insistiert beim Herzog von Urbino, was nichts einbringt. Er reitet nach Florenz, erstattet im Palazzo Vecchio Meldung und muß erkennen, daß die Herren der Signoria keine Ahnung von dem haben, was sich an Ungeheuerlichem vorbereitet. »Leer ist sein Herz von Vertrauen, leer von Zuversicht und Hoffnung«, schreibt Marcel Brion über diese Zeit, »nichts mehr ist in ihm als diese glühende, verzehrende Liebe zu seinem Vaterland, und trotzdem reitet er in Stürmen und Schneegestöber über die Straßen der Heimat, als gebe es wirklich noch Rettung.«

Dann wieder dieser Mut der Verzweiflung, von dem er sich nicht abbringen lassen will auch in Augenblicken, in denen er alles als längst verloren erkennen müßte, würde er sich seines Scharfsinns entsinnen. In Forlì, es ist Mitte April, glaubt er plötzlich an das Wunder, das diesem Krieg noch eine Wende zu geben vermöchte, ist er davon überzeugt, daß nun endlich Bewegung kommen müsse in das elende Hin und Her, das zu nichts nütze ist. »Morgen ist ein entscheidender Tag für uns«, schreibt Machiavelli. »Man hat hier beschlossen, wenn der Feind vorrückt, sich offen für den Krieg zu bekennen und nicht mehr an den Frieden zu denken. Bleibt der Feind ruhig, so kommt nur der Friede in Frage.«

Es ist ein vergebliches Aufbegehren gegen die Tatenlosigkeit, unter der Machiavelli leidet. Es ist ein letzter erbitterter Versuch, gegen die Feigheit der Päpstlichen und gegen die Kopflosigkeit ihrer Anführer ein Zeichen zu setzen. Denn der Feind rückt vor. Aber nichts geschieht.

In Florenz kommt es jetzt zu Tumulten. Ende April nähern sich die zurückweichenden Soldaten des Herzogs von Urbino der Stadt. Die beiden jungen Medici, die mit ihrem politischen Vormund

Passerini den Päpstlichen entgegenreiten, benehmen sich dabei so ungeschickt, daß im Volk der Verdacht aufkommt, sie wollten flüchten. Dieses Mißverständnis klärt sich allerdings gerade noch rechtzeitig auf, bevor es zu gefährlicheren Ausschreitungen kommt. Nur auf Michelangelos Davidstatue sind einige Pflastersteine herabgeprasselt und haben ihr einen Arm gebrochen. Und die verstörten Beamten im Palazzo Vecchio haben eine erste Vorstellung davon erfahren, was tatsächlich geschehen kann, wenn der Wut des Volkes nicht mehr Einhalt zu gebieten sein wird.

Dann, in den ersten Maitagen, überschreiten die Kaiserlichen endgültig den Apennin, marschieren durch das Chianatal südwärts, lassen Florenz, wo man erleichtert aufatmet, im Rücken und marschieren geradenwegs auf Rom los. Guicciardini und Machiavelli folgen ihnen in gebührendem Abstand bis in die Gegend von Orvieto. Dann kehren sie verzweifelt und erschöpft nach Florenz zurück. Sie wissen, daß nichts mehr zu retten ist. Und daß das Ende schrecklich sein wird.

Dieses Ende war ein grausiges Schauspiel, der »Sacco di Roma«, ein beispielloser Fall, wie es Ferdinand Gregorovius in seiner »Geschichte der Stadt Rom« schilderte. Denn Rom wurde durch einen Feind bezwungen, der »diese große Stadt weder umschloß, noch belagerte, noch durch Hunger bezwang, noch durch eine Beschießung erschreckte«. Nahezu 30000 Landsknechte stürzten sich, wie die zeitgenössischen Chronisten übereinstimmend berichten, »in dämonischer Wut auf Rom«. Der deutsche Ritter Schertlin, Anführer eines Haufens wüster Landsknechte, notierte in seinen Aufzeichnungen: »Den 6. Tag May haben wir Rom mit dem Sturm genommen, 6000 Mann darin todt geschlagen, die ganze Stadt geplündert, in allen Kirchen und ob der Erd genommen, was wir gefunden, einen guten Teil der Stadt abgebrannt.« Diese lakonische Kürze beschreibt aufs genaueste das unvorstellbare Elend, das über die Stadt kam. Dazu Gregorovius: »Der Morgen des 7. Mai enthüllte einen Anblick zu furchtbar für jedes Wort. Die Straßen bedeckt mit Trümmern, mit Toten und Sterbenden; brennende Häuser und Kirchen, widerhallend von Geschrei; ein gräßliches Gewühl von Raub und Flucht, trunkene Kriegsknechte belastet mit Beute oder fortschleppend Gefangene. Eine eroberte Stadt nicht nur zu plündern, sondern ihr gesamtes Volk als dem Schwert verfallen anzusehen, war damals Kriegsrecht. Kein Landsknecht würde begriffen haben, daß es unmenschlich sei, wehrlose Bürger als Kriegssklaven zu behandeln.«

Es wüteten die Deutschen, schlimmer noch die Spanier. Nichts und niemand wurde verschont. Selbst in die Paläste jener, die der kaiserlichen Partei angehörten, drangen die Söldner ein, plündernd, brandschatzend und mordend. Nicht einmal die sogenannte »Anima«, die Nationalkirche der Deutschen, wurde verschont; ebenso wurde San Jacopo auf der Piazza Navona, eine den Spaniern gewidmete Kirche, von spanischen Landsknechten erstürmt und völlig ausgeplündert. Selbst die Gräber unterhalb von St. Peter wurden erbrochen und verwüstet. Zahllose Kunstwerke gingen verloren. Das Wüten dauerte drei Tage lang und steigerte sich dann noch einmal zu einem Inferno, als sich die Sieger, die Deutschen und die Spanier, angesichts der unermeßlichen Beute, die doch jeder Partei kleiner als die der anderen dünkte, in die Haare gerieten. Und die Schilderungen eines Ferdinand Gregorovius wie vieler anderer Autoren, die diese unbegreiflichen Szenen zumindest sprachlich zu erfassen versuchten, geben gewiß nur einen Ausschnitt des Schrekkens wider, der Rom in jenen Maitagen des Jahres 1527 buchstäblich zu Tode brachte. »Die Plünderung Roms in den barbarischen Zeiten Alarichs und Geiserichs war menschlich zu nennen im Vergleich zu den Greueln, welche das Heer Karls V. beging«, urteilte Gregorovius. »Hier sah man nur bacchantische Aufzüge von Landsknechten, welche von halbnackten Hetären begleitet zum Vatikan ritten, dem Papst Tod oder Gefangenschaft zuzutrinken. Lutheraner wie Spanier und Italiener ergötzten sich damit, die heiligen Zeremonien nachzuäffen. Man sah Landsknechte auf Eseln als Kardinäle einherreiten oder einen als Papst verkleideten Knecht. Trunkene Söldner bekleideten einen Esel mit geistlichen Gewändern und zwangen einen Priester, ihm das Sakrament zu geben...«

In Florenz lösen die Nachrichten, die mit einigen Tagen Verspätung vom Untergang Roms einlangen, zuerst Bestürzung, dann verzweifelte Wut aus. Die infernalità crudele, das höllische Grauen, wie Benvenuto Cellini das Elend von Rom bezeichnete, verursacht in Florenz nämlich nicht jene tiefe Depression, jene Lethargie, welche die Menschen sich willenlos in ihr Schicksal fügen läßt,

sondern gegen alle Erwartung das heftige, leidenschaftliche Gegenteil. Jetzt schart sich die Menge um den Palazzo Vecchio, erwartet
eine Erklärung für etwas, das durch unfähige, zaudernde, ängstli-
che Politiker entstanden ist, fordert Rechtfertigung von jenen, die
am wenigsten dazu imstande sind. Passerini ergreift die Flucht, mit
seinen beiden Schützlingen, den jugendlichen Medici-Bastarden
Ippolito und Alessandro. Die aufgebrachte Menge wogt unent-
schlossen hin und her. Dann, und niemand weiß später, wer den
ersten Befehl dazu gegeben hat, der Sturm auf die Paläste der
Medicianhänger. Dolche blitzen auf. Soldaten, die auf den Bastionen, welche zuerst Machiavelli und dann Michelangelo errichteten,
hätten Wache halten sollen, strömen in die Stadt. In Florenz, wo
man nicht daran denkt, die Miliz in Alarmbereitschaft zu versetzen,
wo man nichts unternimmt, um die Stadt vor einem drohenden
Schicksal zu bewahren, das Rom vernichtet hat, in Florenz bricht
jetzt die Revolution aus. Schon sterben auf den Straßen die ersten
Parteigänger der Medici, die man nun, weil der unfähige Papst ein
Medici ist, für alles verantwortlich macht, was an Schrecklichem in
Rom geschehen ist, was an Bedrohlichem auf Florenz zukommt.
Schon werden Unschuldige totgeschlagen, Verdächtige erdolcht.
Schon dringt der Mob plündernd und brandschatzend in die Paläste
jener ein, die noch wenige Tage zuvor die Macht in Händen hielten.
Florenz braucht keine kaiserlichen Landsknechte, keine enthemmte
spanische Soldateska, um sich selbst zu gefährden.

Der Spuk dauert allerdings nur wenige Tage. Um den 8. Mai,
nach Einlangen der ersten schlimmen Nachrichten aus Rom, hat
der Aufruhr begonnen. Eine Woche später sind Passerini und seine
beiden Schutzbefohlenen, mit ihnen die meisten wichtigen Anhänger der Medici, bereits aus der Stadt geflohen. Wem die Flucht nicht
gelingt, der muß freilich um sein Leben zittern. Es gibt Tote. Einige
Paläste brennen. Andere sind durch Plünderung verwüstet. Aber
das alles ist nach einer Woche beendet. Schon am 20. Mai tagen
jene Politiker, die von sich behaupten dürfen, Gegner der mediceischen Tyrannei zu sein oder die unverfroren oder geschickt genug
sind, ihren Gesinnungswandel glaubhaft zu beweisen, und beschließen die Einberufung der Signoria für den 1. Juni. Zu diesem
vaterländischen Zweck entfernt man aus dem Palazzo Vecchio alle
Wappen, Fahnen und Erinnerungen, die mit den Medici und deren

Freunden in irgendeinem Zusammenhang stehen. Die Revolution, die ohnedies nur von kurzer Dauer ist, funktioniert also klaglos.

Und Machiavelli? Er hält sich in diesen entscheidenden Tagen nicht in Florenz auf, sondern versucht, von Guicciardini nach Civitavecchia beordert, Verbündete zu finden für eine mögliche Fortsetzung des Krieges gegen den Kaiser. Nach dem »Sacco di Roma« sucht er überdies, wieder von Guicciardini dazu animiert, nach einer Möglichkeit, um den gefangenen Papst aus der Engelsburg zu befreien. Aber während er noch mit Fluchtplänen und Intrigen beschäftigt ist, während er mit dem Admiral der päpstlichen Flotte, dem Genueser Andrea Doria, ein Bündnis gegen Karl V. diskutiert, fallen in Florenz neue Entscheidungen. In einem Sendschreiben der Signoria – die sich nun einer anderen, der bisher geübten radikal entgegengesetzten Gesinnung befleißigt und daher auch eine gänzlich andere Politik verfolgt – wird Machiavelli mitgeteilt, daß alle unter den Medici ernannten Beamten der fristlosen Entlassung anheimfallen. Zu irgendwelchen Absprachen im Namen der neuerrichteten Republik sei er daher nicht berechtigt.

Mehr ist es nicht, was Machiavelli über sein Schicksal erfährt. Er ist entlassen, wieder einmal. Wieder nur aus Gründen, die er nicht akzeptieren kann. Und die er noch weniger versteht. Denn ist das, was er zu bewirken versuchte, nicht stets im Sinne der Florentiner gewesen? Hat er falsch gehandelt in allen Jahren, in denen er die Befehle der Signoria nach bestem Wissen – und darüber hinaus – zu erfüllen versuchte? Und ist das, was er in diesen schrecklichen Wochen zugunsten des Papstes und damit zugunsten Italiens in Civitavecchia plant, auch falsch und daher verboten?

Aber seine Entlassung ist ein Faktum, das keinen Widerspruch duldet, keine Möglichkeit offenläßt, sich zu rechtfertigen und jenen, die dieses Faktum gesetzt haben, zu erklären, daß es töricht sei, einen so fähigen Mann davonzujagen.

Machiavelli ist ratlos. Was soll er tun? Francesco Guicciardini, gleichfalls aus seinem Amt entlassen, geht ins Exil. Er will mit dieser Regierung, mit dieser Republik nichts mehr zu tun haben. Aber wohin soll Machiavelli gehen? Über finanzielle Mittel, die ihm jene Unabhängigkeit erlaubten, welche die einzige Waffe ist gegen die Torheit unbegabter Politiker, verfügt er noch immer nicht. Er hat es nie verstanden, sich wie andere zu bereichern. Er ist ein Intellektueller oder, was noch schlimmer sein kann, ein intellektueller Beamter, dem der Geldbeutel stets zu hoch hing oder zu gleichgültig gewesen ist, um ihn vorsorglich unaufhörlich im Blickfeld zu haben. Wohin also mit ihm? Und seiner Familie, für die er eine Verantwortung trägt, der er wieder einmal kaum gewachsen ist?

Was für eine bittere Komödie das ist, daß einer wie er, der mit der Macht spielte wie mit den Menschen, die diese Macht repräsentierten, jetzt nicht fähig ist, für sich selbst etwas Ordnung zu schaffen. Kaiser, Könige, Päpste sind seine Partner gewesen. Mit Kanzlern und Kardinälen stand er auf vertrautem Fuß. Einem Cesare Borgia fühlte er sich freundschaftlich verbunden. Und alles im Dienst der Republik, die ihm nun zum zweiten Mal einen Fußtritt versetzt, ihn zum zweiten Mal hinauswirft aus der scheinbar abgesicherten Position eines Segretario und beamteten Diplomaten.

Machiavelli macht sich nun, da er das Papier seiner Entlassung als letzte und unmißverständliche Nachricht seiner Auftraggeber in Händen hält, auf den Weg zurück nach Florenz, der Stadt, die ihm alles und der er nichts schuldet. Angebliche Reisegefährten, darunter einer namens Pietro Carnesecchi, der sich als Machiavellis Freund bezeichnet, werden später erzählen, sie hätten den Segretario »oft seufzen hören«. Und die gefährliche »Einfalt des Heiligen Vaters« habe er verflucht. Und gewirkt habe er wie einer, dem alles zerbrochen ist, was ihn noch am Leben hält.

Aber das sind wohl nur Legenden, denn in Wahrheit wissen wir nicht einmal, auf welche Weise Machiavelli die Reise von Civitavecchia nach Florenz unternommen hat. Manche Meldungen sprechen davon, er sei an Bord einer Brigantine gesehen worden. Andere bestätigen seine übliche Gewohnheit, hoch zu Roß übers Land geritten zu sein. Am 10. Juni 1527 hält er sich jedenfalls schon in Florenz auf, wo gerade Niccolò Capponi, der früher einmal ein Parteigänger der Medici gewesen ist, zum neuen Gonfalonier gewählt wird. Auch die Wiederherstellung der alten republikanischen Einrichtungen mag Machiavelli noch erlebt haben. Hat er sie aber auch wahrgenommen?

Er hat andere Sorgen. In seinem Haus drüben in Oltrarno, also am linksseitigen Arnoufer, krümmt er sich unter unerträglichen Schmerzen. Ein chronisches Magengeschwür habe sich zu einer Bauchfellentzündung entwickelt, mutmaßen manche Autoren.

Andere sprechen kurz und bündig aus, was gleichfalls nicht von der Hand zu weisen ist. Daß sein Herz gebrochen sei. Sein Stolz, seine Leidenschaft. Und daß ihn die Furcht angefallen habe, wieder verhaftet, verhört, gefoltert zu werden. Daß die Ursache seiner Schmerzen in der Seele zu suchen sei.

Aber Capponi, wenig später selbst des Hochverrates angeklagt und verhaftet, ist ein milder Gonfalonier. Irgendwelche Vergeltungsmaßnahmen gegen die Medicipartei werden nicht unternommen. Capponi selbst beginnt sogar einen versöhnlichen Briefwechsel mit dem Medicipapst in der Engelsburg. Andererseits erreicht Capponi, daß Florenz sich mit Karl V. aussöhnt, was bedeutet, daß 4000 florentinische Soldaten und 400 Reiter zur kaiserlichen Armee stoßen. Die Verhältnisse haben sich also schon wieder aufs überraschendste geändert.

Machiavelli nimmt das alles nicht mehr wahr. Die Dinge gleiten an ihm ab. Am 20. Juni müssen ihm starke Arzneien eingeflößt werden. Zwei Tage später, am 22. Juni stirbt Machiavelli, umgeben von seiner Familie und wirklich beklagt wohl nur von Marietta, der ewig Getreuen, der einzigen Gefährtin, die nie an ihm gezweifelt und ihn niemals aus ihrer Liebe entlassen hat. Er hat das 58. Lebensjahr erreicht. Aber er hat nur wenig von dem erreicht, was er wirklich wollte.

Personenregister

Ortsregister

Ausgewählte Bibliographie

Edmond Barincou: Machiavelli. Reinbek b. Hamburg 1958

Marcel Brion: Machiavelli und seine Zeit. Düsseldorf 1957

Casimir von Chledowski: Die Menschen der Renaissance. München 1912

James Cleugh: Die Medici. Macht und Glanz einer europäischen Familie. München 1984

Richard Fester: Machiavelli. Stuttgart 1900

Hans Freyer: Machiavelli. Leipzig 1938

Ferdinand Gergorovius: Geschichte der Stadt Rom im Mittelalter vom V. bis XVI. Jahrhundert. In sieben Bänden. München 1978

Martin Hobohm: Machiavellis Renaissance der Kriegskunst. Berlin 1913

René König: Machiavelli. Krisenanalyse einer Zeitenwende. München 1979

Niccolò Machiavelli: Discorsi. Gedanken über Politik und Staatsführung. Stuttgart 1978

Ders.: Der Fürst. Stuttgart 1978

Ders.: Geschichte von Florenz. Zürich 1987

Herfried Münkler: Machiavelli. Die Begründung des politischen Denkens der Neuzeit aus der Krise der Republik Florenz. Frankfurt/M. 1987

Gerhard Ritter: Machtstaat und Utopie. Vom Streit der Dämonie um die Macht seit Machiavelli und Morus. München 1940

Johannes Schubert: Machiavelli und die politischen Probleme unserer Zeit. Berlin 1927

Dolf Sternberger: Machiavellis Principe und der Begriff des Politischen. Wiesbaden 1974

Pasquale Villari: Niccolò Machiavelli und seine Zeit. Rudolstadt 1877

Haffner, Sebastian
Zur Zeitgeschichte
36 Essays. Der große Publizist Sebastian Haffner setzt sich brillant mit Personen der Geschichte und Zeitgeschichte auseinander, greift politische Probleme, Theorien und Phänomene auf. 224 S. [3785]

Huxley, Aldous
Plädoyer für den Weltfrieden und Enzyklopädie des Pazifismus
Aldous Huxley wandte sich 1936 zweimal an die internationale Friedensbewegung. Das erste Mal mit einem Friedensappell, das zweite Mal mit einer stichwortartigen politischen Analyse aus der Sicht eines Pazifisten. 176 S. [3756]

Lafontaine, Oskar
Der andere Fortschritt
Verantwortung statt Verweigerung.
In diesem für ihn und seine Partei grundsätzlichen Buch beschäftigt sich Lafontaine mit Fortschritt, Arbeit und Natur. 224 S. [3811]

Schmidt, Helmut
Eine Strategie für den Westen
Ein kluges und sachkundiges Buch, in dem der ehemalige Bundeskanzler seine Sicht einer Gesamtstrategie für den Westen entwickelt. 208 S. [3849]

Smith, Hedrick
Die Russen
Der ehemalige Korrespondent der »New York Times« in Moskau schildert in diesem Buch wirklichkeitsgetreu den russischen Alltag. 456 S. [3589]

Albertz, Heinrich (Hrsg.)
Warum ich Pazifist wurde
Trotz seines offenen Engagements: Dies ist ein Friedensbuch – keine Ideologie des Pazifismus. Es ist ein Bericht über ganz persönliche Erfahrungen und Wandlungen. 176 S. [3827]

Valentin, Veit
Geschichte der Deutschen
Der Klassiker unter den Geschichtsbüchern mit einer modernen, sorgfältig ausgewählten Bebilderung und einem ergänzenden kurzen Abriß der deutschen Geschichte seit 1945. 960 S. mit 140 Abb. [3725]

Noack, Paul
Korruption – die andere Seite der Macht
Der Münchner Politologieprofessor Dr. Paul Noack geht dem Phänomen Korruption in Staat und Gesellschaft nach. 192 S. [3840]

Finckh, Ute / Jens, Inge (Hrsg.)
Verwerflich? Friedensfreunde vor Gericht
Eine Dokumentation der Gruppe »Gustav Heinemann« Tübingen. 208 S. [3808]

Zeitgeschichte

Knaur

Carr, Jonathan
Helmut Schmidt
Dies ist die erste Biographie, die das Leben und Wirken des ehemaligen Bundeskanzlers bis zu seinem Sturz 1982 erfaßt. 288 S. mit s/w-Abb. [2354]

Coleman, Ray
John W. Lennon
»Über John Lennon schrieb niemand irgend etwas, das man hätte-endgültig-nennen können. Bis auf einen. Und dessen Buch liegt nun vor – eine Art definitiver John-Lennon-Biographie, eine Meisterleistung…« Welt am Sonntag 408 S. mit Abb. [2360]

Domingo, Plácido
Die Bühne - mein Leben
»Er hat es nicht nötig, sich in Szene zu setzen, denn er beherrscht sie gleichsam nebenbei«, schrieb die FAZ über Plácido Domingos Erinnerungsbuch. Es ist das Dokument eines ungewöhnlichen Lebens und gleichzeitig ein faszinierender Bericht über das heutige Operntheater. 288 S., 70 s/w-Abb. [2351]

Guinness, Alec
Das Glück hinter der Maske
Ein großer Schauspieler blickt in diesem Buch auf sein Leben zurück – fasziniert nimmt der Leser an seinen Erinnerungen teil. 400 S. mit Abb. [2359]

Kröber, Hansjakob
Herbert von Karajan
Spannend, aufregend und bunt ist dieses Leben gewesen – tausend Variationen eines einzigen Themas: Musik für Millionen. 208 S., 30 s/w-Abb. [2343]

Kandinsky, Nina
Kandinsky und ich
»Seit dem Jahr 1917, dem Jahr ihrer Eheschließung, ist Nina Kandinsky Zeugin im Leben des großen Künstlers gewesen, für den sie sich unermüdlich einsetzte… Ihre Erinnerungen beginnen bei der russischen Avantgarde der ersten Revolutionsjahre, widmen sich dem Bauhaus, der Entwicklung von Kandinskys Lehre und ihrer Realisation auf allen Gebieten. 256 S. mit s/w-Abb. [2355]

Schulte, Michael
Karl Valentin
Der Herausgeber der Valentinschen Werke, legt hier die Lebensgeschichte dieses großen Komikers und begnadeten Humoristen vor. 240 S. [2339]

Ullmann, Liv
Gezeiten
Liv Ullmann schreibt über ihr Leben, ihre Kunst und über die Menschen, denen sie auf ihren Wegen begegnet ist. Es ist das Zeugnis einer der großen Persönlichkeiten unserer Tage. 240 S. [2349]

Wandlungen
»Ich wollte darüber schreiben, was es heißt, in diesem Jahrhundert, in dem sich alles verändert hat, eine Frau zu sein.« 304 S. [568]

Biographien

Knaur Ⓚ

Arnold Kramish
Der Greif
Paul Rosbaud – der Mann, der Hitlers Atompläne scheitern ließ. Er nannte sich »The Griffin«, der Greif. Doch die wahre Identität dieses Widerstandskämpfers gegen die Nazis blieb lange Zeit im Dunkeln. Erst Arnold Kramish rekonstruierte das gefahrvolle Leben und Wirken des Wissenschaftsredakteurs Paul Rosbaud.
TB 3949

David A. Yallop
...und erlöse uns von dem Bösen
Peter Sutcliffe ermordete in den Jahren 1975 – 1980 auf bestialische Weise zwanzig Frauen. Nach seinem berüchtigten Vorgänger wurde er der »Yorkshire-Ripper« genannt. Yallop hat einen authentischen Thriller in dem Fall Sutcliffe geschaffen, der den Leser von der ersten bis zur letzten Seite in Atem hält!
TB 3951

Charles Berlitz
Die größten Rätsel und Geheimnisse unserer Welt
Charles Berlitz berichtet über neue, unerklärliche Phänomene, Rätsel und Geheimnisse unserer Welt.
TB 3955

Dieter Beisel
Sonnige Zeiten
Die Erforschung und Entwicklung von Energie-Alternativen ist überlebensnotwendig. Ausgehend von Energiedaten und -prognosen, informiert der Autor über Energiespartechniken und Möglichkeiten alternativer Energiegewinnung: Müllkraft-, Wasserkraft- und Windkraftwerke, Solarstromerzeugung und Wasserstofftechnik.
TB 3933

Johannes v. Buttlar
Leben auf dem Mars
Zwölf monumentale menschliche Gesichter aus Stein – die »Viking-Sonden« der NASA haben mit ihren Fotos von der Mars-Oberfläche eine der großen Sensationen dieses Jahrhunderts verursacht. Wer waren die Baumeister dieser aufsehenerregenden Entdeckung?
TB3930

Leonard Cottrell
Das Geheimnis der Königsgräber
Vor unseren Augen ersteht der vergangene Glanz eines Landes, das zu allen Zeiten die Menschen fasziniert hat: Ägypten und die Welt der Pharaonen. Leonard Cottrell ist es gelungen, den geschichtlichen Stoff und die wissenschaftlichen Ergebnisse der Ausgrabungen in Ägypten lebendig und übersichtlich zu schildern.
TB 3963

E. Wade Davis
Schlange und Regenbogen
In Kino und Fernsehen werden Zombies als Tod und Verderben bringende »lebende Leichen« geschildert. Der Ethnobotaniker und Journalist E. Wade Davis nimmt Abstand von diesem populären Klischee. Er spürte auf Haiti dem Mysterium des Zombiekultes nach und ergründete dessen Geheimnisse.
TB 3895

Sachbücher

Remarque, Erich Maria
Schatten im Paradies
Remarques großer letzter
Roman über die Emigra-
tion. 348 S. [363]

Styron, William
**Nur diese Handvoll
Staub und anderes aus
meiner Feder**
Der weltberühmte
Romancier legt hier seinen
ersten Erzählband vor.
Seine sehr persönlichen
Geschichten handeln von
Schwarzen und Weißen,
von ihren Leidenschaften,
ihren Stärken und ihren
Schwächen. 320 S. [1214]

Gordon, Noah
Die Klinik
Drei hervorragende Ärzte
praktizieren unter der
unerbittlichen Aufsicht
von Dr. Longwood. Sie
erfahren Siege und Nie-
derlagen, Glück und
Leid in einem Beruf, der
sie täglich vor Heraus-
forderungen stellt…
Ca. 416 S. [1568]
Der Rabbi
In der Zeit der Ungläubig-
keit und Prunksucht
beginnt der junge Michael
Kind seine Laufbahn als
Prediger. Seine Ehe mit
einer Konvertitin wird zur
großen Herausforderung
seines Lebens.
352 S. [1546]

White, T. H.
Das Buch Merlin
Die vielgerühmte Version
der großen Sage von
König Artus und seiner
Tafelrunde. Erzählt von
einem der inspiriertesten
Fantasy-Erzähler.
256 S. [1032]
**Mr. White treibt
auf der reißenden Liffey
nach Dublin**
Ein Überlebensroman.
Eines Tages erscheint der
Erzengel Michael und
prophezeit eine Sintflut.
Mr. White baut eine Arche.
Als die Flut tatsächlich
kommt, besteigen er und
seine Mitbewohner ihr
sonderbares Gefährt und
fahren durch eine gran-
diose Alptraum-Szene, die
sich wie eine Parodie auf
den »Ulysses« von James
Joyce liest…
256 S., 45 s/w-Abb. [1229]

Solschenizyn, Alexander
**Ein Tag im Leben des
Iwan Denissowitsch**
Der Bericht über das
Schicksal der Menschen in
Stalins Zwangsarbeits-
lagern. 144 S. [190]

Uris, Leon
Haddsch
Haddsch, eine Männer-
gestalt wie aus dem Alten
Testament, ist die Haupt-
figur dieser großen Fami-
liensaga, die uns in das
Land Palästina und in die
Mentalität seiner Bewoh-
ner führt.
576 S. mit s/w-Abb. [1515]

Forsyth, Frederick
**In Irland gibt es keine
Schlangen**
Zehn Stories voll überra-
schender Einfälle, erzähle-
rischer Kraft und einer
faszinierenden Wirklich-
keitsnähe. 320 S. [1182]

Bieler, Manfred
Der Bär
In seinem autobiogra-
phischen Roman kehrt
Manfred Bieler nach
Zerbst, dem Ort seiner
Kindheit, zurück. Das
verträumte, östlich der
Elbe gelegene Zerbst
kommt uns nahe durch
viele Geschichten, in
denen geliebt und gelitten
wird. 448 S. [1286]

Waberer, Keto von
Der Mann aus dem See
Poetisch und liebevoll,
hintergründig und ein-
fühlsam sind die alltäg-
lichen Begebenheiten
eingefangen, die Keto von
Waberer in ihren Ge-
schichten erzählt. In ein-
dringlicher Sprache läßt
sie den Leser miterleben,
wie Menschen sich dem
Leben und der Liebe stel-
len! Ca. 288 S. [1272]

Romane

Die Bucht des Franzosen
Daphne Du Maurier schildert auf unübertreffliche Weise eine Liebesgeschichte vor dem historischen Hintergrund Englands zur Zeit Charles II. 288 S. [1292]

Das Geleitschiff
Als die englische »Ravenswing« in der Nordsee von einem deutschen U-Boot bedroht wird, taucht ein wundersames Geleitschiff auf. 176 S. [1022]

Ich möchte nicht noch einmal jung sein
Ein hinreißend erzählter Roman, in dem Daphne Du Maurier auf unübertreffliche Weise die »éducation sentimentale« eines jungen Mannes schildert, der aus tiefster Zerrissenheit zu seiner wahren Bestimmung findet. 304 S. [1381]

Des Königs General
Ein Frauenschicksal in der bewegten Zeit Oliver Cromwells. 320 S. [1268]

Plötzlich an jenem Abend
Dieser Erzählband enthält u. a. die Geschichte »Die Vögel«, die Hitchcock zu seinem Film inspirierte. 222 S. [539]

Panik
Daphne Du Maurier vermag das Hintergründige im Menschen raffiniert und brillant bloßzulegen. Diese Erzählungen sind literarische Kabinettstücke. 144 S. [1172]

Die Parasiten
An jenem Tag, da Charles Wyndham nicht mehr bereit ist, sich weiterhin in Toleranz und Selbstverleugnung zu üben, ist für vier Menschen die Stunde der Wahrheit gekommen. 320 S. [1035]

Gasthaus Jamaica
Dunkle Geheimnisse umgeben das verrufene Gasthaus in Cornwall, wohin es die junge Mary verschlagen hat. 221 S. [781]

Nächstes Jahr um diese Zeit
Die Meisternovellen einer großen Erzählerin. 173 S. [824]

Doch mich verschlang das wild're Meer
Der Lebensroman des dämonischen Branwell Brontë, dessen gewaltige Erfindungskraft die unsterblichen Werke seiner Schwestern inspirierte, der selbst jedoch unrühmlich vergessen wurde. 240 S. [1197]

Die standhafte Lady
Daphne Du Maurier begibt sich hier mit Geschick und Grazie auf das Feld politischer Satire. 320 S. [1150]

Träum erst, wenn es dunkel wird
Jede dieser Erzählungen überrascht durch raffinierte Handlung, glänzend geschürte Spannung und eine schicksalhafte Pointe. 144 S. [1070]

Daphne Du Maurier

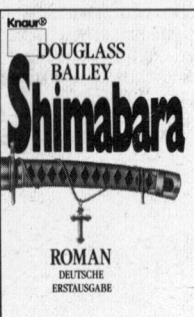